TAUCHEN ULTIMATIV

Die Kunst, richtig zu tauchen

Nick Hanna
Text

Alexander Mustard
Fotos

IMPRESSUM

Tauchen Ultimativ
Die Kunst, richtig zu tauchen

von Nick Hanna und Alexander Mustard

EIN ULTIMATE-SPORTS-BUCH
Erschienen im BrunoMedia Buchverlag
ISBN 3-9809607-1-4
Erste Auflage 2006.

Alle Rechte der deutschsprachigen Ausgabe bei:

BrunoMedia GmbH, Bonner Straße 328, 50968 Köln
Telefon: +49 221 348 038 10 · Telefax: +49 221 348 038 50
E-Mail: ultimate-sports@brunomedia.de
Internet: www.ultimate-sports.net
und www.brunomedia.de

Herausgeber:	Ralf-Dieter Brunowsky
Projektmanagement:	Nadine Finger
Übersetzung:	Dr. Fritz Goergen
Lektorat und Redaktion:	Frank Schumann
Fachberatung:	Hartmut Kortmann
Grafische Fachberatung:	Stefan Glückert

Planned, produced and published in the UK by:

Ultimate Sports Publications Limited
8 Grange Road, Barnes, London SW13 9RE, UK
E-mail: info@ultimate-sports.co.uk
www.ultimate-sports.co.uk

Publisher:	David Holyoak
Project Manager:	Richard Watts
Design:	Paul Phillips
Editor:	Mike Unwin
Indexer:	Janet Dudley

Reprographics by PDQ Digital Media Solutions Ltd.

Alle Fotos in diesem Buch stammen von Alex Mustard, mit Ausnahme der Fotos auf den Seiten 168, 169 und 171, die von Eric Cheng aufgenommen wurden
Alle Rechte vorbehalten. Kein Teil dieses Buches darf ohne vorherige schriftliche Genehmigung des Verlages reproduziert, in einer Datenbank bzw. einem elektronischen System gespeichert oder auf irgendeine Weise, sei es elektronisch, mechanisch oder als Aufzeichnung, vervielfältigt werden.

Auch wenn für dieses Buch vor der Drucklegung sorgfältig die aktuellsten Informationen zusammengestellt wurden: Manche Details können Änderungen unterliegen. Für die Richtigkeit kann deshalb keine Garantie übernommen werden. Weder Verlag noch Autor können für Fehler oder Auslassungen haften, wie immer sie entstanden sein mögen.

DANK
Die Herausgeber danken sehr herzlich: Nick Hanna und Alex Mustard für die exzellente Arbeit und das hilfreiche Feedback, David Doubilet und Tim Ecott für ihre kundigen und freundlichen Rezensionen, Richard Watts und den oben genannten für einzelne und gemeinsame Beiträge, Graeme Gourlay und Paul Critcher vom „DIVE magazine" und allen, die halfen, Tauchen Ultimativ zu verwirklichen.

HINWEIS
Gerätetauchen ist ein potenziell gefährlicher Sport. Man sollte ihn nur nach angemessenem Training, mit entsprechender Qualifikation und Erfahrung sowie der richtigen Ausrüstung betreiben. Weder Verlag noch Autor übernehmen die Verantwortung für Unfälle, die sich während des Tauchens an irgendeinem der in diesem Buch beschriebenen Plätze ereignen.

DRUCK UND VERARBEITUNG
Polygraf Print, spol.s.r.o.

➔ SEKRETÄR SCHLEIMFISCH

Alex sagt Danke

Die Fotos in diesem Buch sind so etwas wie der Höhepunkt meines bisherigen Lebenswerkes. Meine ersten Bilder unter Wasser schoss ich als neunjähriger Schnorchler, mit 13 wagte ich die ersten Scuba-Atemzüge am Grund eines Swimmingpools. Damals fragte ich mich, ob das den Rest meines Lebens bestimmen würde. Als ich im Sommer darauf zum ersten Mal im Meer tauchte, wusste ich, dass sich mein Leben geändert hatte: Ich war bereit, „Hals über Kopf" einen unabänderlichen Kurs einzuschlagen.

Viele Bilder in diesem Buch schoss ich auf meinen verschiedenen Tauchreisen in den Jahren 2004 und 2005. Aber die meisten Schlüsselbilder stammen von drei Trips gemeinsam mit Nick: Sie gingen zum Reef 2000 in Dahab, zu Ocean Frontiers und Dive Tech auf den Grand Caymans und zu Maldives Scuba Tours auf den Malediven.

Das Fotografieren im Meer verlangt eine Spezialausrüstung. Ich bin einigen Herstellern äußerst dankbar, die mir nahezu jeden Wunsch erfüllten. Für fast alle Bilder verwendete ich Nikon SLR-Kameras (D2X, D100, D70 und F100), die die Firma Subal in Österreich in Unterwassergehäuse einbaut. Zur Beleuchtung nahm ich meist Blitzlichter von Subtronic aus Deutschland. Besonders dankbar bin ich Ocean Optics, London, für die Bereitstellung und Wartung meiner ganzen Unterwasserausrüstung und Camera Exchange, Southampton, für alle Kameras und Linsen. Ganz persönlichen Dank schulde ich Peter Rowlands, meinem wichtigsten Mentor. Seiner einfühlsamen Kritik verdanke ich den Weg von vielen verrückten Ideen zu den Bildern dieses Buches. Schließlich möchte ich meinen Freunden und Kollegen in der British Society of Underwater Photographers und der Internetgemeinde Wetpixel.com für ihre Unterstützung, Beratung und ihren Ansporn zu weiterer Verfeinerung meiner fotografischen Fertigkeiten herzlich danken.

Viele Bilder des Buches zeigen Taucher – und das nicht zufällig! Für ihre Geduld und ihre Eleganz unter Wasser schulde ich besonderen Dank: Anna Hickman, Nick Hanna, Henny Van den Burgh, Kim Paumier, Giles Shaxted, Peter Rowlands, Kirk Krack, Denis Antippa, Brian Corryer, Dawn Deydey, Steve Schultz, Monica Farrell, Patrick Weir, Anna Yunnie, Claire Nichols, Annelise Hagan, Cindy Abgarian, Mandy-Rae Cruickshank, Martin Stepanek, Mon Pongsum, Chris Brandson, J.P. Trenque und Charles Hood. Dankbar bin ich auch dem Unterwasserfotografen Eric Cheng für seine drei Haibilder, die dem Kapitel 5 das besondere Extra geben. Obwohl sie von Eric sind, sind sie vom Stil her wie für dieses Buch gemacht. Vielen Dank.

Danken möchte ich meinem Freund Nick Hanna. Mit seiner E-Mail startete dieses Buchprojekt! Ich habe das Reisen und Tauchen mit Nick sehr genossen. Er hat viele meiner Tauchhelden und -heldinnen für das Buch interviewt – und viele meiner Lieblingszitate zum Scuba-Tauchen eingebaut.

Schließlich möchte ich meiner Familie und meinen Freunden für ihre Liebe und Hilfe danken. Das Fotografieren führt mich häufig aus meiner Heimat Großbritannien in die Ferne. Aber ich freue mich immer wieder, nach Hause zu kommen. Meinem Vater verdanke ich das Verständnis für meine Meeres-Besessenheit – jenseits seines eigenen Wohlergehens unter oder über den Wellen. Ich hoffe, dass dieses Buch die Hintergründe einer Leidenschaft zeigt, die sich für mich so viel besser in Bildern als in Worten ausdrücken lässt.

Nick sagt Danke

Danken möchte ich Kim Paumier für die Liebe und Hilfe, Charlotte Parry-Crooke von Creative Projects Consultancy für klugen Rat und treue Freundschaft und meinem Neffen Hugh Williamson für das Abschreiben der Bänder. Zu danken habe ich Dive Sportif für meinen Trip nach Dahab und Regaldive, Emperor Divers und NoTanx Diving, die mir einen Freitauchkurs im Roten Meer ermöglichten. Danke auch an Sue Wells, Consultant bei UNEP/WCMC in Cambridge, für ihre einfühlsamen Kommentare im achten Kapitel.

Liebe Leserinnen und Leser,

vor Ihnen liegt das zweite Ultimate-Sports-Buch „Tauchen Ultimativ – Die Kunst, richtig zu tauchen". Die Fotos in diesem Buch stammen von Dr. Alexander Mustard, einem renommierten Meeresbiologen, der zu den besten Unterwasserfotografen der Welt zählt. Mustard hat zahlreiche Preise für seine atemberaubenden Motive gewonnen, z. B. im Oktober 2005 den von der BBC ausgeschriebenen begehrten „Wildlife Photographer of the Year" in der Kategorie Unterwasserwelt. Den englischen Originaltext hat Nick Hanna geschrieben, ein freier Publizist, der mit bisher zwölf Tauchbüchern von sich reden gemacht hat.

Unser erstes Buch „Tauchen weltweit" mit den 60 schönsten Tauchgebieten der Welt gehörte nach kurzer Zeit zu den meistverkauften Tauchbüchern Deutschlands. Auf unserer Website **www.ultimate-sports.net** erfahren Sie, wie Sie zu diesen und anderen traumhaften Tauchgebieten kommen. Sie können diese Reisen auch direkt buchen.

„Tauchen Ultimativ" ist kein Reiseführer wie „Tauchen weltweit". Es ist ein Appell, die Meere zu retten. In diesem Buch lernen wir die eigentliche Dimension der Unterwasserwelt kennen – die Kunst des bewussten Tauchens. Wir lernen, zu sehen, uns richtig zu bewegen, zu beobachten, zu verstehen, zu hören, zu entdecken und vor allem: ein in höchstem Maße gefährdetes Ökosystem zu respektieren, in dem buchstäblich alles seinen Sinn hat.

Wir wünschen Ihnen viel Freude bei der Lektüre

Ralf-Dieter Brunowsky
Herausgeber
BrunoMedia Buchverlag
Team Ultimate Sports

Ihre Tauch-Website:

www.ultimate-sports.net

↘↘ GRUNDEL AUF WEICHKORALLE.

inhalt

	Einleitung	13
Kapitel 1	Der Traum vom Fliegen unter Wasser	16
Kapitel 2	Unterwasserlandschaften: Wo wir tauchen	50
Kapitel 3	Die Kunst, richtig zu tauchen	86
Kapitel 4	Die Kunst des Beobachtens	122
Kapitel 5	Treffen mit freundlichen Monstern	156
Kapitel 6	Die Seele der Meere	188
Kapitel 7	Die Kunst des Freitauchens	216
Kapitel 8	Das Schicksal der Meere	240
	Internetadressen der wichtigsten Organisationen zum Schutz der Meere	266
	Literaturverzeichnis	268
	Index	271

↑ Südlicher Stachelrochen

„Durch Wasser tariert kann er in jede Richtung fliegen – rauf, runter, seitwärts – nur durch Schnippen seiner Hand. Unter Wasser wird der Mensch zum Erzengel."

Jacques Cousteau

Einleitung

DIESES BUCH BEGANN ALS DAS FEATURE „ZEN DES TAUCHENS" FÜR EINE SONDERAUSGABE DES „BODY & SOUL"-TEILS DER „TIMES" ÜBER HOLISTISCHE FERIEN. IM FOKUS DIESES FEATURES STANDEN MONICA FARRELLS YOGA-TAUCH-KURSE IM RESORT VON DAHAB IM ROTEN MEER UND STEVE SCHULTZ' PADI-KURS FÜR SEELEN-, KÖRPER- UND GEIST-SCUBA. NACH DER „TIMES" ERSCHIEN ES AUCH IN EINER HAND VOLL VON TAUCHMAGAZINEN RUND UM DIE WELT. WÄHREND DER RECHERCHEN STIESS ICH AUF ALEX' ARBEIT UND WAR SOFORT ANGETAN VON DER FRISCHE UND KREATIVEN TIEFE SEINER UNTERWASSER-FOTOGRAFIE. ICH FRAGTE IHN IN EINER E-MAIL NACH SEINEM INTERESSE AM PROJEKT – OHNE ZU WISSEN, WO ER SICH ÜBERHAUPT ZU DIESEM ZEITPUNKT BEFAND. EINIGE TAGE SPÄTER ANTWORTETE ALEX VON DEN CAYMAN INSELN UND SCHICKTE MIR DAS BILD EINES MÄDCHENS, DAS AM MEERESBODEN LUFTBLASEN MACHT, DAS AUF SEITE 188 ERSCHEINT. ALS ICH SEINE E-MAIL ÖFFNETE, EMPFAND ICH DIESES „WOW", DAS VIELE FOTOS VON ALEX HERVORRUFEN, ABER AUCH DER VERTRAUTE RÜCKENSCHAUER, DER MIR SAGTE: DAS WIRD EIN BESONDERES PROJEKT. ALEX HATTE DAS KONZEPT NICHT NUR PERFEKT VERSTANDEN, SONDERN INTERPRETIERTE ES MIT SEINEM BESONDEREN TALENT. EINE PARTNERSCHAFT WAR GEBOREN.

Doch dann begann ein weiter Weg, auf dem wir die unruhigen Gewässer der Verlagswelt durchstreiften, um dieses Buch zu verwirklichen. In den letzten zwei Jahren arbeiteten und tauchten Alex und ich in vielen verschiedenen Teilen der Welt – manchmal zusammen, manchmal am selben Platz, aber zu unterschiedlichen Zeiten. Wir haben Worte und Bilder über die Kontinente und Ozeane hinweg geteilt – oder wie in Osha Gray Davidsons „The Enchanted Braid" – unsere Konzepte und Ideen in ein größeres Ganzes verwoben. Das Ergebnis ist kein simpler illustrierter Tauchführer mit einem Bild pro Thema. Es ist vielmehr Ausdruck unserer eigenen, subjektiven Interpretationen. Die des einen fließen in die des anderen ein.

Als das Buch wuchs, bekam es eigenes Leben. Die Spanne wurde breiter und bunter, die zentrale These „Zen-Tauchen" weitete sich aus zu „Tauchen Ultimativ". Scuba-Tauchen ist nun eine der populärsten Ferienaktivitäten der Welt. In den letzten 20 Jahren wurde es vom Minderheiten- zum Massensport, die alle erfreuen kann. Heute sind es 15 bis 20 Millionen qualifizierte Taucher weltweit.

Der Beliebtheitszuwachs macht deutlich, dass Tauchen mehr darstellt als nur eine sportliche Herausforderung. Tauchen befördert dich anstrengungslos in eine andere Dimension, in die Wasserwelt voller Märchenplätze und bizarrer Lebewesen, die dich magisch wieder und wieder anzieht. Der einst von Macho-Heldentaten der Ausdauer dominierte Sport ist zu etwas viel Bedeutungsvollerem gereift: zu einer Kunstform, die Charme und Gewandtheit verlangt, und zu einem Walzer mit dem Wasser und seinen Kreaturen einlädt. Jeder Tauchgang ist wie ein Gemälde oder Musikstück anders. Eine neue Kreation bezaubert uns umso mehr.

Unser Buch ist eine Reise zur Seele des Tauchens. Wir hoffen, es öffnet Augen und Vorstellung für neue Wege in die Unterwasserwelt – Wege, die ebenso auf Körperbewusstsein gründen wie das eigene Logbuch. Natürlich sind Techniken und Know-how wichtig. Aber in diesem Buch wird nicht der Umgang mit Stickstoff erklärt oder die Ursachen für Stickstoffnarkose – obwohl wir hoffen, dass alle ohne eine Kostprobe vom Tiefenrausch davonkommen.

← KRÖTENFISCH

↑ Taucher an einem Korallenriff im Roten Meer.

In Tauchen Ultimativ geht es vor allem um die Einstellung, nicht um Techniken. Es stellt einen bestimmten Ansatz dar, die Fähigkeit, sich den Geist der See zu Eigen zu machen, die in den Worten der frühen Pioniere offenkundig war, seitdem aber scheinbar irgendwie verloren ging. Heute sehen wir diesen Ansatz wieder auftauchen – eine Tatsache, die uns sofort ins Auge stach, als wir unsere Gespräche mit den Personen dieses Buches begannen. Unterwasserfotografen, Naturalisten, Filmemacher, Journalisten, Meeresbiologen und Tauchführer sind Menschen, die mehr Zeit unter Wasser verbringen als alle anderen. Unter diesen Profis fanden wir einen Konsens, was Tauchen wirklich bedeutet und wohin es führt.

Als Freunde und Partner haben Alex und ich beim Tauchen uns für dieses Buch begeistert und voneinander gelernt. Viele Taucher werden bestätigen: Die Unterwasserwelt mit nahe stehenden Menschen zu teilen – mit Freunden, Familien, Partnern und heutzutage oft auch mit Kindern –, bringt große Freude. Das ist einer der vielen Vorteile, die die Popularität unseres Sportes in der letzten Zeit mit sich brachte. Ein anderer ist, unsere Unterwassererfahrungen mit der ganzen Welt zu teilen – vor allem das ganz besondere Erlebnis, den Lebewesen des Meeres in ihrem eigenen Zuhause begegnen zu können.

Ich glaube, es kann keinen Taucher geben, der nicht nach dem Tauchgang das Gefühl von Privileg spürte, derartiges unter Wasser erleben zu dürfen. Aber die Meerestiere und ihre Wasserheimat sind zunehmend bedroht. Die Gründe sind wohl bekannt. Als Taucher sind wir auf einzigartige Weise für eine Wende verantwortlich. Heute ist der Tauchergemeinde zunehmend bewusst, wie das Geschehen unter Wasser mit dem eigenen Lebensstil verbunden ist.

In diesem Buch geht es um die Freude des Tauchens, das Erfrischende an Tierbegegnungen – um den Tanz mit den Fischen. Aber wir alle wissen, dass wir nicht tauchen können, ohne den Einfluss des Menschen auf die Meere zu erkennen. Als Taucher schulden wir es der Welt der Fische, denen wir so viel Freude verdanken, nach dem Wandel zu rufen, der ihre magische Unterwasserheimat respektiert.

Wir wünschen unseren Lesern auf dieser Reise zur Seele des Tauchens die Freude, die wir empfanden.

SEEPFERDCHEN

Der Traum vom Fliegen unter Wasser

„Er geht auf eine große Reise, auf den Grund des Meeres."

Anon, 17. Jahrhundert

„Sanft glitt ich in den Sand. Atmete schwerelos frische Luft. Der Sand führte hinab in blauklare Unendlichkeit. Die Sonne stach so leuchtend, dass ich blinzeln musste. Die Arme an den Seiten trugen mich träge Flossenschläge tiefer, machten mich schneller, ließen das Ufer entschwinden." Jacques Cousteau

Anfänge

AN DEN ERSTEN TAUCHGANG ERINNERN SICH ALLE. GETRIEBEN VON EINEM BERAUSCHENDEN MIX AUS ANGST UND AUFREGUNG VERWANDELT SICH DAS ATMENDE LANDSÄUGETIER IN DEN *HOMO AQUATICUS*, DER ALLEIN AM LEBENSFADEN EINER TAUCHAUSRÜSTUNG HÄNGT.

Zu meinem Glück begann ich im Roten Meer. Ich erinnere mich noch immer lebhaft an die Szene, als ich erstmals die Luft aus meiner Tarierweste ließ und langsam unterging. Die spontane Angst vor dem Ertrinken machte schnell dem Staunen Platz: Der Brandungsschaum an der Riffkrone sah von unten aus wie ein Champagner-Whirlpool. Ich hatte das Gefühl, durch einen Wasservorhang in ein anderes Universum einzutauchen, tausendfach bevölkert von sonder- und wunderbaren Wesen: leuchtende Farben ohne Zahl, fabelgleiche Pflanzen, bizarre Kreaturen.

Bis heute, viele Jahre später, hält mich das Wunder noch immer gefangen, aus der Überwasserwelt in diese andere zu wechseln. Jeder erste Tauchgang im Urlaub ist ein unbeschreibliches Gefühl. Ob du Tausende von Kilometern bis zu deinem Ziel reisen musstest, oder einfach nur an deiner Heimatküste tauchst. Sobald du mit den Vorbereitungen beginnst, wechselt dein Horizont: Der Himmel wird zum Meer.

Die Erfahrung dieser anderen, schwerelosen Welt konnte sich erst zu ihrer Faszination entwickeln, als es gelang, zu atmen und die Farbenpracht unter Wasser tatsächlich zu sehen. Menschen tauchen schließlich schon seit Jahrhunderten. Griechische Schwammtaucher und asiatische Perlentaucher konnten schon recht lange unter Wasser bleiben. Aber nach wenigen Minuten waren sie doch immer gezwungen, wieder aufzutauchen.

Die ersten brauchbaren Tauchgeräte waren glockenförmige Behälter, die berühmten Taucherglocken. In sie mussten sich jene Taucher hineinzwängen, die schon im 16. Jahrhundert für Bergungsarbeiten eingesetzt wurden. Der Wissenschaftler Edmund Halley (1656–1742, nach ihm ist der gleichnamige Komet benannt) entwickelte dieses Prinzip weiter. Er hatte die heute eher bizarr wirkende Idee („The Art of Living under Water"), Fässer mit frischer Luft zu den Tauchern hinunterzulassen, damit sie länger unten bleiben konnten. Die Aussicht, reiche Schätze aus gesunkenen Schiffen zu bergen, ließ in den folgenden Jahrzehnten noch viele „Tauchmaschinen" folgen.

Anfang des 19. Jahrhunderts waren in manchen Ländern seltsame Tauchanzüge in Gebrauch. Eine Erfindung des Bergbau-Ingenieurs Benoît Rouquayrol und des Seeoffiziers Auguste Denayrouze im Jahre 1866 befreite erstmals Taucher zeitweise von der Überwasser-Luftzufuhr: Ein Luftschlauch führte von der Oberfläche zu einem Luftzylinder, den der Taucher wie einen Rucksack trug. Er konnte den Luftschlauch abhängen und sich auf dem Meeresgrund frei bewegen. Entscheidend war, dass die Vorrichtung auch einen einfachen Regler besaß, mit dem ein Druckausgleich zwischen Lunge und Wasserumgebung erreicht werden konnte. Es brauchte aber noch weitere 77 Jahre, bis der französische Ingenieur Emile Gagnan das Prinzip wieder entdecken und die Technologie des Sporttauchens endgültig revolutionieren sollte.

Die Entdeckung des Tauchsports

In der ersten Hälfte des 20. Jahrhunderts suchten Wissenschaftler immer intensiver nach den Ursachen und Symptomen der so genannten Taucherkrankheit (Caissonkrankheit). Dabei entdeckten sie zugleich die Faszination des Tauchens. Einer von ihnen war Roy Miner, Zoologe am American Museum of Natural History in New York. Er organisierte 1923 eine Expedition zum Studium der Bahama-Korallenriffe. Vom Boot aus ließen ihn seine Leute in einer Sichtröhre ins Wasser, wobei eine schwere Metallkugel für das Hinabtauchen sorgte. „Meinen ersten Blick aus der Sichtröhre auf das Barrier-Riff werde ich nie vergessen", schwärmte Miner später. „Riesige Bäume von Riffkorallen, ein wahrer Steinwald von eng verschlungenen Ästen ... ein Marmor-Dschungel im Perlmuttschleier."[1]

Einer der ersten Taucher, der mit seinen Unterwasser-Entdeckungen weltweit von sich reden machte, war der amerikanische Zoologe William Beebe. Seine Unterwasser-Abenteuer erschienen in mehreren Bänden in den 20er-Jahren. Beebe ersann einen Kupferhelm mit zwei Frontfenstern. Eine Handpumpe versorgte ihn über einen Gartenschlauch mit Luft. „Als ich das erste Mal meine Unterwasser-Leiter hinunterkletterte, wusste ich: Nun hast du dein irdisches Glück um abertausende Meilen verlängert", beschrieb er seine Gefühle. „Im Augenblick des Eintauchens bist du ganz allein. Wunder versetzen dich in Staunen, und das Staunen seinerseits schafft neue Wunder."[2]

Dem PR-begabten Beebe gelang die Finanzierung einer Expedition zu den Galapagos-Inseln, der Baja California und in die Karibik. Die Begeisterung für die Unterwasserwelt in seinem Buch „Beneath Tropic Seas" steckt an:

Der nachhaltigste Eindruck am Grund des Meeres ist märchenhafte Unwirklichkeit. Wie in „Alice im Wunderland" wirken Begriffe und Erfahrungen völlig überholt. Blumen sind jetzt Würmer und Felsen Lebewesen. Wir wiegen nur einen Bruchteil. Entfernung ist Farbe pur, Himmel ein kräuselnder Glorienschein ... bevor wir den Fuß nicht auf einen anderen Planeten setzen, bleibt die Meereswelt unser anziehendster und zugleich fremdester Ort.[3]

Die neue Dimension der Schwerelosigkeit unter Wasser erfasste Beebe als Erster: ... dass „man zwölf Fuß hoch springen oder sich an einem gebogenen Finger hochziehen kann". So setzte er sich manchmal sechs Meter tief auf den Meeresgrund – einfach nur, um das wiegende Hin und Her zu erspüren – im Gleichklang mit Fischen, Seegras und Korallen. Er lernte, sich mit der Strömung entspannt

> *„Der nachhaltigste Eindruck am Grund des Meeres ist märchenhafte Unwirklichkeit. Wie in ‚Alice im Wunderland' wirken Begriffe und Erfahrungen völlig überholt."*
>
> **William Beebe**

Ⓚ Ein Skorpionfisch tarnt sich im Hinterhalt am Riff.

↗ Eine Schwadron südlicher Stachelrochen gleitet über den Meeresboden.

„Zum Glück wissen wir manchmal, dass sich das Leben ändert, legen das Alte ab, nehmen das Neue an und tauchen kopfüber ins Unabänderliche ein."

Jacques Cousteau

zum nächsten Felsen tragen zu lassen, statt sich gegen die Brandung zu stemmen und ans Riff zu klammern.[4]

Wie viele Tauchpioniere sprach Beebe oft mehr über seine Gefühle in der Unterwasserwelt, als über das, was er dort sah. Viele Meeresbiologen und -forscher mussten ganz ähnlich ihre Begeisterung über diese schwerelose Welt loswerden – nicht selten auf Kosten ihrer eigentlichen wissenschaftlichen Aufgaben. Seine Zuhörer feuerte William Beebe an, sich noch zu ihren Lebzeiten „so etwas wie einen Helm zu leihen, zu stehlen oder zu kaufen, um selbst in diese neue Welt Einblick zu nehmen".[5] Seine Werke über das Leben in Ozeanen inspirierte eine ganze Generation von Wissenschaftlern. Die Meeresbiologin Rachel Carson etwa – berühmt durch „Silent Spring" –, zählt zu den bekanntesten Autoren der Unterwasserwelt. Riesenerfolge mit ihren Büchern über die Faszination des nassen Elements hatte auch Eugenie Clark (u. a. „Lady with a Spear").

Vernarrt in Fische wählte Clark (Spitzname „die Haifisch-Lady") als Hauptfach Zoologie. Während ihrer Doktorarbeit erhielt sie einen Assistentenjob von Dr. Carl Hubbs am Scripps Institute of Oceanography in La Jolla, einem der weltgrößten Ozeanografie-Zentren. Ihren ersten Tauchgang beschreibt sie so:

Als ich an der untersten Sprosse der Leiter ankam, befand ich mich über einem dichten Bett von Riementang. Die Enden der langen Fasern des orange-braunen Seekrauts reichten durchs trübgrüne Wasser bis an meine Füße, als würde ich in diesem verwunschenen Unterwasserwald auf schlängelnden Baumspitzen stehen. Was für eine Menge Fische, und wie nah sie kamen, um diesen langsamen Eindringling offenkundig furchtlos zu inspizieren! Ein kecker Fisch äugte durch meinen Helm mitten in mein Gesicht. „Huch", reagierte ich ziemlich verblüfft.[6]

Bald entdeckt Eugenie eine muschelüberzogene riesige Felsmasse, die sie mit einem „Lebkuchenhaus im Unterwasserwald" vergleicht. Doch plötzlich gibt es ein Problem mit der Luft. Gleich beim ersten Tauchgang wird sie zum Notaufstieg gezwungen! Als der Helm wieder funktioniert, macht Eugenie einen zweiten Versuch: „Ich ging runter – dieses Mal, wie in Dutzenden von Helmtauchgängen seither, ohne Panne."[7]

⬉ **Pygmäenseepferdchen**
⬉ **Sekretärschleimfisch**
⬉ **Gelbhaariger Anglerfisch**
⮕ **Füsilierfische strömen vorbei.**

Cousteau entdeckt das Tauchen

In den 20er-Jahren gewann das Tauchen auf der europäischen Seite des Atlantiks zunehmend Anhänger. 1925 wurde der französische Erfinder Yves Le Prieur Zeuge einer Vorführung in Paris. In einem Tank trug ein Taucher nur Nasenklemme und Tauchbrille. Mit Luft versorgte ihn über einen Schlauch eine Pumpe von oben. Landsmann Maurice Fernez hatte dieses System bei Schwammtauchern im Mittelmeer populär gemacht. Es gab ihnen viel mehr Bewegungsfreiheit als herkömmliche Tauchhelme. Le Prieur adaptierte das System mit Pressluftflaschen der Reifenfirma Michelin. So gelangen seine ersten Tauchgänge in Südfrankreich. 1933 meldete ein weiterer Franzose, Louis de Corlieu, die ersten Schwimmflossen aus Gummi zum Patent an. Die Grundlage der Tauchausrüstung unserer Tage war geschaffen.

Die warmen Gewässer der französischen Riviera sind auch Geburtsort des damaligen Modesports Speerfischen. Ein amerikanischer Schriftsteller namens Guy Gilpatric wurde einer seiner Hauptprotagonisten. Sein ironisches Handbuch „The Compleat Goggler" (zu Deutsch: Der Glotzer) erschien 1938 mit viel Erfolg. Die erste wasserdichte Brille, mit der er tauchte, bastelte er selbst aus einer alten Fliegerbrille: „Ich verkittete einfach die Luftlöcher und lackierte das Ganze." Enthusiastisch beschreibt Gilpatric seinen Unterwasser-Ausflug:

Darauf war ich nicht vorbereitet: Atemberaubend das Gefühl des freien Unterwasser-Fluges mit der Taucherbrille ... Bis zum Grund waren es 15 Fuß, aber jeden Kieselstein und Grashalm sah ich so klar, als wäre nur Luft dazwischen. Ein weich-bläuliches Grün gesellte sich friedlich zur nahezu quälenden Stille über sanft wiegenden Matten.[8]

In diesen Jahren begann auch der berühmte Jacques Cousteau seine Tauchkarriere. Der junge Marinekanonier war in den damaligen Jahren als Extremschwimmer an der Küste weiter östlich stationiert. Er hatte sich eine neumodische Fernez-Tauchbrille besorgt, um seine Augen vor Salzwasser zu schützen. In „The Silent World" lässt sich nachlesen, wie sich sein Leben in dem Moment unwiderruflich änderte, als er unter Wasser den „Dschungel" sah:

In Le Mourillon bei Toulon watete ich 1936 eines Sonntagmorgen ins Mittelmeer und schaute durch die Fernez-Brille. Was ich im seichten Strandkies von Le Mourillon sah, versetze mich in Staunen: Grüne, braune und silberne Wälder von Algen bedeckten Felsen, unbekannte Fische schwammen in kristallklarem Wasser. Als ich aufstand, um Luft zu holen, sah ich einen Omnibus, Leute und Straßenlichter. Ich beugte mich nur, brachte meine Augen unter Wasser. Im Nu war die Zivilisation fort und ich in einem Dschungel, den die Leute oberhalb des undurchsichtigen Wasserdachs nie sehen.[9]

Cousteau begriff sein Schlüsselerlebnis sofort: „Zum Glück wissen wir manchmal, dass sich das Leben ändert. Wir legen das Alte ab, nehmen das Neue an und tauchen kopfüber ins Unabänderliche ein."[10]

Die nächsten zwei Jahre schnorchelte er an der Küste und schneiderte vulkanisierte Gummianzüge, um die Körperwärme im Wasser zu halten. 1938 traf er Frédéric Dumas (der sein lebenslanger Tauchpartner werden sollte) und bildete zusammen mit Philippe Tailliez, einem anderen Speerfischer, den er schon kannte, sein erstes Tauchteam.

Zufällig stieß ein weiterer großer Meeresforscher des 20. Jahrhunderts, Hans Hass, an der Riviera auf den Amerikaner Gilpatric. Ungebunden, 18-jährig, gönnte sich Hass 1937 Riviera-Urlaub nach dem Abitur. Von einer Freundin verschmäht starrte er auf einem Felsen bei Juan-les-Pins verdrossen aufs Meer hinaus, als er Gilpatric beim Speerfischen erspähte. Gebannt sah Hass den

„Oft träumte ich nachts, mit ausgebreiteten Armen wie mit Flügeln zu fliegen. Jetzt flog ich ohne Flügel."
Jacques Cousteau

"... leben – leben im Schoße des Ozeans! Hier herrscht nur Freiheit! Hier gibt es keine Herren! Hier bin ich frei!"
Aus „20.000 Meilen unter dem Meer" von Jules Verne

↗ Eine Echte Karettschildkröte über Sand.

Unterwasserjäger mit einem großen Fisch am Speer auftauchen. Nach einem Gespräch mit dem braun gebrannten Amerikaner zog er sofort los, um Tauchbrille und Harpune zu kaufen. „Als ich an diesem Tag in Antibes meine erste Tauchbrille in der Hand hielt, ahnte ich nicht, wie viele fantastische Stunden dieses Etwas aus Glas und Gummi mir bringen würde", schrieb Hass. „Stundenlang schwamm und tauchte ich an der Küste von Antibes, ohne je all der neuen Dinge müde zu werden, die ich entdeckte."[11] Erst ein Jahr später stieg Hass auf die viel komfortableren Gummifußflossen um – jetzt war das Tauchen viel leichter.

Die Erfindung der Taucherlunge

Cousteau probierte etliche Systeme aus. Darunter eines, bei dem eine Pressluftflasche an die Brust geschnallt war und die zweite von oben mit einem Schlauch Sauerstoff lieferte. Zweimal riss der Schlauch und brachte ihn und Dumas in Lebensgefahr. Trotzdem sagte Cousteau: „Es hielt uns fest, wo wir Freiheit suchten. Wir träumten von einer beweglichen Pressluftlunge."[12]

Cousteau reiste nach Paris und suchte jemand, der sie baut. In der Industriegasfirma seines Schwiegervaters

„Meinen ersten Blick auf das Riff vergesse ich nie ... große Bäume Riff bildender Korallen, ein mächtiger Marmorwald von verschlungenen Ästen ..."

Roy Miner

Cousteau auch noch Le Prieur begegnet. Der hatte damals schon eine vollständige Gesichtsmaske entwickelt, welche die Lungen der Taucher kontinuierlich mit Luft versorgen konnte. Aber Gagnans Gerät machte das Rennen.

Nun suchten Cousteau und Gagnan eine geschützte Bucht, wo sie ungestört von der deutschen Besatzungsmacht ihr neues Spielzeug ausprobieren konnten. Cousteau zog die neue Ausrüstung an und tauchte ins Meer:

Sanft glitt ich in den Sand. Atmete schwerelos frische Luft. Der Sand führte hinab in blau-klare Unendlichkeit. Die Sonne stach so leuchtend, dass ich blinzeln musste. Die Arme an den Seiten, trugen mich träge Flossenschläge tiefer, machten mich schneller, ließen das Ufer entschwinden. Bewegungslos genoss ich das lautlose Gleiten.[14]

Cousteau lernte, Schwimmkraft und Atmung anzupassen, den Ohrdruck auszugleichen. Gern verglich er sich mit plumpen Helmtauchern, die ein Luftschlauch an die Oberfläche fesselte. „Wie ein Fisch horizontal zu schwimmen, war die Logik eines Mediums, das 800fach dichter ist als Luft. Frei und ungehindert von Schlauch und Leine, das war herrlich. Oft träumte ich nachts, mit ausgebreiteten Armen wie mit Flügeln zu fliegen. Jetzt flog ich ohne Flügel."[15] Ein begeisterter Cousteau beschrieb sein Entzücken über diese Erfindung, neugierig wie weit er hinuntergehen könnte und was dann geschehen würde. Sein Überschwang angesichts dieser Epoche machenden Premiere des Sporttauchens war grenzenlos:

Ohne meine Arme zu benutzen, konnte ich fast zwei Knoten schnell schwimmen. Vertikal ließ ich meine eigenen Luftblasen hinter mir. 60 Fuß tief ging ich runter. Ich erprobte die Taucherlunge mit diversen

Ⓡ EINE GRUPPE BUCKELSCHNAPPER.

fand er den Ingenieur Emile Gagnan. Der präsentierte ihm im Dezember 1942 ein Druckminderungsventil, das er zur Regelung der Gaszufuhr entwickelt hatte. Innerhalb weniger Wochen entstand so der erste Automatikregler, den die beiden in einem Fluss testeten. Doch es dauerte noch bis zum nächsten Sommer, bis Cousteau ihn im Meer ausprobierte. „Kein Kind hat je sein Weihnachtsgeschenk entzückter ausgepackt als wir unsere erste Taucherlunge", schrieb er. „Funktioniert sie, wird sie das Tauchen revolutionieren."[13] Die Revolution fand statt – die Lorbeeren dafür erntete Cousteau, nicht Gagnan. Zwischendurch war

Manövern – Loopings, Saltos und Rollen. Ich machte Handstand auf einem Finger und platzte vor Lachen – schrill und verdreht. Was immer ich tat, änderte den Rhythmus der automatischen Luftzufuhr nicht. Befreit von Schwerkraft und Auftrieb flog ich im Raum.[16]

⬇ TAUCHER AUF SCOOTERN.

Cousteau, immer ein Trendsetter, war es übrigens, der das Herumhopsen auf dem Meeresboden „salonfähig" machte. Unterdessen zeichnete Philippe Tailliez genau auf, wie perfekt der neue Regler funktionierte:

Er hielt mehr als sein Versprechen. Schnorchler, die von Zeit zu Zeit zum Atmen hinaufmussten, erlebten erstmals den freien Rausch, ohne Leine im dreidimensionalen Raum zu tauchen. Wieder am Strand, tanzten wir vor Freude. Wir waren sofort sicher: Das ist die Erfindung, die wenige Jahre später in Frankreich und überall auf der Welt das Zeitalter der Unterwasserforschung in Gang setzem wird.[17]

1940 hatte Hans Hass schon eine Expedition nach Curaçao, in die Niederländische Karibik, geleitet, seine ersten Filme und ein Buch über die Unterwasserwelt produziert. Aber sein Team blieb noch überwiegend beim Speerfischen mit Taucherbrille und Flossen. Erst 1941 ging Hass zu einem richtigen Tauchsystem über – der frühen Version eines Kreislauftauchgeräts. Seinen ersten Abstiegsversuch mit der neuen Ausrüstung erprobte er am 12. Juli 1943 in Griechenland. „Von dieser erstmaligen Stunde der Verwandlung in ein praktisch fischähnliches Wesen war ich völlig überwältigt", schrieb er. „In meiner Begeisterung stand ich in 15 Metern Tiefe Kopf, machte Saltos und stieß wie ein verrückter Raubfisch mitten durch Fischschwärme, die meinem Kurs erschrocken und respektvoll Spalier standen ... Zurück zur Oberwelt, ein glückseliger Flug."[18]

Der Beginn des Scuba-Tauchens

Nach seinen ersten Unterwasserfilmen wurde Cousteau 1943 das militärische Potenzial der Tauchlunge bewusst. Als sich das Kriegsglück im November 1944 den Alliierten zuwandte, ging er nach London, um die britische Marine vom Wert seiner Ausrüstung im Kampf gegen feindliche Schiffe und dem Eindringen in Häfen zu überzeugen. Die Marineoffiziere zeigten sich uninteressiert, immerhin gaben sie der Erfindung einen Namen: Self-Contained Underwater Breathing Apparatus, bald Scuba genannt. Das Scuba-Tauchen war geboren.

Die ersten Ausrüstungen konnte man 1946 in Frankreich kaufen. Ab 1950 breitete sich das Sporttauchens rapide aus.

↑ Ein Taucher erkundet das Wrack der Giannis D im Roten Meer.
↘↘ Zwergseepferdchen, ein Zentimeter lang, tanzen über Seefächer.

Im November 1950 erschien ein großes Cousteau-Porträt in „Life", 1951 in „National Geographic". Die Erstausgabe des „Skin Diver Magazin" schloss sich an.

Cousteau vermarktete sein neues System aktiv. Er versuchte zunächst, die Industrie für kommerzielle Anwendungen zu gewinnen: Seerettung, Ölplattformen, Unterwasser-Bergbau und -Erkundung. Bizarrerweise, so sein Biograf Axel Madsen, „kam ihm ein Geschäftsfeld nicht unmittelbar in den Sinn: die Ausrüstung von Amateurtauchern".[19] Inzwischen hatte Cousteau einen alten Minensucher, die Calypso, gekauft und sie für Expeditionen umgerüstet. Aus dem Hafen von Toulon lief sie im November 1951 zu ihrer ersten Fahrt ins Rote Meer aus. Die erste vieler Expeditionen wurde gefilmt und weltweit im Fernsehen gesendet. Die Calypso wurde für mehr als ein Jahrzehnt zum vertrauten Anblick des treuen Publikums der Fernsehserie „The Undersea World of Jacques Cousteau".

Hans Hass und seine Glamourfrau Lotte hatten inzwischen schon einen Namen. Ihr Film „Red Sea Adventure"

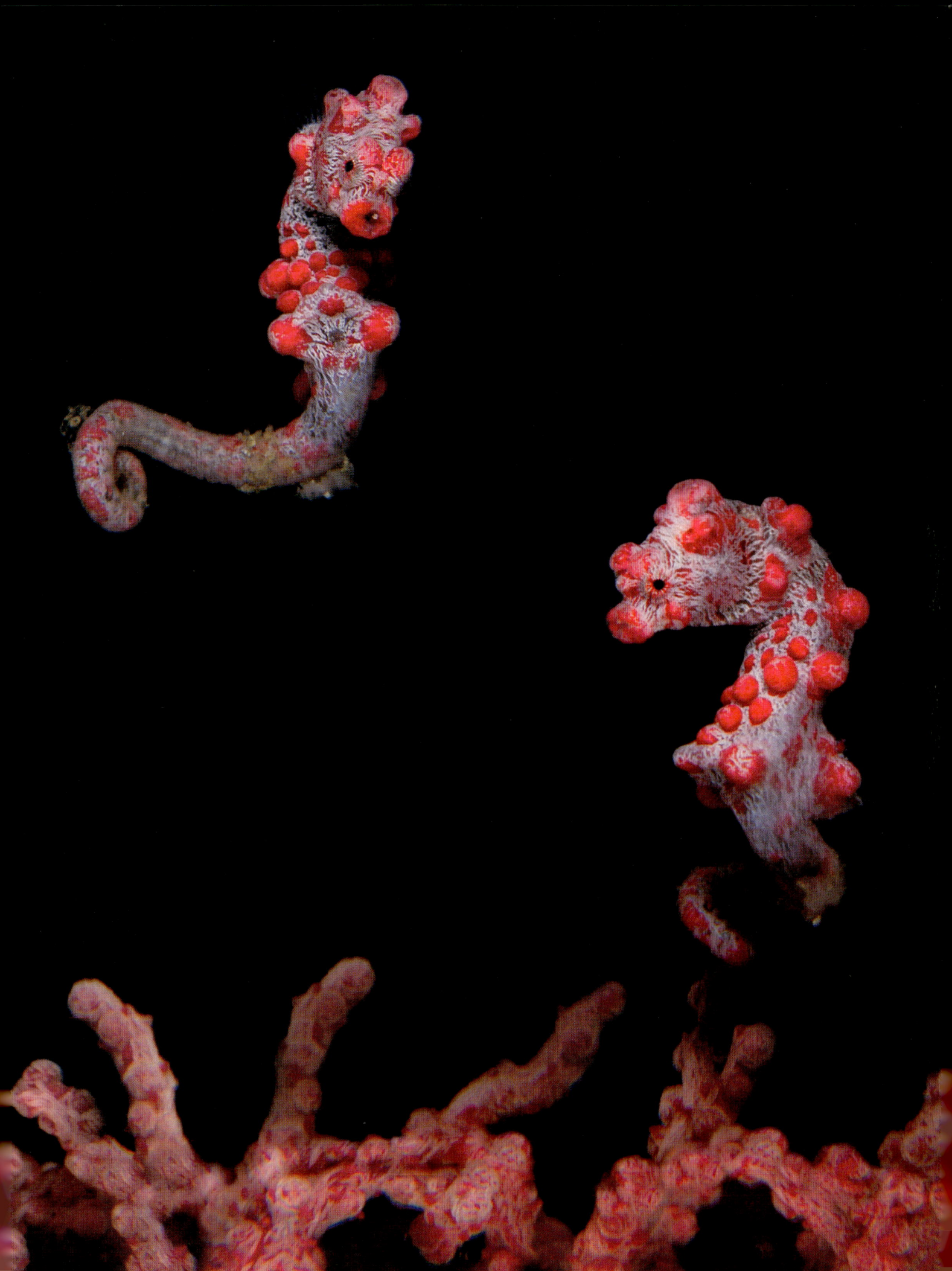

gewann beim Venedig Film Festival 1950 einen Preis. Die englische Ausgabe des Bands „Karibik Expeditionen", „Diving to Adventure", erschien 1951, im Jahr darauf ein weiterer, „Under the Red Sea". Der Riesenerfolg der BBC-Fernsehserie von 1956, „Diving to Adventure", machte Hans und Lotte weltweit bekannt.

Nur zehn Jahre nach seinen ersten Versuchen wurde Cousteau klar, dass Tauchen für seine Begriffe viel zu einfach geworden war. „Heute, eine Dekade nach unserem zaghaften Vorstoß über die 40-Meter-Zone hinaus", schrieb er 1952, „erreichen Frauen und Männer diese Tiefe nach dem dritten oder vierten Tauchgang." Cousteaus Gefühle angesichts dieses neuen Phänomens sind widersprüchlich. Besonders als er einen gewissen Herrn Dubois mit einem gemieteten Tauchgerät im Riviera-Sommer erlebte. „Hunderte legen das Gerät an und tauchen voller Vertrauen", notiert er. „Denke ich an unsere gefährlichen Anstrengungen zurück, gesellt sich Groll zu meinem Stolz auf Herrn Dubois' Ausrüstung."[20]

Im Februar 1953 erschien „The Silent World" zum ersten Mal, zusammengestellt aus den Logbüchern, die Cousteau und Dumas seit ihren frühen Versuchen geführt hatten. Das Buch dokumentiert die Geschichte des „Tauchlungen-Apparates". Im Vorwort des Herausgebers der ersten britischen Ausgabe heißt es sozusagen atemlos, dass „dieses selbstständige Gerät, mit dem Kapitän Cousteau persönlich mehr als tausend Mal getaucht ist, einem fast nackten Menschen erlaubt, ohne Leitungen nach oben 100 Meter tief zu tauchen und bis zu zwei Stunden unten zu bleiben".[21] Weltweit wurden über fünf Millionen Bücher verkauft.

Scuba wurde schnell populär. Die meisten Taucher und Wissenschaftler gaben das altmodische angeleinte Tauchen auf. Sylvia Earle, die Veteranin der Ozeanografie, lieh sich bei einem Freund ihres Vaters einen Kupferhelm für ihren ersten Tauchgang. Erst 16, stieg sie in einen Fluss in Florida: „Ein Abenteuer, dem ich voll Freude – gemischt mit Angst – entgegensah." Das Erlebnis riss sie mit: „Für 20 glückselige Minuten wurde ich eins mit dem Fluss und seinen Bewohnern, folgte der Strömung, verschmolz mit ihr, atmete mit ihr!"[22] Ein Jahr später, während eines Kurses an der Florida State University konnte Earle zum ersten Mal ein Scuba-Gerät ausprobieren. Jetzt entdeckte sie das wahre Glück der Schwerelosigkeit unter Wasser:

Wie ein Teil des Meeres schwebte ich einer Qualle gleich. Inspiriert von der athletischen Anmut aller anderen Lebewesen um mich, versuchte ich, was ich für unmöglich gehalten hatte: eine Rolle rückwärts in Zeitlupe. Kein Problem! Vorwärts, dann gleiten, rollen, rauf, runter, im Kreis. Die Fische wunderten sich wohl über die plumpe Masse, die in ihrer Mitte herumzappelte. Ich fühle mich wie ein Delphin.[23]

Die erste Tauchschule

Earle blieb mit ihrer Begeisterung nicht allein. Die Leute reagierten zu Tausenden auf das neue Wunder, unter Wasser atmen zu können. Die erste Tauchschule riefen der 2004 verstorbene Tauchpionier Al Tillman und Bev Morgan 1954 in Los Angeles ins Leben. Sie wurde

↖ Orang-Utan-Krabbe
← Indischer Seestern
→ Flachriff-Spiegelungen

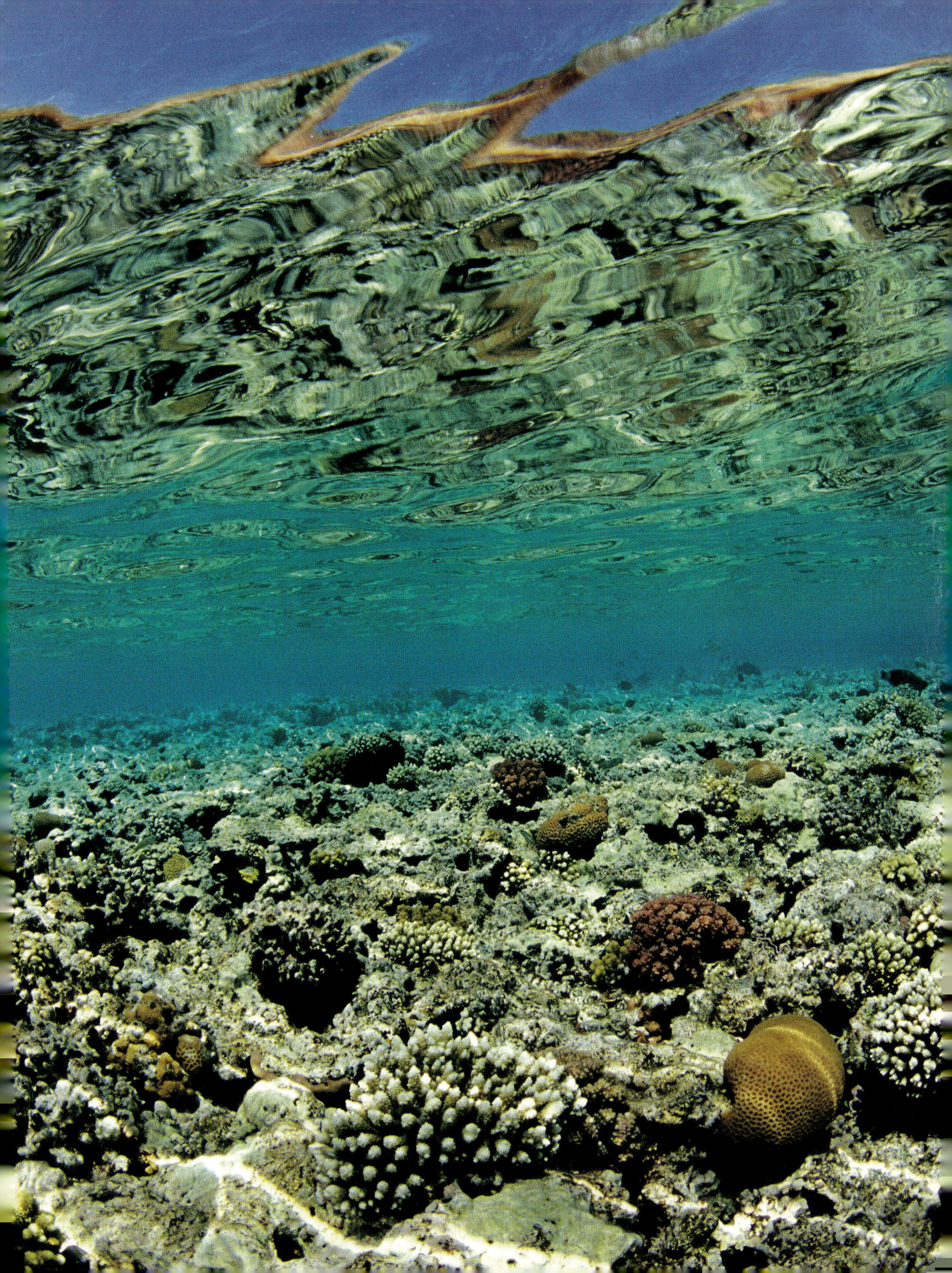

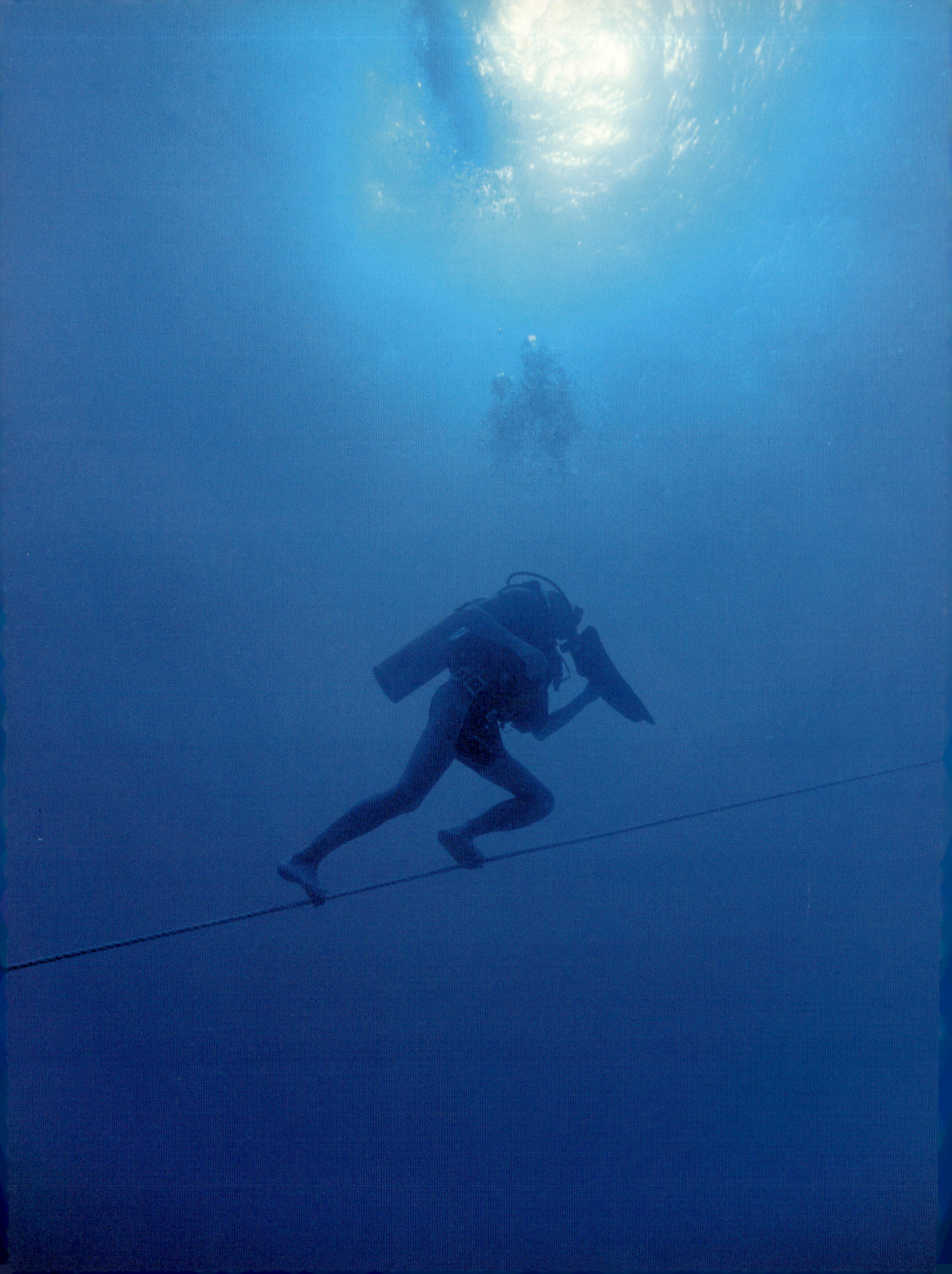

„Alle waren ein wenig verrückt. Es drängte sie nach Wetropolis, wo Taucher in Unterwasser-Bungalows leben, und man nur vor die Tür treten muss, um Fische im Käfig zu füttern ..."

Professor Trevor Norton

Modell für US-Tauchzertifikate. Im gleichen Jahr wurde in Deutschland der Verband Deutscher Sporttaucher (VDST) gegründet. Die ersten Tauchkurse in Großbritannien veranstaltete ein Außenseiter, Ex-Air-Force-Captain Trevor Hampton. Er nahm für seine Tauchschule in Warfleet Creek bei Dartmouth in Anspruch, seine Schüler bis zum Kampfschwimmer ausbilden zu können. Reg Vallintine, selbst bekannter britischer Tauchlehrer, gehörte zu Hamptons Eleven. „Er schickte dich gleich beim ersten Mal allein runter – an einer Leine", erzählte Reg. Sein Motto hieß: „Spar deine Kraft und komm langsam nach oben. Wenn du das kannst, überlebst du's wahrscheinlich."

Um 1955 waren weltweit rund 30.000 Ausrüstungen verkauft worden, drei Viertel allein in Kalifornien. In der ersten Folge (von 150) der US-Fernsehserie „Sea Hunt" spielt Lloyd Bridges den Unterwasser-Abenteurer Mike Nelson. 1959 organisierte der YMCA den ersten amerikaweiten Kurs für Tauchzertifikate. 1960 trug Al Tillman entscheidend zur Gründung der National Association of Underwater Instructors (NAUI) bei.

Forschung unter Wasser

Die 60er-Jahre sind uns als Jahrzehnt der Eroberung des Weltraums in Erinnerung, nicht der Meere. Dabei stimmt beides. In ihrer Taucherkugel Trieste stiegen 1960 Jacques Picard und Don Walsh nicht weniger als 10.868 Meter zum tiefsten Punkt der Ozeane hinunter, zum Marianengraben. Zu Beginn des Jahrzehnts gab es drei bemannte Tiefsee-U-Boote, am Ende fast 50.

Zahlreiche Experimente fanden statt. Taucher lebten in Unterwasserbauten. Zum Beispiel Ed Link vor Villefranche 1962 in Südfrankreich. Oder Cousteaus Conshelf-Experiment zusammen mit dem Diogenes-Projekt vor Marseille. Später dann sein noch ambitionierteres Starfish House bei Shaab Rumi im sudanesischen Roten Meer. Zehn Meter tief auf dem Meeresboden war Starfish House mit Deep Cabin in 27 Meter Tiefe verbunden. US-Marine-Captain George Bond ließ Freiwillige zwei Wochen lang Druckluft-Container bewohnen. Später gab es weltweit über 50 Untersee-Häuser.

Alina Szmant, inzwischen Biologieprofessorin an der University of North Carolina Wilmington, forschte in mehreren Untersee-Habitaten wie Tektite II in den 70ern und Hydrolab in den 80ern – beide auf den Virgin Islands. Tektite II galt mit Fernsehen, Duschen und Bettwäsche als geradezu luxuriös. Hydrolab war eher einfach, dafür mit einer Besonderheit: Musik aus Unterwasser-Lautsprechern für die Wissenschaftler draußen am Riff. Es gab keine Toiletten. Wer „musste", schwamm eben mit einer Hookah (Luftleitung) weit genug raus, wie Alina beschreibt:

Irgendeine Harfenmusik spielte, erinnere ich mich, als ich nur mit Tauchbrille und Gürtel für die Hookah-Leitung rausschwamm – in die Toilette, die es drinnen nicht gab. Zu dieser wunderbaren Musik nackt da draußen zu sein, war unbeschreiblich – existenziell!

Unterwasserhäuser versetzten Wissenschaftler in die Lage, in großen Tiefen intensiv und lange Zeit zu arbeiten. Für Alina Szmant glich dieses Leben unter Wasser einer Sensation: Sie fühlte sich wie in einem Aquarium, durch dessen Bullaugen Fische die Wissenschaftler beäugten. Ähnlich bewegt von der poetischen Seite des Lebens unter Wasser in Tektite II zeigte sich Sylvia Earle:

Silberne Silhouetten großer, geschmeidiger Raubfische, Gelbschwanzmakrele und Tarpun, glitten in Vollmondnächten vorbei, angezogen von Wolken kleiner Fische, die ihrerseits von Massen winziger Krustentierchen angelockt wurden, während letztere das Licht des Habitats angezogen hatte. Da musste die wissenschaftliche Distanz hin und wieder dem üppigen Brausen von Flossen und Schuppen Platz machen, an dem wir nicht als Räuber, sondern freundliche Mitspieler und wache Zeugen der Ebbe und Flut des Lebens teilnahmen.[24]

Forscher träumten vom Leben unter Wasser. Versponnen dachte William Beebe, wie Menschen wohl ihre Unterwassergärten pflegen würden, wie zukünftige Gastgeber ihre Gäste bedienten, „sie aufs Meer hinausruderten, ihnen Helme aufsetzten, abtauchten, zur Entspannung Korallenbeete besichtigten, die der Meeresgärtner kürzlich neu angelegt hatte".[25] Der renommierte Unterwasserforscher Professor Trevor Norton, Verfasser von „Stars Beneath the Sea", hält das allerdings für völlig unrealistisch, gewissermaßen für bloße Luftschlösser. „Alles war ein wenig verrückt", erzählte er mir. „Alle waren schon auf dem Wege nach Wetropolis, wo Taucher in Unterwasser-Bungalows leben und man nur vor die Türe treten muss, um Fische im Käfig zu füttern, einige Manganknötchen vom Meeresboden aufzuschaufeln und dann die Bohrinsel zu inspizieren."

Logistik und Kosten der Unterhaltung von fest installierten Einrichtungen auf dem Meeresboden brachten die Visionäre auf den Boden der Tatsachen zurück. Zu den Unverbesserlichen zählt ein kleines Unterwasser-Hotel, die Jules Verne Lodge in Florida, wo man sich für ein, zwei Nächte als Aquanaut fühlen kann. Inzwischen gibt es eine neue Generation von Unterwasserbauten. Aber sie sind alle mit der Erdoberfläche verbunden. Das erste Unterwasser-Restaurant der Welt, ganz aus Glas, öffnete 2005 im Hilton Resort auf der Malediven-Insel Rangalifinolhu. Der deutsche Unternehmer Joachim Hauser hat ambitionierte Pläne für einen Großkomplex von Unterwasser-Hotel namens Hydropolis angekündigt: fünf Kilometer weit draußen vor der Küste – im Golfstaat Dubai.

Als Teenager erlebte Jean-Michel Cousteau, wie das Team seines Vaters Jaques das berühmte Starfish House einen ganzen Monat lang belegte und eine ganze Woche lang in der Deep Cabin ausharrte. Dass immer mehr Leute unter Wasser leben würden, war für ihn klar. So beschloss er, Architektur zu studieren. Um einige Erfahrungen in Meeresarchitektur zu sammeln, arbeitete er in den Marinewerften von St. Nazaire. Doch dort traten Tauchboote und autonome Unterwasserträger (ROVs) an die Stelle fester Habitate. „Ich wusste alles, um Städte unter Wasser zu bauen", erinnert sich Jean-Michel. „Aber ich warte noch immer auf meinen ersten Kunden." Heute hält er die Zeit des Unterwasser-Wohnens für beendet:

Wir werden zwar die Unterwasserwelt weiter erforschen, aber eben Landtiere bleiben. So haben wir keinen Grund, am Meeresboden zu siedeln – außer um zu forschen, und in etwas weiterer Ferne zur Rohstoffgewinnung. Es wird keine Untersee-Dörfer geben. Denn wir sehnen uns nach Sonne und wollen vom Leben unter Wasser nicht runzlig werden.

SPITZKOPFSCHLEIMFISCH AUF ROSAFARBENEM SCHWAMM. ⬇

↑ Ein Feenbarsch sticht in die Karibik.

Aber für eine gute Stunde runzlig zu werden, wuchs sich in den 60er-Jahren schnell zu einem höchst populären Trend aus, der durch die Errichtung der Professional Association of Dive Instructors (PADI) im Jahr 1966 ganz erheblich an Tempo gewann. Ihre Gründer John Cronin und Ralph Ericson schafften es, Tauchen in einem praktischen Crashkurs von nur 32 Stunden direkt im Wasser zu lehren. Den Kurs bestanden innerhalb des ersten Jahres 3.226 Taucher. Das war 1967.

Profis schimpften sie Tauch-McDonald's. Das ändert nichts daran, dass PADI Scuba-Tauchen zum Breitensport und zur heutigen, globalen Branche machte. Das PADI-System besteht aus standardisierten Modulen, aufgeteilt in Theorie und Praxis der Zertifikate für Anfänger, Fortgeschrittene und Instruktoren. Bis 2005 hat PADI über 14 Millionen Zertifikate ausgestellt. Man schätzt, dass mehr als die Hälfte aller Taucher rund um den Globus in den 4.300 PADI Tauchzentren trainiert.

Profis als Anfänger

Auch wenn PADI und BSAC (British Sub Aqua Club) sich recht rasch etablierten, wimmelte es in den 60ern und 70ern immer noch von Tauchern, die einfach ohne oder mit wenig Training und selbst gebastelter Ausrüstung tauchten. Ned DeLoach, der berühmte Fisch-Verhaltensforscher, gehörte zu ihnen. In Südwest-Texas, wo er aufwuchs, gehörte er zum College-Schwimm-Team. Aber er kannte keinerlei Scuba-Training, als er 1967 im Urlaub in Cozumel, Mexiko, zu tauchen begann – unvorstellbar heute. „Wir zogen einfach los, mieteten die Ausrüstung und sprangen über Bord", erklärte er mir. „Ich erinnere mich, einer in der Gruppe hatte einen Tiefenmesser. Wir gingen gleich auf 30 bis 34 Meter runter. Wie das damals alle taten, denn weniger als 30 Meter tief war kein Tauchen."

Ned hatte das große Glück, am Palancar Reef zu tauchen, bevor Cozumel wirklich entdeckt wurde:

Wir waren am Palancar, dem wahrscheinlich schönsten aller Riffe der Karibik. Wir hatten eine Rundumsicht von 60 Metern. Wir sahen einen 400 Pfund schweren Zackenbarsch. Ich erinnere mich an meine Reaktion: „Wow! Das ist zwar besser, als ich dachte – aber ich kann es nicht erwarten, an die wirklich guten Stücke zu kommen!" Ich hatte keine Ahnung, schon mittendrin zu sein!

Mit seinen Kommilitonen trampte er die ganze Küste entlang bis nach Mittelamerika, immer auf der Suche nach neuen Tauchplätzen. „Es war wirklich ein fantastischer Trip", sagt er. „Die meiste Zeit verbrachten wir – wie damals alle – mit Freitauchen und natürlich mit Speerfischen."

Einer, der auch gleich ganz tief tauchte, war der deutsche Autor und Fotograf Helmut Debelius. Er war schon ein guter Schnorchler, als er auf den Kanarischen Inseln Urlaub machte und 1972 am Heiligen Abend zum ersten Mal tauchte. „Es war die wunderschöne Falsche Koralle mit den langen Polypen, die mich da unten in 40 Meter Tiefe nachhaltig beeindruckte", erinnert er sich. Erstaunlicherweise gehörte das zu keinem Tauchkurs, es war einfach Helmuts Tauchprobe. „Das war normal", erklärt er. „Heute hätte ich Angst, damals war ich verrückt: Es konnte gar nicht tief genug sein." Debelius überlebte und verbrachte die letzten 30 Jahre mit der Herausgabe von Bestimmungsbüchern über das Meeresleben im Roten Meer, dem Indischen Ozean und anderswo.

Cousteaus Filme inspirierten eine ganze Generation, so auch den heutigen Chefkorrespondenten des britischen Magazins „Dive", Charles Hood. Er begann mit Schnorcheln in Kuwait, wo seine Familie lebte. Ein Marinekamerad seines Vaters schenkte ihm eine kleine Tauchflasche mit den Worten: „Geh nicht tiefer als neun Meter. Die Luft wird dir ausgehen, bevor du dekompressionskrank wirst." „Das war mein Training!", sagt Charles. „Viel zu sehen war nicht, aber unten zu bleiben, statt zu schnorcheln, war toll. Wir lebten in der Cousteau-Ära, du fühltest dich als ihr privilegiertes Mitglied, denn damals tauchten nur wenige."

Natürlich verlaufen nicht alle Tauchpremieren nach Plan. Der Tauchjournalist John Bantin war noch Berufsfotograf und vor allem Nichtschwimmer, als er beim Fotoshooting in Antigua beschloss, sich die Zeit des Wartens auf besseres Wetter mit einem Tauchgang zu vertreiben. „Ich hatte jede Menge Schwierigkeiten, die Tauchbrille lief voll Wasser und so weiter", erzählte er mir. Aber der Tauchlehrer sagte: „Kümmere dich nicht. Im Wasser wird alles ganz einfach." Der Versuch erwies sich als ereignisreich:

Am nächsten Tag befand ich mich 30 Meter tief im Meer in einer Höhle – zusammen mit einem Ammenhai. Ich dachte: Verdammt, das ist ein Hai! Ich fühlte mich unsicher, hatte ich doch nie zuvor einen gesehen. Bekanntlich fressen Haie Menschen – meinte man in den 70ern. Als mir dann die Luft ausging, tauchte ich sehr schnell auf. „Warum tauchst du so schnell auf? Das war nicht nötig. Ich habe jede Menge Luft!", sagte der Tauchlehrer. Ich hätte also mit ihm Luft teilen sollen, 30 Meter tief in der Höhle, zusammen mit einem Hai – beim ersten Tauchgang.

Dem bedrohlichen Start zum Trotz hörte er nie auf, zu tauchen. Jährlich notiert er für das britische Magazin „Diver" Hunderte von Tauchgängen. „Mir wird dabei nie langweilig", sagt Bantin. „Unter Wasser ist die Welt so artenreich wie an Land."

Expansion durch Sicherheit

Das System international gültiger Handzeichen, wie es alle Taucher heute benutzen, geht auf den Kongress der Confédération Mondiale des Activités Sousmarines (CMAS) im Jahre 1970 in Barcelona zurück. Die CMAS war damals die einzige weltweite Autorität in Sachen Tauchen. In der Folge machte die Sicherheit für Taucher große Fortschritte: Tauchscheine zum Nachweis von Grundkenntnissen, der Einschlauch-Regler als Standard – und: Die Tarierweste (BCD) setzte sich durch.

Die erste Generation echter Freizeittaucher wollte bald lieber lebende Fische sehen als aufgespießte. Bis die BSAC Speerfisch-Wettkämpfe aus ihrem Programm strich, dauerte es allerdings noch bis 1980.

„Da gibt es wohl diesen einen Moment, da merkst du, ich hänge am Haken, sie hat mich – die Unterwasserwelt."

⑦ NACH DEM TAUCHEN GEHT'S ZURÜCK INS BOOT.
⊖⊖ EIN TAUCHER SCHWIMMT DURCH EINEN SCHWARM DRÜCKERFISCHE.

Der Traum vom Fliegen unter Wasser | 43

„Bei zehn Metern hielt ich inne ... dann packte es mich:
Ich bin unter Wasser und atme!"

Sylvia Earle

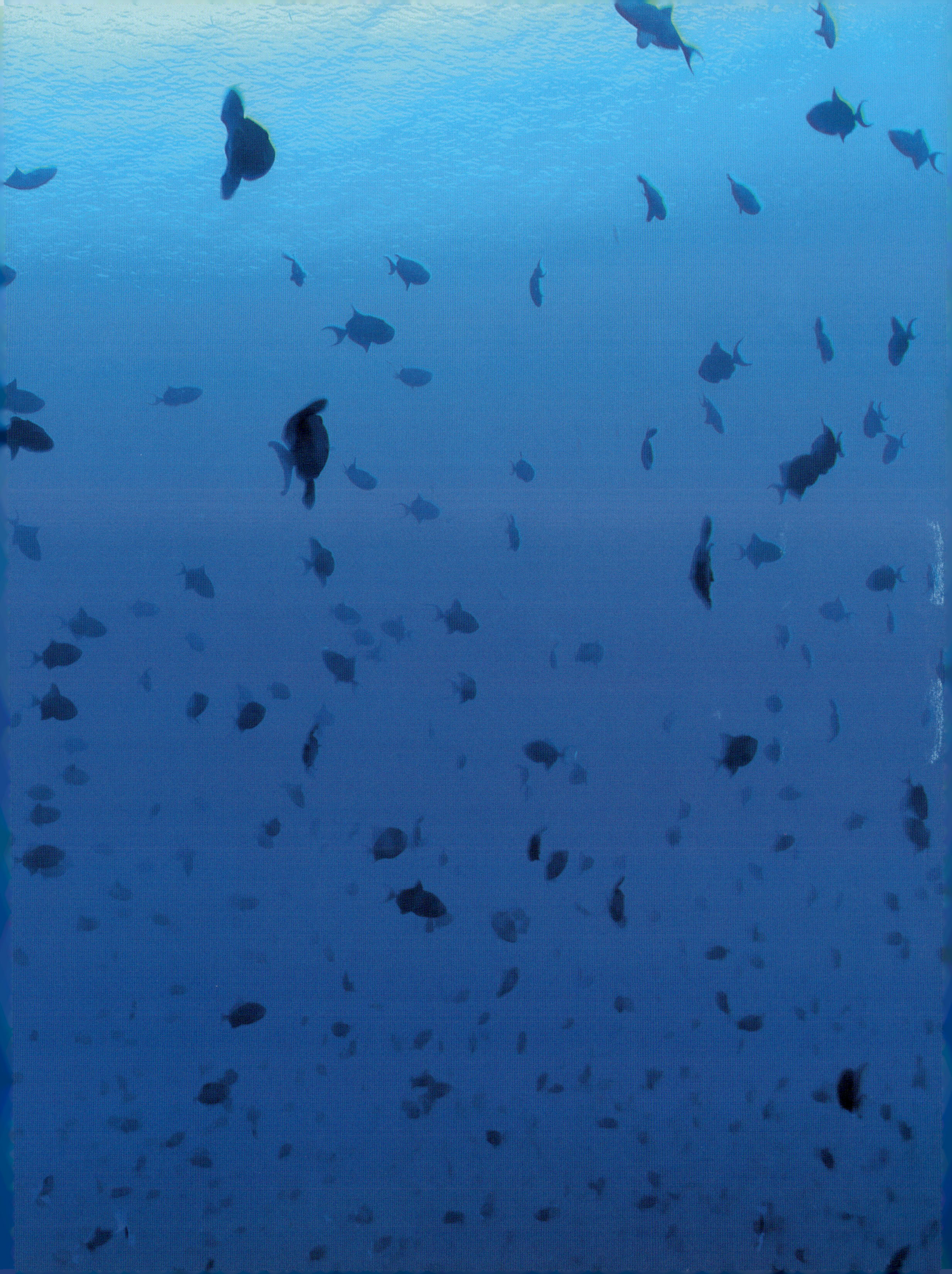

Die Einrichtung eines telefonischen Notrufs in Amerika schuf 1980 weitere Sicherheit: Er gab Tauchern rund um die Uhr landesweit Zugang zu Spezialisten der Tauchmedizin. Am Anfang National Diving Network genannt, wurde es 1983 in Diver's Alert Network (DAN) umgetauft. Die Non-Profit-Organisation zählt heute über 200.000 Mitglieder. Nach wie vor stellt sie den 24-Stunden-Notruf sicher und fördert Tauchsicherheit durch Forschung und Ausbildung.

Orca Edge war 1983 der erste Tauchcomputer, den jedermann frei im Handel erwerben konnte. Heutzutage verwenden praktisch alle Freizeit- und Berufstaucher Tauchcomputer. Sie sind an die Stelle von Auftauch- und Dekompressionstabellen getreten. Tauchprofile, -intervalle und andere wichtige Sicherheitsmaßnahmen berechnen sie automatisch. Für alle, die täglich mehrmals tauchen, sind sie unverzichtbar, auf den meisten Tauchschiffen inzwischen auch Pflicht.

Zusammen mit dem Wachstum des internationalen Flugverkehrs und der Einrichtung von Tauchzentren an tropischen Reisezielen mit Korallenriffen in den 80er- und 90er-Jahren boomte das Scuba-Tauchen. Neuerungen und Verbesserungen des Sports, wie Gas (etwa Nitrox) statt Luft, nahm die Tauchgemeinde eifrig an.

Fotografieren und Filmen unter Wasser waren schon immer beliebt, blieben aber einer Minderheit vorbehalten. Das lag einmal am nötigen Können und zum anderen an den hohen Kosten. Digitale Unterwasser-Kameras zu Beginn unseres Jahrhunderts änderten das schlagartig. Kleiner, billiger und leichter haben sie uns auch vom technischen Rätselraten beim Ablichten unserer Lieblingsfische befreit.

Rebreather (Rückatemgeräte), welche die Tauchzeit verlängern, indem sie unsere ausgeatmete Luft recyceln, wurden in den letzten Jahren allgemein üblich. Was immer der technische Fortschritt dem Taucher noch bringen mag, von ausgefallenen Flossen bis zu Tauchwesten, die wie Flügel aussehen, das eigentlich Prinzip bleibt unverändert das der Scuba-Pioniere: Die Tauchflasche auf den Rücken schnallen und abtauchen für eine Stunde Spaß oder mehr.

Einmal angebissen

Alle Taucher können den magischen Moment beschreiben, in dem sie merkten: Jetzt hänge ich am Haken – nun hat sie mich, die Unterwasserwelt. Es kann deine erste Spanische Tänzerin beim Nachttauchen sein, der vorbeigleitende Adlerrochen, ein Schiffswrack oder der Nervenkitzel deines ersten Hais. Es kann einfach dieses äußerste Gefühl von Freiheit des Schwebens im Blau der Tiefe sein oder das Erlebnis des Außerordentlichen, des Einmaligen – zu zweit.

Solche Schlüsselerlebnisse sind es, die uns aus dem Alltag reißen und in ein Paradies versetzen, in dem wir unserem Menschsein in seinem tieferen Sinn näher kommen. Sie sind es, die Tauchen von anderen Sportarten wirklich unterscheidet. Die Natur schenkt uns ein Gefühl von Erhabenheit, wenn sie uns so nackt und pur das Glück zu leben enthüllt – in ihrer Unterwasserwelt. Unter denen, die den Gesang der Sirenen der Unterwasserwelt einmal vernommen haben, sind nur wenige, die ihm widerstehen. Millionen Freizeittaucher auf der ganzen Welt genießen heute ihren Sport. Seine Anziehungskraft ist stärker denn je. „Wer den Geschmack des Ozeans einmal gekostet hat", sagt Trevor Norton, „bleibt ihm ein Leben lang verfallen."[26]

„Dieses preisgekrönte Foto eines Schnappers von Alex gehört zu jener Art von Tier-Porträts, die erst auf den zweiten Blick ihre ganze Tiefe zeigen. Nur langsam merkst du, dass dahinter eine ganze Gruppe von Schnappern in Wartestellung verharrt" BBC

→ Bestes Wildlife-Tierfoto 2005: Schnapper im Roten Meer.
→ → Schwärme von Schnappern versammeln sich jeden Juni bei Ras Muhammad, um zu laichen.

Der Traum vom Fliegen unter Wasser 47

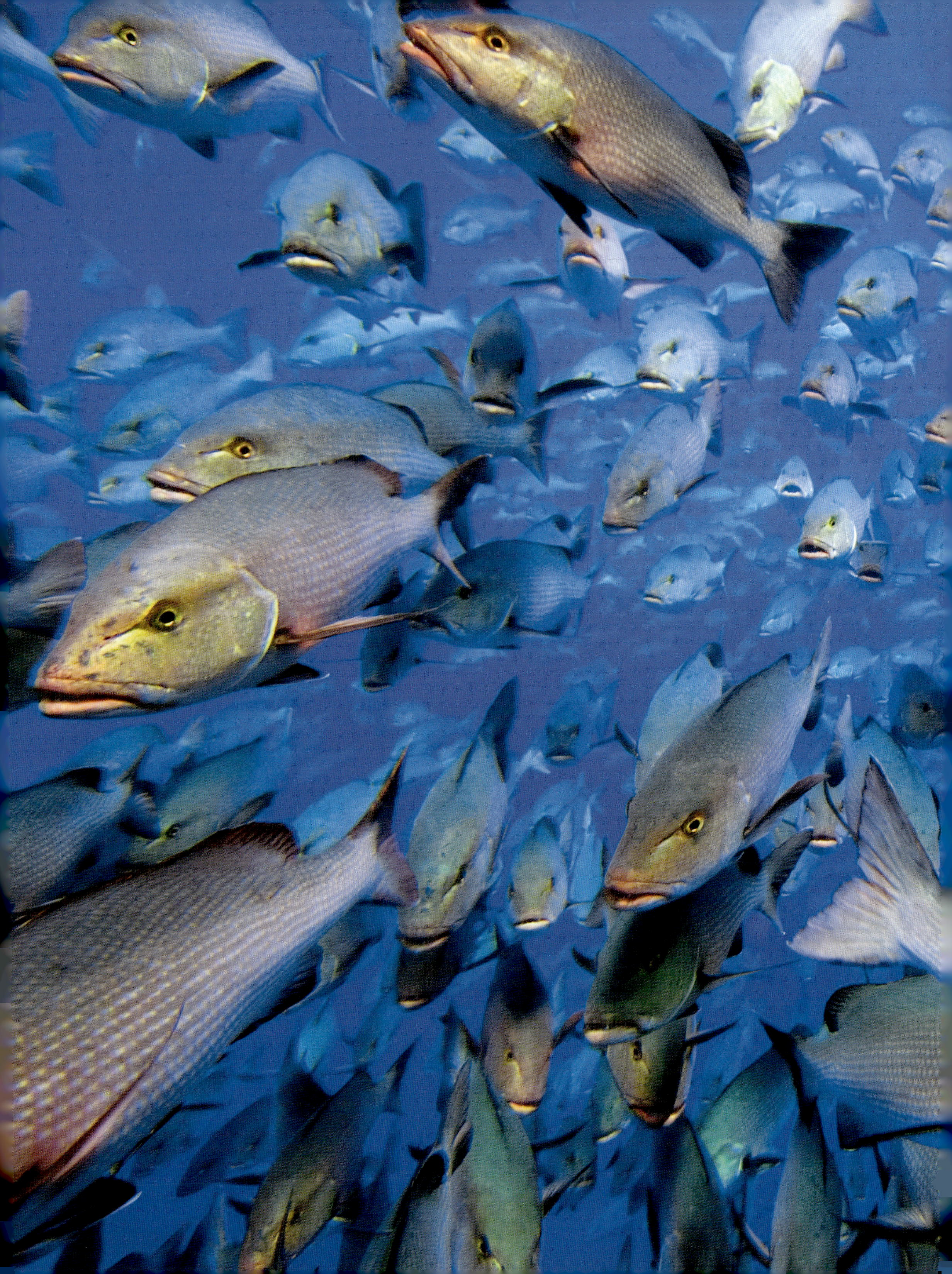

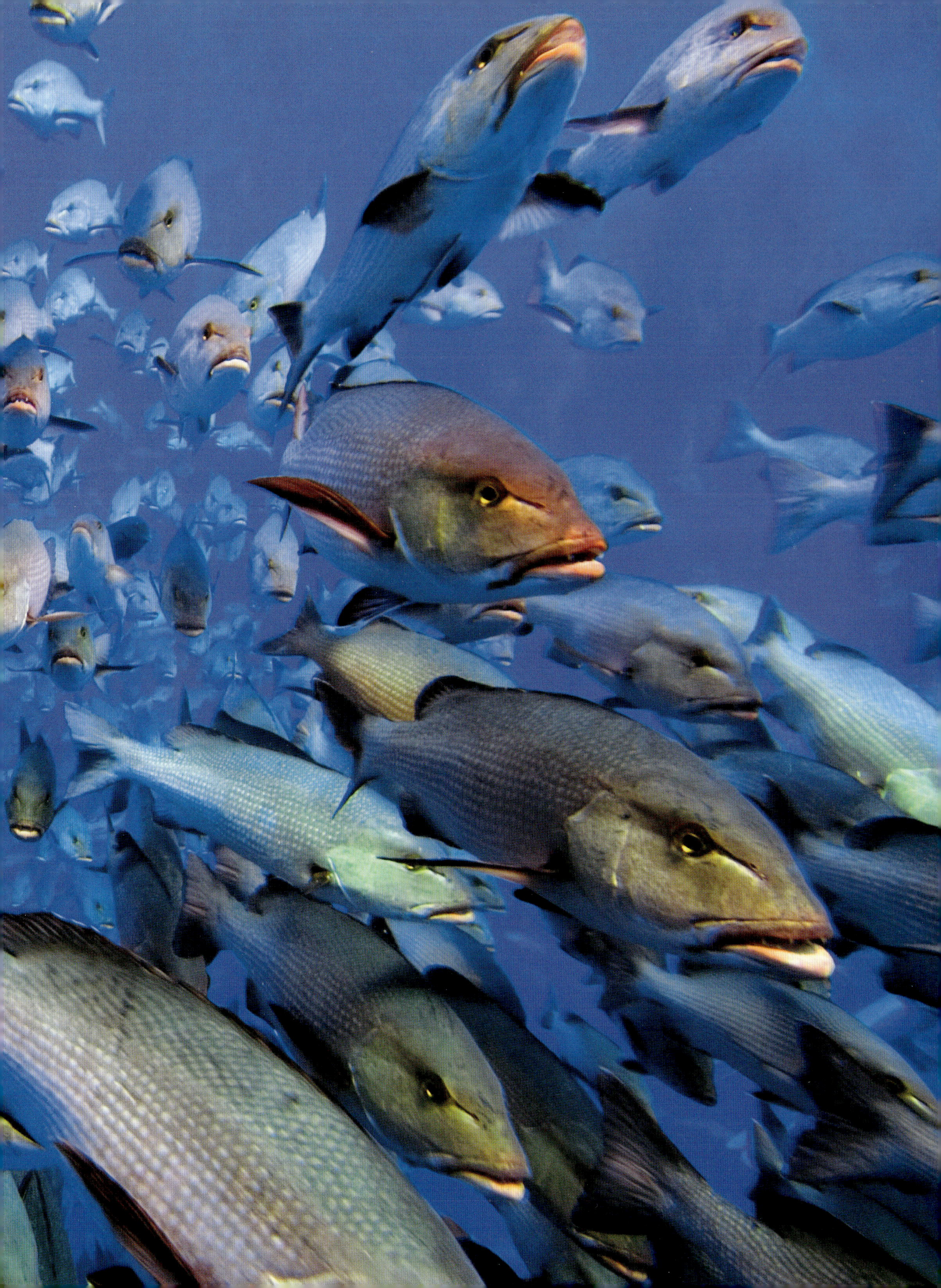

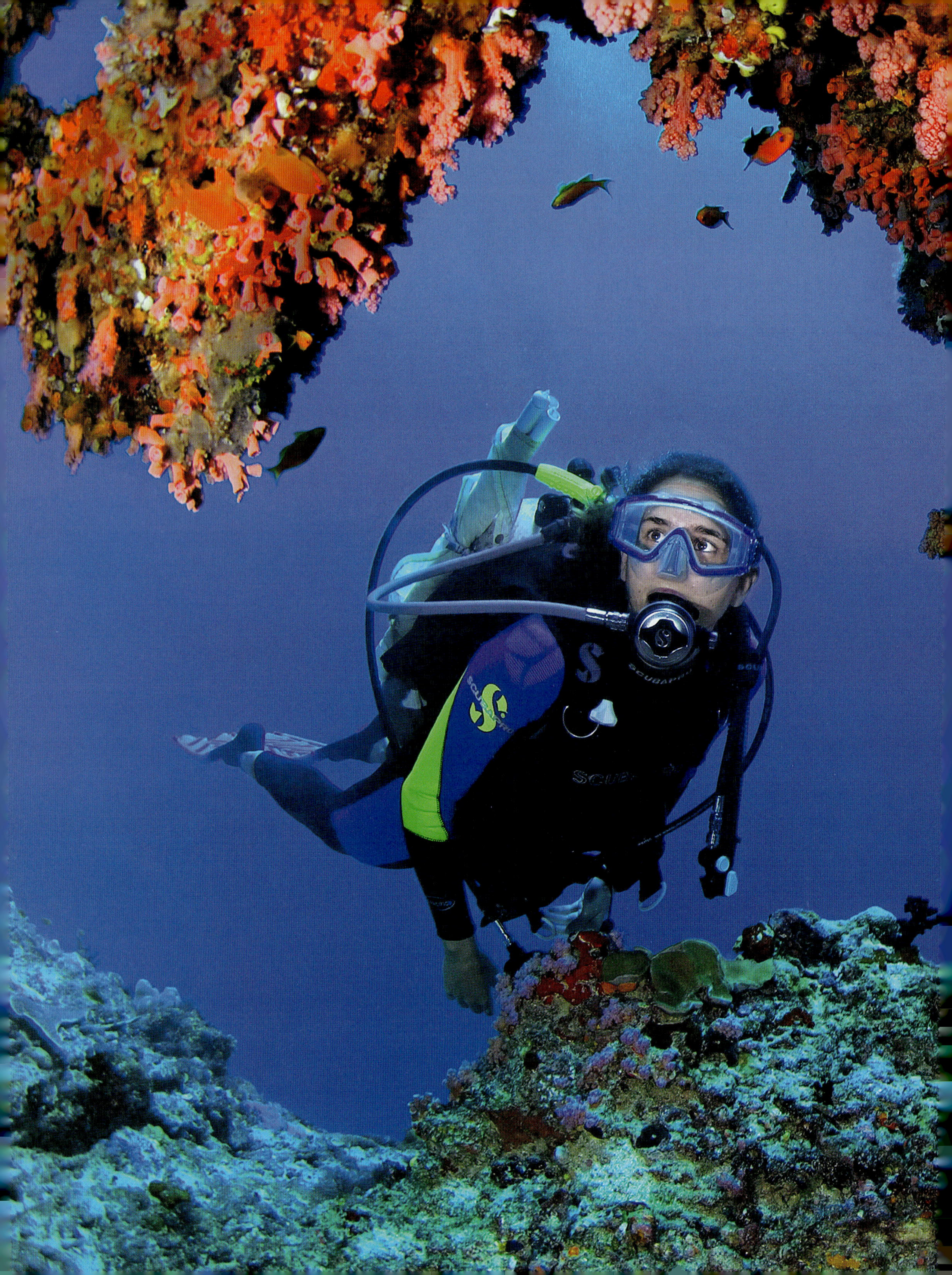
SCUBAPRO

Unterwasserlandschaften
Wo wir tauchen

„Warum nennen wir unseren Planeten Erde, wo er doch ganz deutlich Ozean ist?"   **Arthur C. Clarke**

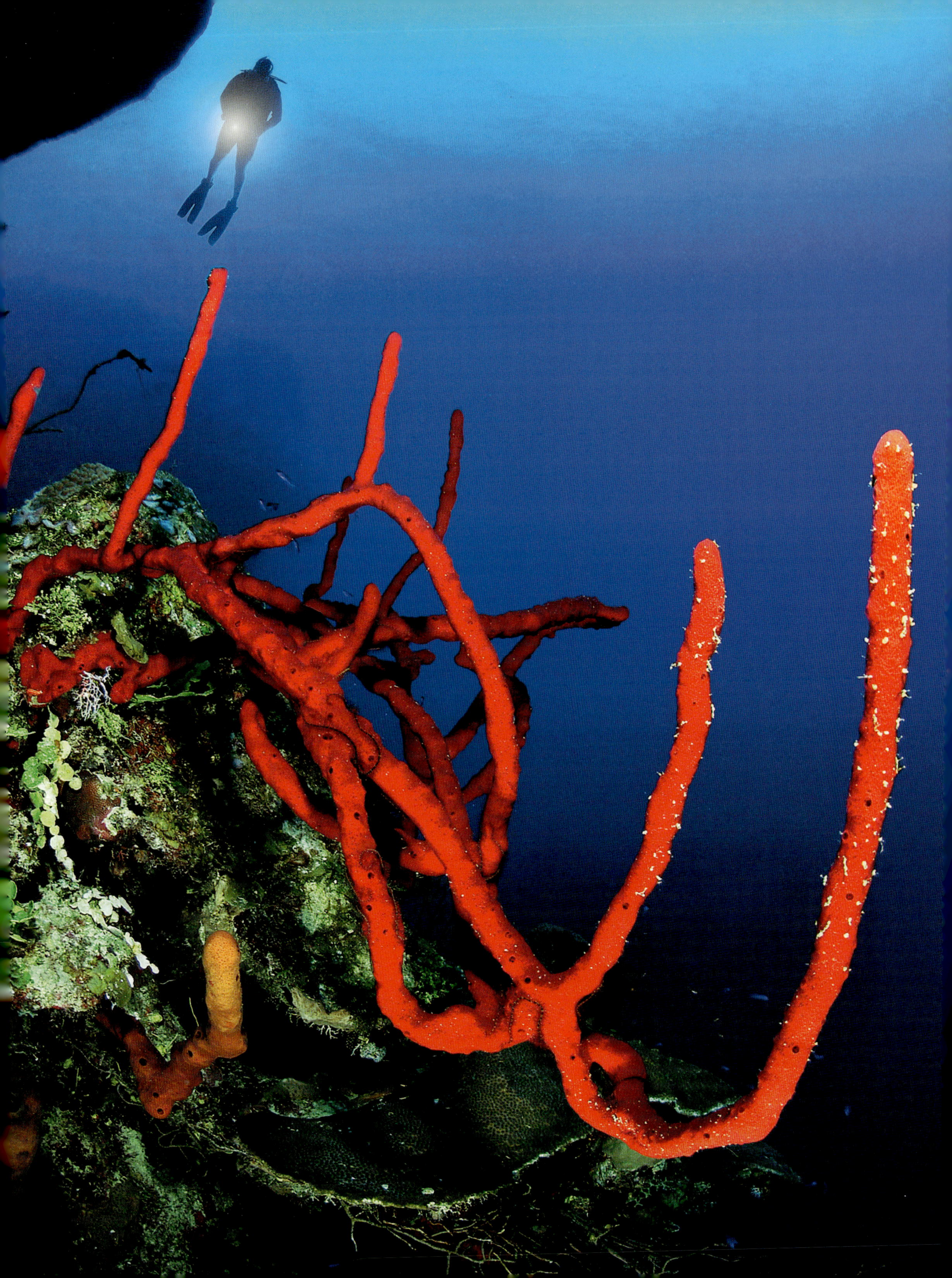

AUS DEM TAUCHBOOT FALLEN LASSEN, RUNTER IN DIE TÜRKISBLAUE TROPISCHE SEE: 15 METER UNTER MIR SEHE ICH AUF DEM MEERESBODEN NICHTS ALS EINE WOGENDE, BRAUNE HÜGELKETTE. WÄHREND ICH NÄHER KOMME, NEHMEN FARBEN UND FORMEN PLÖTZLICH GESTALT AN – IRRTUM AUSGESCHLOSSEN: DIE UMRISSE EINES KORALLENRIFFS. HIER DIE KRÄFTIGEN BLAUEN FINGER EINER ACROPORA KORALLE, DA DIE GRÜNEN DÄMME VON PORITES KORALLEN, DORT DIE GEWUNDENEN KONTUREN EINER GEHIRNKORALLE. DA NISTEN RIESENMUSCHELN ZWISCHEN DEN KORALLEN, DORT BESIEDELN SCHWÄMME ANDERE OBERFLÄCHEN. HIN UND HER IN DER STRÖMUNG WIEGEN SEEPEITSCHEN UND BUSCHIGE GORGONIEN.

Ich tauche tiefer, und jetzt lassen sich die Einwohner dieses Meeresgartens blicken: blausilbrige Füsilierfische schweben gerade in Schwärmen weg vom Riff, Schmetterlingsfische flattern in Paaren kokett zwischen den Korallen. Eine gruselige Muräne schlängelt sich heimlich durch. Die Strömung treibt mich sanft auf die Riffspitze. Das Korallgeröll unter mir am Riffhang sieht aus wie eine Barackenstadt: Auf allen Ebenen wimmelt es nur so von Gemeindemitgliedern und Schulen heranwachsender Jungfische. Während ich all die verschiedenen Fischgesellschaften betrachte, geht mir durch den Sinn, wie privilegiert ich bin. Von diesem großartigen Schauspiel konnten frühere Generationen nur träumen.

Die Welt des Riffs

Korallenriffe sind stets die aufregendsten Tauchplätze. Für Alex Mustard, dem wir die unglaublichen Bilder dieses Buches verdanken, und mich bleiben sie die absoluten Favoriten. Ihre Popularität kann nicht überraschen: Die Farben und die Fülle eines gesunden Korallenriffs gehören zum prächtigsten, was dieser Planet zu bieten hat. Mehr noch: Alle können davon profitieren, denn Tauchzentren gibt es heute in den meisten Riffregionen, und der Tauchtourismus ist in mehr als 90 Ländern gut etabliert.[1] Und so sieht es Alex:

> *Korallenriffe bieten die besten Bedingungen, die Natur unseres Planeten hautnah zu beobachten. Teils Pflanze, teils Tier sind Korallen nicht nur mit einer absolut überwältigenden Farbpalette gemalt, sondern füllen dicht jede einzelne Nische der Riffwelt. Riffe belohnen dich in jeder Hinsicht. Kommst du den vielfältigen Kreaturen und ihrem Verhalten näher, merkst du bald, dass ihr Wesen noch faszinierender*

⬅ Roter Seilschwamm in der Karibik.

> *ist als ihr Aussehen. Und es gibt an jedem Riff immer noch mehr zu sehen.*

Korallenriffe entstanden erstmals vor mehr als 200 Millionen Jahren. Sie zählen zu den ältesten Ökosystemen der Welt. Ihre wunderschönen Labyrinthstrukturen bestehen unglaublicherweise aus Kalkstein – Ablagerungen von Lebewesen. Die wichtigsten: Steinkorallen. Riffe sind für die Ewigkeit gemacht. Die meisten entstanden in der Zeit zwischen den letzten 5.000 bis 10.000 Jahren, nur wenige werden für zwei Millionen Jahre alt gehalten.

Was für eine Kreatur ist die Koralle also? Verwirrenderweise teils Tier, teils Pflanze. Die einen in der Gestalt von Tafeln, Blöcken, Armen und so weiter sind in Wirklichkeit Kolonien tausender und abertausender kleinster Tierchen: Korallenpolypen, verblüffend einfache Tiere. Jedes hat nur eine kurze Röhre mit einem Kranz von Fangarmen rund um die Öffnung an einer Seite und einem primitiven Magen in der Mitte. Sie sitzen auf ihren eigenen Kalksteinskeletten, in die sie sich tagsüber zurückziehen.

Nachts kommen die Korallen aus ihren Skeletten heraus, um sich von mikroskopisch kleinen Meeresorganismen, dem Zooplankton, zu ernähren. Ihre Fangarme sind mit stechenden Nematocysten bewehrt – Spiralfäden, die Pfeile mit Widerhaken verschießen, um das vorbeigleitende Plankton zu lähmen und zu packen. „The Diver's Universe" empfiehlt einen Trick mit der Taschenlampe, der es erlaubt, diesen Vorgang zu beobachten:

> *Richte das Licht für einige Sekunden auf einen Punkt, um die Aufmerksamkeit eines Planktonteils zu fesseln. Bewege dann die Planktonwolke mit dem Lichtstrahl auf die geöffneten Polypen zu, ohne sie zu berühren, und schau, wie die Korallen gierig schlingen! Ihre winzigen Fangarme fassen die Miniaturbissen genauso effektiv und rastlos wie die von großen Seeanemonen.*[2]

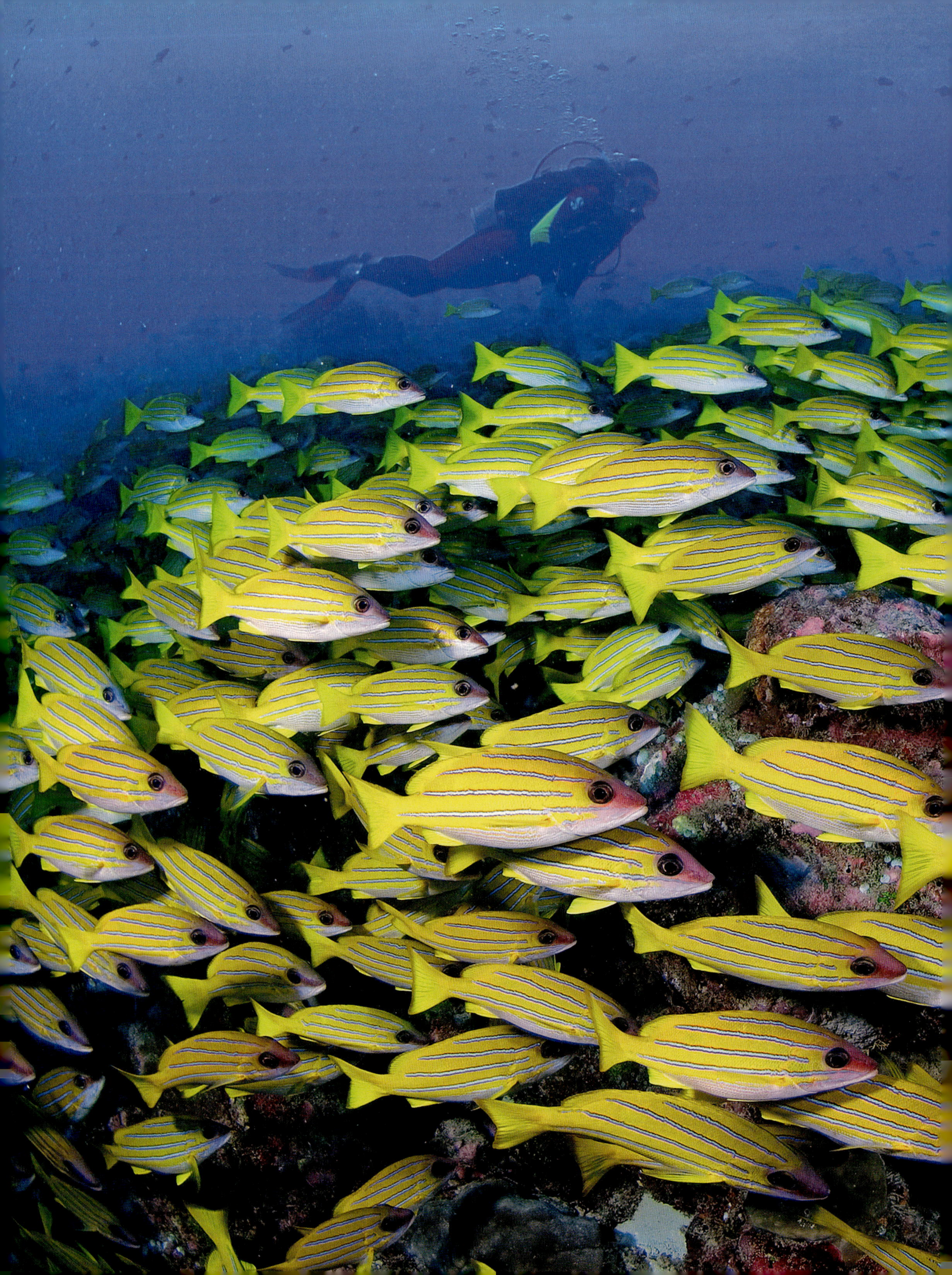

„Korallenriffe bieten die besten Bedingungen, die Natur unseres Planeten hautnah zu beobachten – die Kreaturen sind in einer absolut überwältigenden Farbpalette gemalt und füllen jede einzelne Nische der Riffwelt."

Alex Mustard

Diese perfekte Nahrungsaufnahme erfüllt freilich nur einen winzigen Teil (um zwei Prozent) des Bedarfs der Polypen – aber Zooplankton enthält für das Korallenwachstum wichtige Nahrungsbestandteile. Die restliche Polypennahrung kommt von den Zooxanthellae. Diese Algenart ist Teil des Korallennetzes und zu klein für unser Auge. Sie lebt von Kohlendioxid und Stickstoff, dem Abfall der Korallenpolypen. Wie andere Pflanzen speichert sie Sonnenlicht und verwandelt organische Stoffe durch Photosynthese in Kohlenhydrate und Sauerstoff. Eine symbiotische Beziehung: Der Polyp nutzt den Überschuss an Kohlenhydraten zur Herstellung von Kalziumkarbonat oder Kalkstein (Kalkablagerung) und bildet damit das Steinkorallen-Skelett, in dem er lebt. Umgekehrt gewinnen Zooxanthellae wichtige Nährstoffe und im Korallennetz eine sichere Zuflucht vor räuberischen Pflanzenfressern. Ein mikroskopischer Blick auf einen Korallenpolypen würde einige Millionen Zooxanthellae auf nur zweieinhalb Quadratzentimetern Koralle zeigen. Diese Algen sind es, die Farbe in das durchsichtige Korallengewebe bringen.

Wo die Korallen zu Hause sind

In Osha Gray Davidsons plastischer Naturgeschichte der Korallenriffe, „The Enchanted Braid", lesen wir, warum diese seltsame Tier-Pflanze besser Tier-Pflanzen-Mineral heißen sollte. Denn alle drei (Koralle, Zooxanthellae und Korallenmarmor) entscheiden über das Leben von allen dreien – eine wahre Symbiose:

> *Nirgendwo sonst finden wir die drei Grundelemente des Planeten so eng ineinander verwoben – oder mit so spektakulärem Ergebnis. Auf Korallenpolypen – dieser winzigen und täuschend simplen Kreatur, diesem zauberhaften Gespinst von Tier, Mineral und Pflanze – gründet das größte biogene (geformt von lebendigen Organismen) Gebilde des Planeten und komplexeste Ökosystem des Meeres: das Korallenriff.*[3]

Korallenkolonien wachsen mit unterschiedlicher Geschwindigkeit – abhängig von Wassertemperatur, Wassertrübe, Salzgehalt und anderen Faktoren. Massive Korallen kommen am langsamsten voran: im Jahr fünf bis 25 Millimeter. Am schnellsten sind Strauch- und Geweih-Korallen, mit jährlich 20 Zentimetern zehnmal schneller als massive Korallen. Allerdings brechen sie auch leichter. Ein Riff kann Jahrhunderte brauchen, was Darwin so würdigte: „Wir staunen, wenn Reisende uns von den riesigen Dimensionen der Pyramiden und anderer großer Ruinen erzählen. Doch wie höchst unbedeutend sind die größten von ihnen verglichen mit diesen Bergen aus Stein, angehäuft von verschiedenen winzigen und zarten Tierchen!"[4]

Harte Korallen oder Steinkorallen, auch Hermatypische genannt, sind die eigentlichen Riffbaumeister. Weiche (oder Ahermatypische) Korallen beherbergen normalerweise keine Zooxanthellae und können deshalb nicht genug Kalkstein für den Riffbau absondern. Statt Steinskelette bilden weiche Korallen wie Gorgonien und Fingerkorallen hornige, proteinhaltige Kerne, die mehr wie Bäume und Büsche ausschauen. Sie gedeihen gut an Plätzen mit besonders viel Strömung, wo sie ihre Fangarme nach vorbeischwimmendem Plankton zum Futtern nur auszustrecken brauchen.

Korallenriffe wachsen nur im warmen, seichten und klaren Wasser. Ihre Zooxanthellae brauchen Sonnenlicht, um zu funktionieren. Schlammige Buchten oder sedimentreiche Gewässer sind nichts für sie, genauso wie Tiefen unter 50 Metern. Am liebsten haben Korallen 26 bis 27 Grad Celsius. Solche Bedingungen finden sich meist in den Tropen, aber auch in warmen Strömungen weiter entfernt vom Äquator. Im Golfstrom rund um Florida wachsen Riffe, und die Strömung des Kuroshio schafft ähnliche Bedingungen in Südjapan. Korallen sind nicht die einzigen Riffbauer, auch kalkartige Algen, Foraminifera (amöbenähnliche Organismen mit Schalen), Schwämme und Weichtiere wie Riesenmuscheln tragen das ihre zu den erstaunlichen Strukturen bei. Filmemacher Howard Hall ist in Tangwäldern so zu Hause wie in den kalten Gewässern Britisch Kolumbiens. Aber Korallenriffe, sagt er, sind etwas Besonderes:

> *Was ich an ihnen am meisten mag, ist die enorme Biodiversität in den Korallen-Behausungen, die zu einer wirklich dramatischen Spezialisierung geführt hat. Viele Tiere haben richtig verrückte Formen entfaltet und bizarre Verhaltensstrategien entwickelt. Ihr ungewöhnliches Gehabe auf Film oder als Video festzuhalten, fasziniert stets und macht mir immer wieder einen Riesenspaß.*

Korallenriffe findet man in über 100 Ländern der Erde: vor allem im Indischen Ozean, im Pazifik, in der Karibik, im Roten Meer und im Arabischen Golf. Am ergiebigsten sind der Indische und der Pazifische Ozean: Hier kommen 600 der gut 700 bekannten Korallen vor, manchmal bis

↑ GEWEIH-KORALLEN IN INDONESIEN WACHSEN AN DIE OBERFLÄCHE.
→→ BLÜHENDE KORALLEN IM ROTEN MEER.

zu mehrere hundert verschiedene an einem einzigen Riff – geradezu paradiesische Zustände.

Korallenriffe bedecken eine Gesamtfläche von rund 284.000 Quadratkilometern. Damit sind sie eines der biologisch wertvollsten Ökosysteme des Planeten. Zusammen beherbergen sie schätzungsweise mehr als eine Million Meeresarten. Etwa ein Viertel aller Fische der Ozeane laichen, fressen, wachsen, kämpfen und fliehen in den Labyrinthen des schönsten Aquariums der Natur. „Die Beziehungen zwischen den wimmelnden Organismen des Korallenriffs gehören zu den komplexesten unter allen", schreibt Davidson. „Korallenriffe sind der Meereswelt russische Romane – voller Leidenschaft und Habsucht. Überladene und verschlungene Handlungen, farbige Charaktere zu Dutzenden."[5]

Und natürlich Sex! Die meisten großen Korallen eines Riffs pflanzen sich einmal jedes Jahr in einer Massenorgie fort, einem der erstaunlichsten Akte von Gleichzeitigkeit in der Natur. Trillionen Ei- und Samenzellen werden dabei ins Wasser entlassen. Unglaublich, dass dieses Phänomen erst 1982 entdeckt wurde. Seitdem haben Forscher erstaunt herausgefunden, dass 85 Prozent aller untersuchten Korallen Rogner sind, Laichträgerinnen. „Korallen sind Tiere, aber die meiste Zeit des Jahres geben sie eine verdammt gute Vorstellung als Felsen", kommentiert Alex. „Deshalb ist es so großartig, in der Nacht zu tauchen, wenn sie laichen und merken, dass sie am Ende doch Lebewesen sind."

Kampf auf Leben und Tod

Die schiere Komplexität der Riffe und der unwiderstehliche Mix von Tieren, Farben, Formen und Kulissen bringen uns immer wieder zurück. „Tauche in einem gesunden Riff, und du bist Zeuge einer komplexen Interaktion von Tieren – so wie seit Millionen Jahren", sagt Tauchjournalist John Bantin. „Alles ist da, vom winzigsten Korallenpolypen bis zum prächtigsten Walhai." Es gibt immer etwas Neues zu entdecken: eine extravagante Kreatur oder ein nie gesehenes Szenario. „Ich liebe die Erstmaligkeit jedes Anblicks", schwärmt Fotografin Cathy Church. „Auf Cayman, wo ich seit 37 Jahren tauche, sah ich eines Tages eine winzige Schnecke, der ich noch nie begegnet war", ergänzt sie. „Neugierig bin ich auf alles da unten – an einem Ort, wo du immer und ewig weitertauchen kannst und doch nie alles erleben wirst."

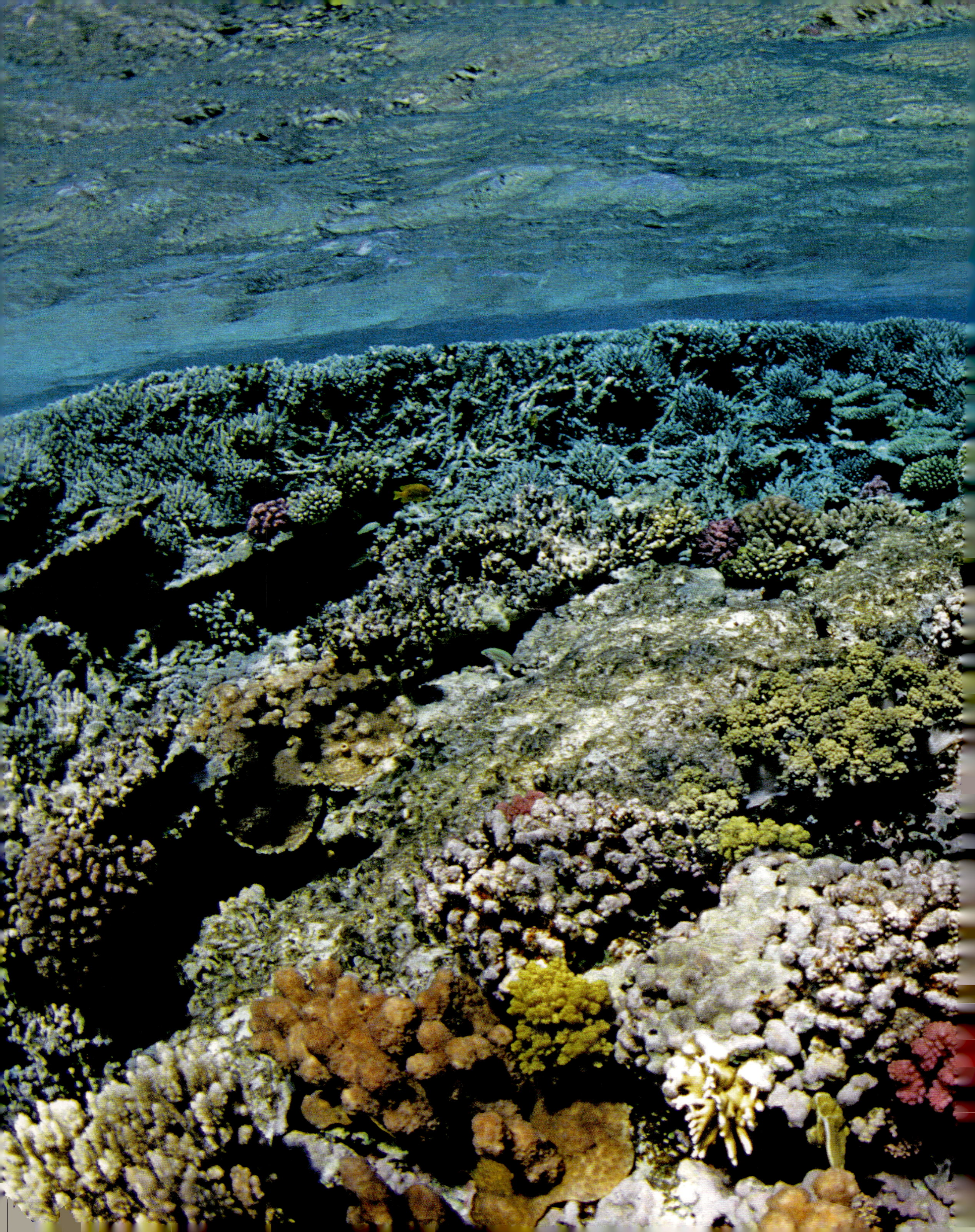

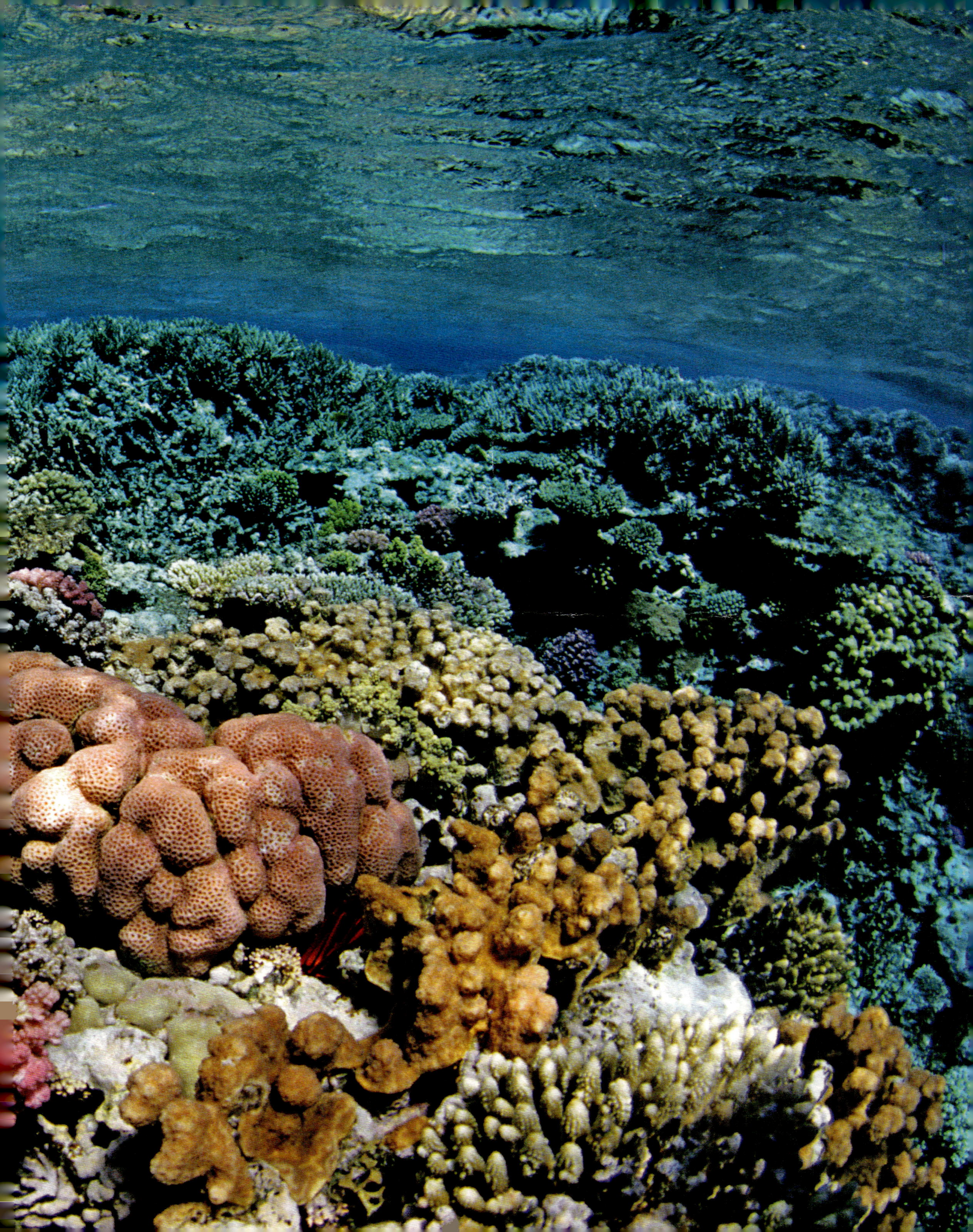

Tauchen Ultimativ

„Nirgendwo sonst in der Natur sind die drei Grundelemente des Planeten so eng verwoben – mit so spektakulärem Ergebnis. Auf Korallenpolypen – dieser winzigen und täuschend simplen Kreatur, diesem zauberhaften Gespinst von Tier, Mineral und Pflanze – gründet das größte biogene Gebilde des Planeten und komplexeste Ökosystem des Meeres: das Korallenriff."

Osha Gray Davidson

In einem so dicht gepackten Ökosystem wie dem Riff ist der Wettbewerb um Raum intensiv. Korallen, Schwämme und Algen kämpfen jeder für sich um Siedlungs- und Wachstumsflächen. Korallen auch untereinander um den verfügbaren Platz. Es mag scheinen, als lebten zwei Korallen glücklich Seite an Seite, obwohl sie in Wirklichkeit einen gnadenlosen Konkurrenzkampf austragen (wenn auch in Zeitlupe), und das vielleicht schon seit Jahrhunderten.

Meerestiere verteidigen sich und ihre Territorien mit einem beeindruckenden Waffenarsenal. Gift ist eine gebräuchliche Waffe. Stechende Nematocysten von Korallen dienen nicht nur dem Futterfang, sondern auch der Feindabschreckung. Sie können auch unachtsame Taucher schmerzhaft verletzen. Einer der guten Gründe, Korallen nicht zu berühren.

Viele andere Arten, von Seesternen und Schwämmen bis zu Feuerfischen und Seeanemonen, setzen chemische Waffen zum Schutz vor Angreifern ein. Da die Gifte durch das viele Seewasser verdünnt werden, müssen sie unglaublich stark sein. Der Blauring-Krake zum Beispiel ist nur so groß wie ein Golfball, produziert aber im Speichel genug Gift, um einen Menschen in Minuten zu töten.

Besitzt du chemische Waffen, solltest du dies auch kundtun. Es nützt dir recht wenig, wenn der Aggressor erst merkt, dass du giftig bist, nachdem er dich gefressen hat. Bei der Bekanntmachung ihrer Giftigkeit sind Nacktschnecken buchstäblich brillant, wenn sie sich in ein Warnsignal von flammenprächtigen Farben hüllen, das ruft: giftig – nicht essbar! Selbst völlig blind, dienen ihre Farben nur der Abschreckung. Wieder andere Lebewesen setzen prächtige Farben ein, um die eigene Art über ihr Geschlecht zu informieren, wo sie leben und so weiter.

Unterwasser-Signalfarben ähneln oft denen an Land: Schwarzgelbe Streifen und Punkte etwa (Bienen und Wespen gleich) benutzt der Spitzkopfkugelfisch erfolgreich. Selbst diejenigen gänzlich ohne Waffen können immer noch improvisieren: Einsiedlerkrebse zum Beispiel pflegen ihren Panzer mit stechenden Anemonen zu versehen. Werden sie größer und wechseln in neue Schalen, nehmen sie oft die Anemonen von den alten Schalen mit.

Die Rüstungen der Schildkröte, der Riesenflügelschnecke, des Riesentriton oder des Dornenkronen-Seesterns sind weitere Beispiele für den immer währenden Kampf gegen das Gefressenwerden. Sie können sich ganze Festungen bauen und irgendwo innerhalb des Riffs verstecken.

Versteckspiel

Tarnung ist eine andere beliebte Strategie, um sich vor Entdeckung zu schützen – aber natürlich auch für Räuber auf Raubzug, die auf diese Weise ihr Mittagsmahl fangen wollen. Zu den besten Tarnkünstlern – Skorpionfische, Anglerfische und Flundern eingeschlossen – zählen die so genannten Hinterhalträuber. Flundern können die Farben und Formen einer neuen Umgebung in Sekunden annehmen. Andere Fische brauchen länger: der Geisterpfeifenfisch eine Woche oder auch mehr. Froschfische passen sich innerhalb von Stunden neu an. Ihre Farbmuster und Umrisse imitieren alles und jedes

EINE HYPSELODORIS BULLOCKII NACKTSCHNECKE ODER PRACHTSTERN- SCHNECKE VERKÜNDET IHRE GIFTIGKEIT IN PRÄCHTIGEN FARBEN. ➔

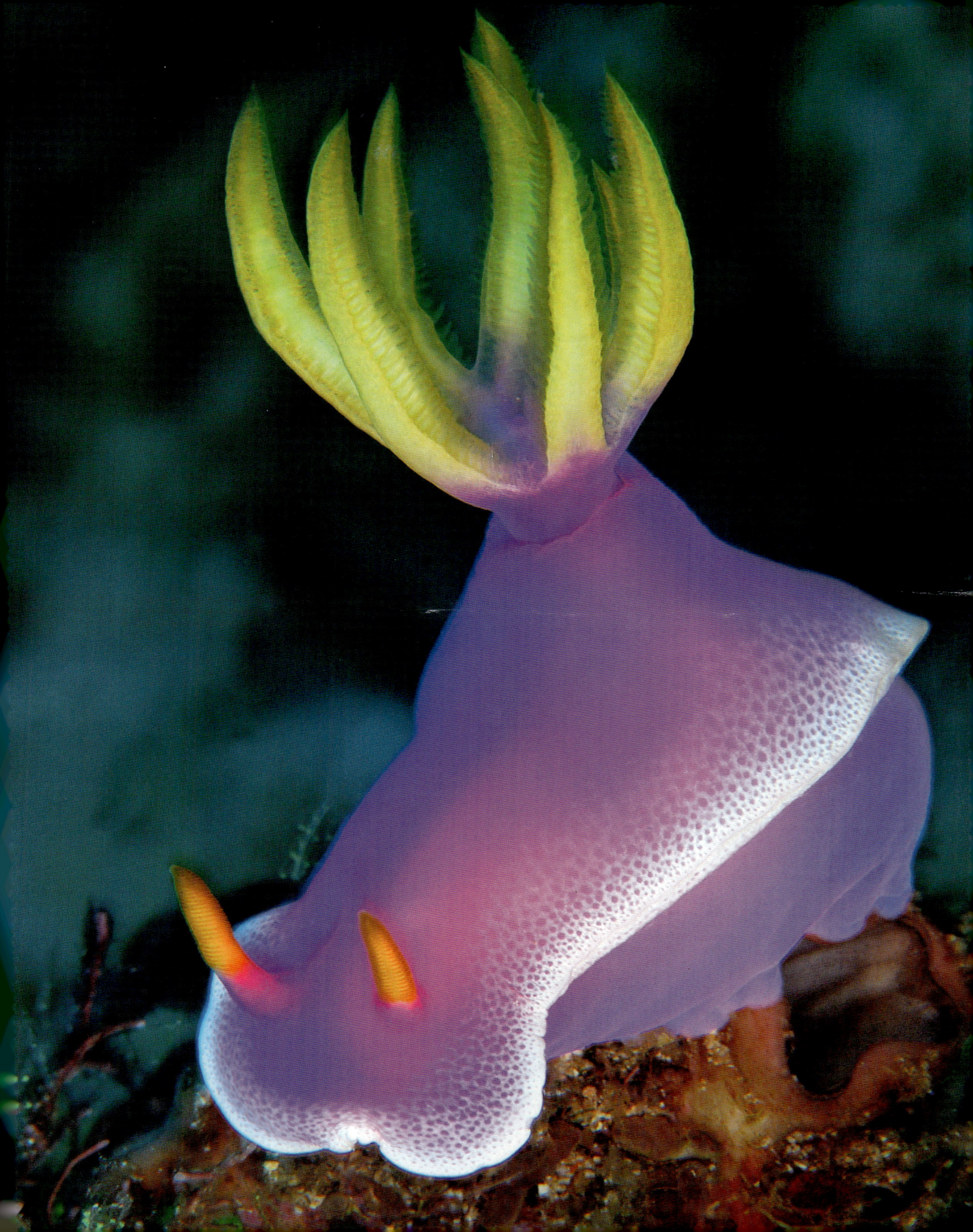

↑ Eine leuchtende Sepia kriecht mit einer Kaisergarnele über das Seebett.

↓ Der Schwarzsattel-Feilenfisch imitiert den giftigen Spitzkopfkugelfisch und schreckt Räuber ab.

– von Sargassogras bis zu Schwämmen. Selbst erfahrene Taucher finden es schwer, den Krötenfisch auszumachen. Zuverlässig unterhaltend ist der Trompetenfisch, der sich auf Pirsch mit dem Kopf nach unten senkrecht zwischen ausgebreitete Gorgonien oder Schwämme hängt.

In enger Verbindung mit einem bestimmten Teil des Riffs zu leben, kann auch helfen: Der Schlanke Feilenfisch zum Beispiel fügt sich perfekt in die Äste von Gorgonien und Algenbüschen ein. Kleine Meergrundeln werden vor dem Hintergrund von weichen Korallen, ihrem Lieblingsversteck, nahezu unsichtbar. Ein anderer Tarnkünstler ist das winzige Zwergseepferdchen, das seinem Wirt, dem Seefächer, in Farbe und Muster gleicht. Tatsächlich wurde seine Art nur zufällig entdeckt, als Meeresforscher Seefächer sammelten und Seepferdchen unter ihren Ästen fanden.

Die wahren Meister der Täuschung sind indes Kraken und Tintenfische, die diese Fähigkeit entwickeln mussten, weil sie ohne jedes Knochengerüst Angriffen gegenüber extrem verwundbar sind. Beide können ihr Aussehen durch eine ausgefuchste Bandbreite von Hautfarbflecken auf der Stelle ändern. Durch Muskelkontraktion pressen sie Pigment durch die Hautzellen. So sind sie in der Lage, Farbe, Muster und Gewebe nahtlos in den Hintergrund zu fügen. Oft mit Chamäleons verglichen sind sie in Wahrheit viel raffinierter: Chamäleons wechseln ihrer Stimmung nach die Farbe, während Kraken und Tintenfische ihre Farbe bewusst ändern, sobald sie in eine andere Umgebung wechseln.

Das erstaunliche an Riffen ist, dass diese Kreaturen seit rund 50 Millionen Jahren praktisch unverändert blieben. Das wissen wir durch eine unglaubliche Kollektion von Fischfossilien, die in der Nähe eines kleinen Bergdorfs namens Monte Bolca in Norditalien gefunden wurden. Etwa 227 Arten von 80 Familien aus diesen Bergen wurden bestimmt. Und die Fischgemeinden unserer heutigen Korallenriffe unterscheiden sich von ihnen kaum – ein Zeitschnappschuss in Kalkstein gegossen. Die Fische von Bolca bildeten sogar die gleichen Artenschwärme wie ihre Nachkommen heute. Es macht demütig, dass der Homo sapiens sich nur in den letzten 200.000 Jahren entwickelt hat – nur ein Tropfen im Ozean, verglichen mit den 50 Millionen Jahren, seit denen Korallenriffe funktionieren.

Das Riff bei Nacht

Ein Korallenriff ist nachts ein eigentümlicher Ort. Manche sind passionierte Nachttaucher und nehmen jede Gelegenheit wahr. Andere finden es im Dunkeln da unten

↑ Eine Sternkoralle laicht in der Karibik und setzt tausende Bündel von Ei- und Samenzellen frei.

desorientierend – ihr Gesichtsfeld auf die Funzel einer Unterwasserlampe reduziert. Wer weiß, was da hinten sonst noch unsichtbar lauert? Wie auch immer, das Riff ist nachts genauso geschäftig wie am Tag – nur mit einem anderen Ensemble auf der Bühne.

In den späten 60er-Jahren war Cousteau auf einer anderen Expedition an Bord der Calypso, dieses Mal durch das Rote Meer zu den Malediven, Seychellen und nach Madagaskar. „Hier gibt es Gesetze und Geheimnisse", merkte er auf dieser Reise zum Riff an. „Aber nicht die Gesetze und Geheimnisse von da oben." In der Dunkelheit fand er das Riff am faszinierendsten:

> *In unserem Licht wogten Korallen-Fangarme, formten Heiligenscheine um Seefächer und die flaumigen Äste der Madreporaria. Einige Seefinger schwollen in der Dunkelheit manchmal auf das Vierfache an, bildeten pralle, transparente, pinkfarbene Baumgestalten, ihre Münder klar erkennbar. Nachttauchen in der Korallenwelt bringt uns großartige Einblicke, eröffnet neue Sichten der Tagesbilder. In diesen magischen Nachtstunden entfaltet sich die ganze Breite des Reichtums der Meeresausstellung – live.*[6]

„In der Düsternis fühlst du dich ausgeliefert, bist schnell desorientiert, weitestgehend blind und weißt: Du wirst von allen möglichen Kreaturen mit viel feineren Sinnen beobachtet"

Howard Hall

⬆ ➡ Weissspitzen-Riffhaie jagen in Maaya Thila im Ari Atoll der Malediven in der Nacht schlafende Füsilierfische.

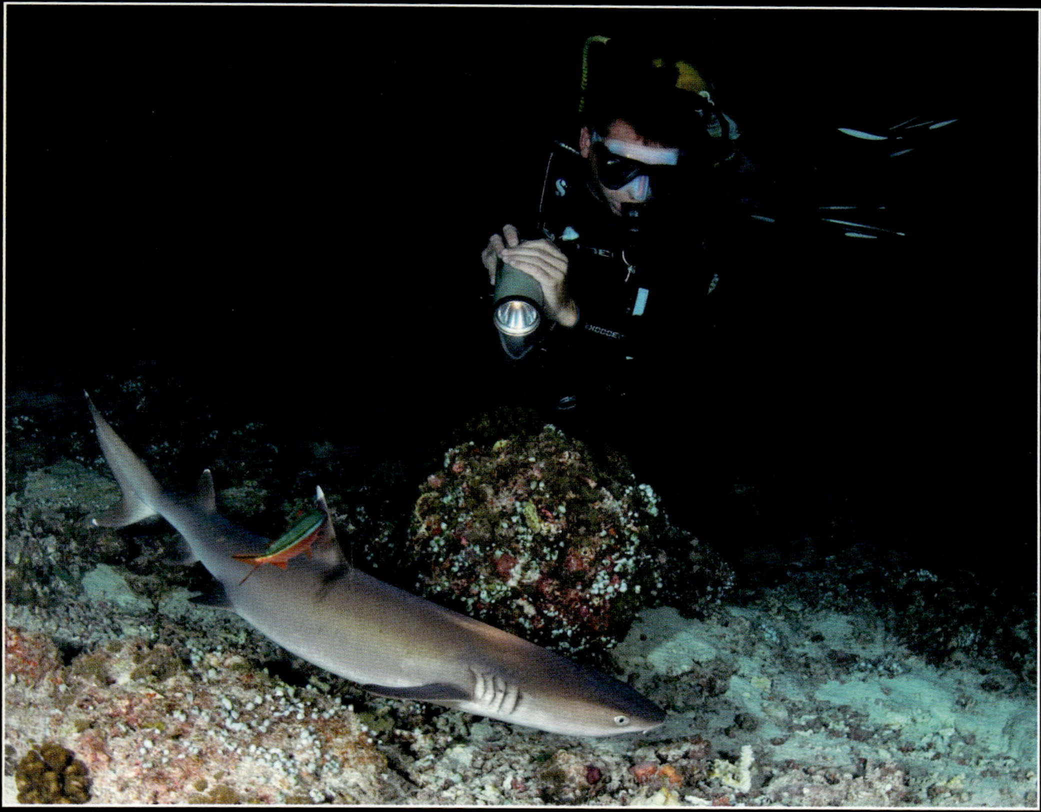

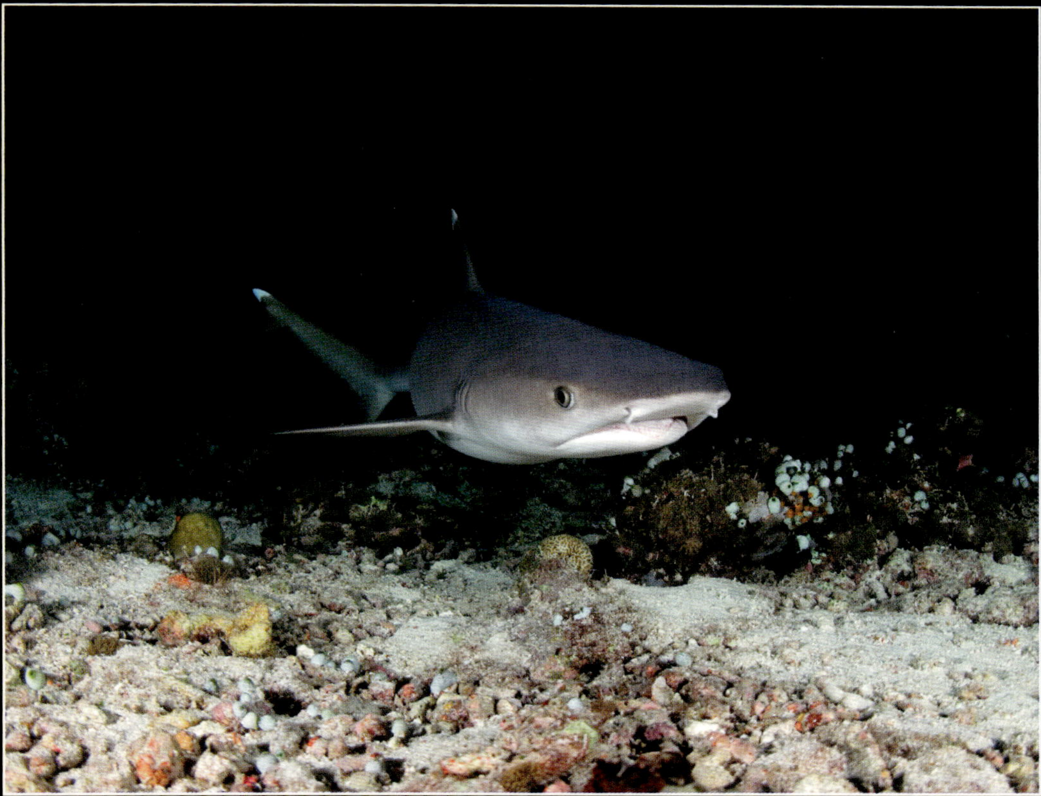

Manche Menschen können den Gedanken nicht ertragen, im Dunkeln unter Wasser zu sein. So auch Hans Hass. „Ich gebe offen zu, dass mir Nachttauchen Angst macht", gesteht er in „Conquest of the Underwater World". „Zum ersten Mal machten wir einen solchen Abstieg 1954 in der Karibik, wo wir in einem Riff mit Fünf-Kilowatt-Scheinwerfern tauchten", notierte er. „Ich kenne dieses Riff wie meine Westentasche, aber nachts schien alles anders. Wir sahen nur im nahen Lichtkegel der Scheinwerfer, ganz von Pechschwarz umzingelt." Die Dunkelheit wurde bedrohlich. „Wie sich Haie am Tag benahmen, wussten wir. Aber was wohl bei Nacht aus der Tiefe kommen konnte?"[7]

Ausgerechnet den dösenden Papageienfisch fanden Hans und Lotte bedrohlich. „Mit den Scheinwerfern schwammen wir durch das Riff und betrachteten friedlich schlafende Fische im Seebett. Vielen kamen wir so nah, dass wir sie mit unseren Händen berühren konnten", erinnert sich Hass. „Andere Bewohner der See, die wir tagsüber fast nie erlebten, waren aus ihren Verstecken gekommen und am Meeresboden geschäftig zu Gange", merkte er an. Trotz bestandener Nervenprobe gelang es Hass nicht, sein Unbehagen beim Nachttauchen zu überwinden. „Solange ich nicht klar sehen kann, geht meine Fantasie mit mir durch", räumt er ein.

Howard Hall berichtet vom Fotoshooting für seine neue Dokumentation „Deep Sea 3D" (2006), die lang erwartete Fortsetzung seines phänomenalen IMAX-Films „Into the Deep" von 1994. Mulmige Gefühle überkamen ihn, als sein Team 700 kg Ausrüstung runterschaffte, um Kalmare vor den San Marcos Inseln in Kalifornien zu filmen:

Am beunruhigendsten ist Nachttauchen, wenn du viele Meter über dem Meeresboden außer Reichweite in der offenen See hängst – noch schlimmer, wenn das Wasser trübe ist. In der Düsternis fühlst du dich ausgeliefert, bist schnell desorientiert, weitestgehend blind und weißt: Alle möglichen Kreaturen da unten beobachten dich mit viel feineren Sinnen.[8]

„LonelyPlanet"-Herausgeber Tony Wheeler ist einer von denen, die vom Nachttauchen nicht genug kriegen können. „Kein Nachttauchen hat mich je enttäuscht", erzählte er mir. „Jedes Mal war für mich etwas Besonderes." Sein Lieblings-Nachttauchen war vor Heron Island in Australien:

Innerhalb von 40 Minuten drängte sich ein riesiger Adlerrochen sehr beeindruckend mitten durch die Tauchgruppe. Wir sahen auch eine Reihe von Tintenfischen und Schildkröten. Schildkröten habe ich recht regelmäßig bei Heron getroffen, aber mehrere nachts fand ich ungewöhnlich. Dann schaute noch ein Weißspitzen-Riffhai vorbei. Alles in allem ein ereignisreicher und interessanter Tauchgang. Aber Höhepunkt war der Adlerrochen, wie er sich direkt unter uns mischte, so, als gäbe es uns nicht. Wieder zurück, sagten wir alle „wow"!

Anfänger im Nachttauchen werden merken, dass es sich immer empfiehlt, bei einem Riff anzufangen, das sie schon kennen – sagen wir bei einem, das sie an diesem Tag schon besucht haben. Die Topografie wird ihnen vertraut sein. Das lässt sie im Dunkeln viel entspannter tauchen. Und gibt ihnen ein besseres Gefühl, wonach sie wo schauen sollten. Tauchplätze mit wenig Wellen und Strömung sind ideal.

Steilwände und Riffstrukturen

Zirka 30 Meter hinter mir war die Yacht im Seichten vertäut, aber die Tauchplattform am Heck war über den Rand der rechtwinkligen Riffmauer hinausgedriftet, wo sie senkrecht in die Tiefe stürzt. 1.800 Meter tiefes Blau. Ich konnte gerade noch die Mauer mit ihren fast senkrecht abfallenden Korallen ausmachen. Eine Menge Leben tummelt sich über den Tiefen, Fische schwimmen zwischen blühenden Pflanzen. Wer weiß, was noch bereit ist, aus den Tiefen des Ozeans zu uns hochzuschwimmen?[9]

Tim Ecotts klassische Schilderung des Steilwandtauchens vor Little Cayman fängt die adrenalinerhöhende Erfahrung ein, über einen Riffrand hinauszugleiten und den Schwindel erregenden Zauber einer Korallenwand zu erleben. Ist dein Gemütszustand entspannt, kann dich diese Erfahrung mit Endorphinen überfluten, in einen Naturrausch versetzen, den deine Schwerelosigkeit noch verstärkt. Kein Wunder, dass Leute gutes Geld dafür ausgeben.

Riffwände finden sich generell, wo Riffe am Rand von Tiefseegräben wachsen – in diesem Fall dem Cayman-Graben. Das Rote Meer, berühmt für sein Wandtauchen, ist die nördlichste Spitze der großen Riftsenke, der geologischen Spalte, welche die afrikanische von der arabischen Platte trennt – hunderte Meter in die Tiefe abfallend. Ähnliche Wände finden sich auch an den Rändern von Atollen, die vom Meeresboden hochsteigen.

Unterwasserlandschaften: Wo wir tauchen

GLEITEN ÜBER
FARBENPRACHT
IM ROTEN MEER.

↑ Digitale Kameras haben die Unterwasser-Fotografie allen möglich gemacht.

Es gibt viele Riffarten. Die Saumriffe als die einfachsten wachsen entlang von abfallenden Küstenlinien. Oft trennen flache Lagunen sie von der Küste. Wegen der geringen Tiefe zählen sie zu den schönsten und einfachsten zum Schnorcheln, Freitauchen und Scuba-Tauchen im Seichtwasser. Eugenie Clark erinnert sich ans Schnorcheln in Shark's Bay, etwas südlich von Hurghada im Roten Meer, wo die Sandküste direkt zu einem kurzen Saumriff abfällt. „Mein erster Blick auf dieses ungewöhnlich prächtige Riff sehe ich noch immer lebendig vor mir", schrieb sie. „Du konntest tausend Fische auf einmal sehen."[10]

Barrier-Riffe finden wir weiter draußen vor der Küste. Ihr Fundament liegt tiefer als bei Saumriffen. Oft wachsen sie an den Rändern des Kontinentalsockels und sind vom Land durch breite, tiefe Lagunen getrennt. Das am besten bekannte Great Barrier Reef ist tatsächlich mehr eine Riffkette als ein langer Wall. Es umfasst wenig mehr als 3.000 einzelne Riffe, beherbergt mehr als 1.500 Fischarten und 4.000 Arten von Weichtieren. Es ist eines der bevorzugten Ziele des Rifftourismus weltweit, verzeichnet zehn Millionen Besucher jährlich und bringt der einheimischen Wirtschaft den Gegenwert von mehr als einer Milliarde US-Dollar.

Atolle, die selteneren Riffstrukturen, sind meist rund in der Form und umschließen eine breite Lagune. In den frühen Tagen der Riff-Forschung vermochte niemand herauszufinden, wie diese Großstrukturen mitten im Meer, tausende Meter über dem Meeresgrund, entstehen konnten. Cahrles Darwin löste das Rätsel als Erster: Er nahm an, im gleichen Ausmaß, in dem vulkanische Inseln versanken, wären ihre Saumriffe gewachsen. Schließlich sei nur ein Riffring übrig geblieben: das Atoll, welches die Insel völlig unter sich begrub. Erst hundert Jahre später bestätigten Testbohrungen im Vulkangestein am Enewetak Atoll im Pazifik in 1.405 Meter Tiefe die Richtigkeit von Darwins Theorie.

Die meisten Atolle liegen im Pazifik, obwohl es auch eine lange Kette im Indischen Ozean gibt, welche die Malediven (das Wort Atoll entstammt dem maledivischen „atolu") und das Chagos Archipel einschließt.

↑ Am Riff ist jeder verfügbare Platz von Leben besiedelt.
→→ Barrakudas jagen Ährenfische in einer Lagune.

Korallenriffe kommen in vielerlei Formen und Größen vor – Fleckenriffe, Bankriffe, Plattformriffe und Tafelriffe eingeschlossen. Eng verbunden sind sie mit zwei anderen, wichtigen tropischen Ökosystemen: Mangroven und Seegraswiesen. Wie Korallenriffe gehören Mangroven zu den seltensten Ökosystemen. Sie sind die Heimat unzähliger Fische, Vögel und wirbelloser Tiere und ein wichtiger Kindergarten für junge Riff-Fische, die im Schutz ihrer Wurzeln heranwachsen können. Seegrasbetten sind häufiger. Oft wachsen sie auf Sandbänken in Riffnähe. Sie stabilisieren das Seebett und funktionieren als riesige Filter, die Partikel aus dem Wasser entfernen und als Feinsediment ablagern. Das Sediment stellt eine ergiebige Ernährungsgrundlage dar, die Fische, Muscheln, Hummer, Schildkröten und Seekühe zum Fressen und Brüten anlockt. Riff-Fische nutzen Seegraswiesen auch als Kinderhort zum Schutz vor Räubern.

Alle drei Habitate – Riffe, Mangroven und Seegraswiesen – verbindet ein wechselseitiger Kreislauf, für Bestand und Leben der Meereswelt an vielen tropischen Küsten.

In Eis, Höhlen und Tang

Angesichts der fabelhaften Vielfalt von Korallenriffen und ihrer schier unerschöpflichen Farbenpracht ist ihre Popularität unter Tauchern kein Wunder. Doch nicht jeder kann es sich leisten, in die Tropen zu reisen. Und viele Taucher in gemäßigten Klimazonen finden es ebenso aufregend, Binnenseen, Steinbruchseen oder heimische Küstengewässer zu erkunden. Oft sind das ergiebige Umgebungen, die ihren Tauchern reichen Lohn bringen können.

Selbst die schaurig-schöne Welt des Eistauchens hat ihre Fans, Cousteau eingeschlossen. Zu den erfahrenen Eistauchern gehört die junge Unterwasserfilmerin Phoebe Rudomino-Dusiacka. Sie war 2004 Europa-Rolex-Stipendiatin der Our World Underwater Scholarship Society: Diese sponsert künftigen Führungskräften der maritimen Welt das Sammeln von Erfahrungen mit verschiedenen Taucharten. Dabei machte sie in einem Jahr weltweit 18 Tauchscheine. Am liebsten tauchte sie unter dem Eis im

Tauchen Ultimativ

Unterwasserlandschaften: Wo wir tauchen

↑ Ein Schwarm Ährenfische sucht in dieser Höhle der Cayman Inseln Zuflucht.
→ Schwämme in einer Korallenhöhle.

Eismeer bei Murmansk in Russland. „Es war fantastisch", erinnert sie sich. „Ich hatte es mir seit Jahren gewünscht, war auf Enttäuschung vorbereitet, doch die Wirklichkeit war absolut überwältigend."

Es ist so klar und das Eis so wunderschön, und da unten ist so viel Leben. Du kriegst eine Gänsehaut beim Tauchen in sehr kalten Gegenden. Am Eismeer besonders, weil es von verschiedenen Kreaturen nur so wimmelt – von sehr merkwürdigen! Man sagt, normales Tauchen sei Schwerelosigkeit im Raum mit dem Anblick dieser fremden und wunderschönen Welt von verrückten Lebewesen. Aber ich fand noch Verrückteres.

Die Kälte von minus zwei Grad schreckte Phoebe übrigens nicht, obwohl Zehen und Kamera einfroren.

Taucher lieben oder hassen Höhlen. Für die einen ist nichts aufregender, als sich durch enge Spalten zu quetschen und durch lange Passagen ins Herz der unterirdischen Welt einzudringen. Andere bekommen schon allein beim Gedanken an das viele Gestein über dem Kopf Platzangst. Einer der bekanntesten Höhlentaucher der Zeit ist Rob Palmer. Er leitete etliche Expeditionen zu den Blauen Höhlen der Bahamas. Hier schildert er den Reiz der ungewöhnlichen Formation beim Höhlentauchen, die er Stargate taufte:

Es war, wie in einen tiefen Brunnen zu fallen, wie ein Fallschirmsprung durch grün-klares Wasser in die Dunkelheit. Wir tauchten auf in einem Abgrund von schmerzender Klarheit und betäubenden Dimensionen, trieben Mittwasser, erreichten 40 Meter Tiefe, verharrten zum Traum erstarrt, schauten einen endlosen Tunnel hinunter, unfähig, uns zu bewegen. In Träumen wäre das von Unwohlsein begleitet oder von glatter Angst, den Ingredienzen eines Albtraums. Hier war es ganz anders: Ehrfurcht, Großartigkeit, Schwindel erregendes Entzücken."[11]

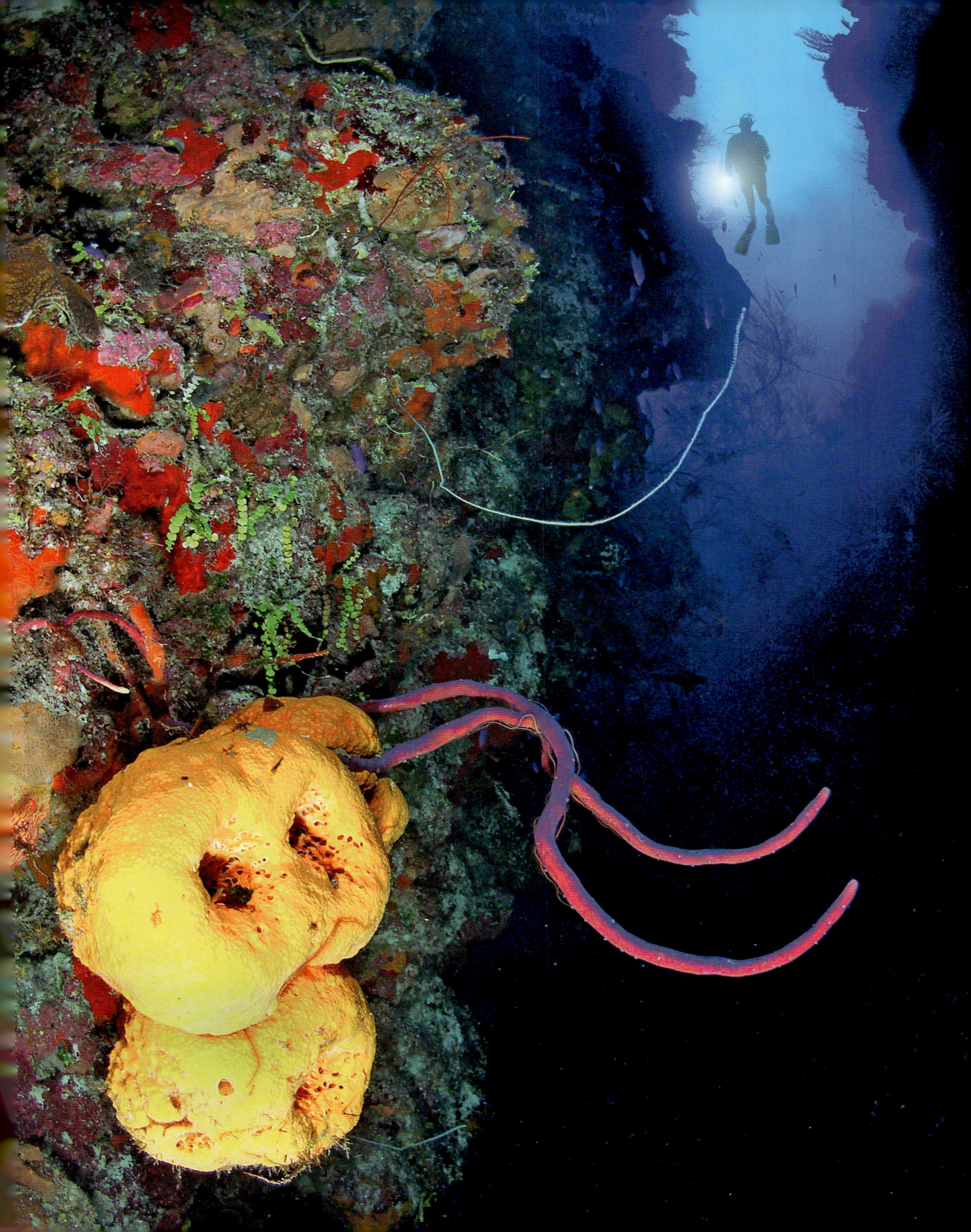

Nicht jedes Höhlentauchen verlangt ein spezielles Training. Höhlen, die zur See hin offen sind, werden als Kavernen klassifiziert. Mit einem erfahrenen Führer sind sie generell sicher zu betauchen. Ob Höhle oder Kaverne, stets findet sich ein einzigartiges Ökosystem. Die junge Taucherin Jade Berman, eine andere Stipendiatin des Our-World-Underwater-Scholarship-Programms, zählt zu ihren schönsten Erlebnissen das Höhlentauchen in Südfrankreich. Dort faszinierten sie ganz besondere Lebewesen:

Die Fleisch fressenden Schwämme, die ein wenig wie Tentakel aussehen, haben entwickelte Fangarme, bedeckt mit kleinsten flauschigen Widerhäkchen. Mit ihnen schnappen sie vorbeischwimmende shrimps-ähnliche Krebse. Binnen eines Tages umschließen die Schwämme die Krebse und ersticken sie langsam. Dann beginnt die Verdauung.

Kelpwälder – auch Tangwälder genannt – erlauben ebenfalls erstaunliches Tauchen. Samantha Fanshawe, Direktorin der UK's Marine Conservation Society, biss beim Tangtauchen an, als sie ein Forschungsstipendium der Universität von Kalifornien in Santa Cruz gewann. „Unter guten Bedingungen ist Kelptauchen nicht von dieser Welt", erklärt sie. „Da es wie Wald ausschaut, kommt es der Natur an der Erdoberfläche am nächsten." Höchst lebendig beschreibt sie:

Du bekommst fast das Gefühl, gar nicht unter Wasser zu sein, sondern durch einen Wald zu gleiten. Praktisch auf jeder Ebene ist so viel zu sehen, und die Vielfalt an Fischen ist enorm. Du schaust durch diese an die 30 Meter hohen Tangstränge und zwischen ihnen sind all die verschiedenen Fische, in ihren besonderen Nischen, auf allen Ebenen.

Auf dem Boden des Tangwaldes finden sich die größeren Fische wie Felsenkabeljau und Schafskopf-Lippfisch. Weiter oben hängen riesige Schwärme von Rockfischen unter dem Baldachin, Gruppen von Riffbarschen und Lippfischen ziehen zwischen den Stämmen hindurch. Auch Trevor Norton genießt Tauchen in diesem Super-Seegras: „Am meisten überwältigt es dich unter Wasser, du lässt dich faul in die großen Wälder von Riesentang fallen", erklärt er. „Dieser Wald ist in jedem Teil so imposant wie jeder Dschungel oben, aber viel leichter zu durchqueren. Du kannst unter den dichten Ästen durchgleiten, zwischen die Stämme schlüpfen und dich in ihrem Schatten verbergen."[12]

Der Reiz von Wracks

Schiffswracks wirken auf Taucher extrem anziehend. Zahllose Schiffe sind auf Korallenriffen zugrunde gegangen, wo scharfe Kanten wenig unter der Oberfläche höchst gefährlich beim Navigieren sind. Auch kältere Gewässer sind bedeckt mit Wracks – allein mit Zehntausenden rund um die Britischen Inseln.

Jedes Schiffswrack ist geisterhaftes Denkmal eines historischen Augenblicks – oft großer Dramen oder Tragödien.

„*Die Nebelschleier rundherum schaffen eine geheimnisvolle Entdeckerstimmung. Zerfaserte Netze hüllen plumpe, massige Körper manchmal hexenhaft in Wasserspinngewebe. Aber unbehaglich macht die Schwermut drinnen. Du kommst in das schwarze Herz eines Schiffsrumpfs – nicht ohne das Gefühl, dass hinter der Dunkelheit etwas auf dich wartet ..."*

Trevor Norton

➔ DIE ULYSSES IM ROTEN MEER.
➔➔ BUG DER GIANNIS D.

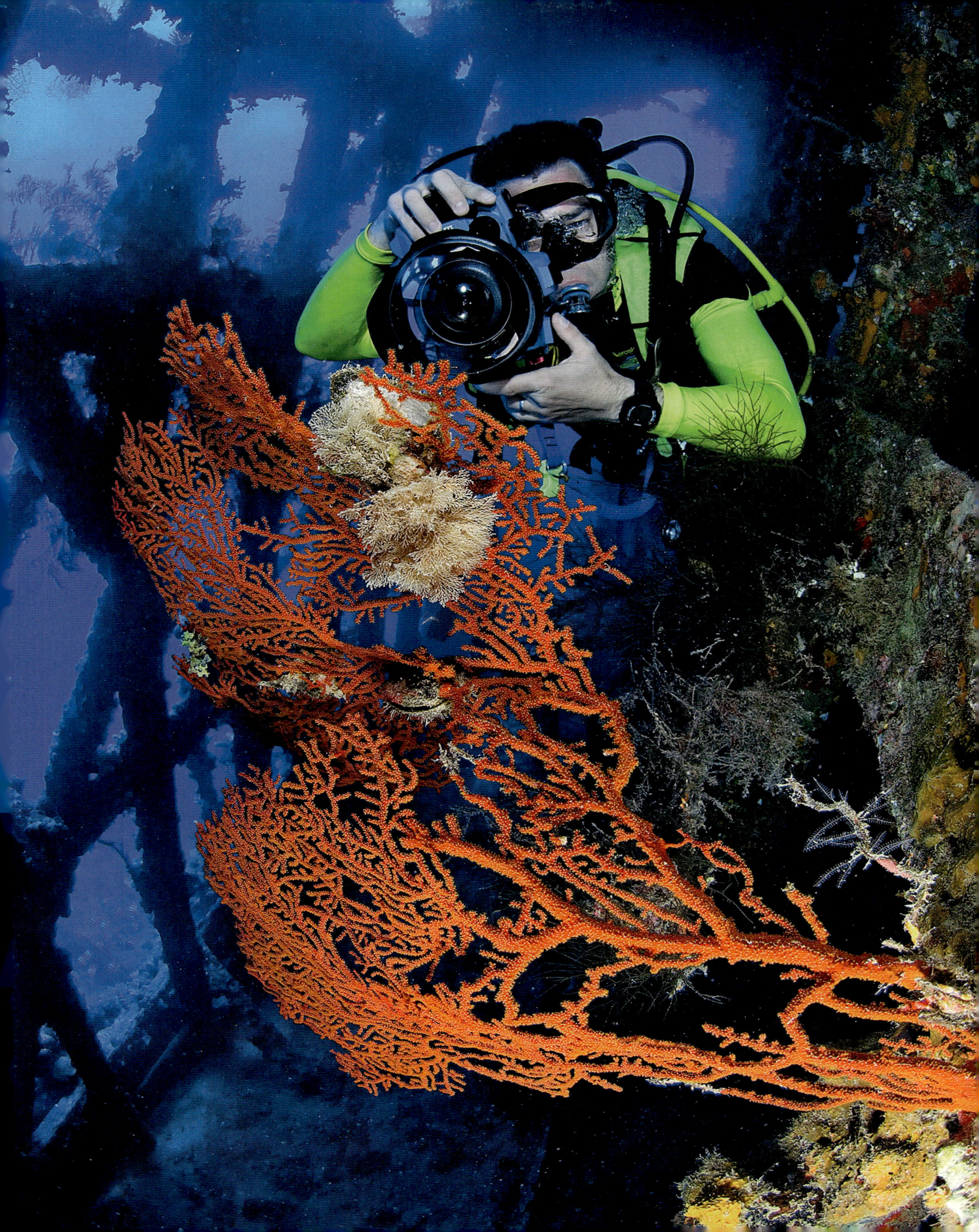

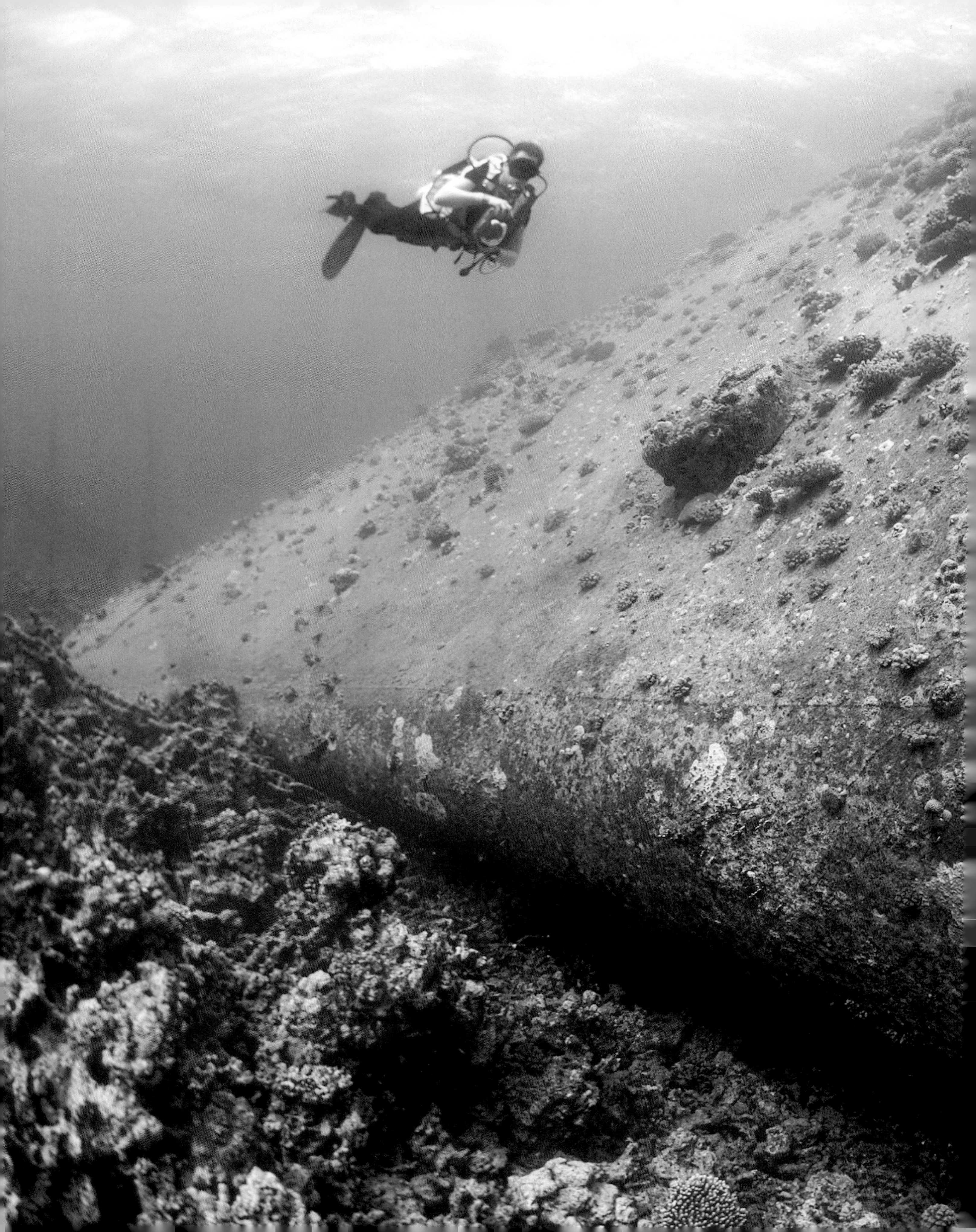

„Der Anblick eines Schiffsrumpfes auf dem Meeresgrund bewegt mich immer wieder. Es will mir scheinen, als wäre ein Schiff ins große Jenseits übergeglitten – in ein anderes Dasein, in eine Welt der Schatten."

Jacques Cousteau

Tauchen Ultimativ

⊙ Das Wrack der Carnatic im Roten Meer.
⊖ Taucher erkunden das Wrack der Giannis D.
⊕⊕ Versunken: israelische Armeefahrzeuge.

Einmal gesunken, vergibt das Schiff eine neue Pacht auf Lebenszeit an Meeresbewohner, wenn Laderäume, Kabinen, Decks und Aufbauten von Korallen, Schwämmen, Weichtieren und Fischen besiedelt werden. „Der Anblick eines Schiffsrumpfes auf dem Meeresgrund bewegt mich immer wieder", sagt Jacques Cousteau. „Mir will es scheinen, als wäre ein Schiff nun ins große Jenseits übergeglitten – in ein anderes Dasein, in eine Welt der Schatten."[13]

Oft umhüllt Schiffswracks eine Aura von Tragödie und dem Schicksal verzweifelter Menschen. „Ihre Ausstrahlung als schaurigste Orte der Welt erfüllt alles", schrieb Trevor Norton in seinen Meeresmemoiren „Under Water To Get Out Of The Rain":

Die Nebelschleier rundherum schaffen eine geheimnisvolle Entdeckerstimmung. Zerfaserte Netze hüllen plumpe, massige Körper manchmal hexenhaft in Wasserspinngewebe. Aber unbehaglich macht die Schwermut drinnen. Du kommst in das schwarze Herz eines Schiffsrumpfs nicht ohne das Gefühl, dass hinter der Dunkelheit etwas auf dich wartet ... Wracks sind das Ergebnis einer Katastrophe und nicht immer ohne Spuren der Opfer. Der Taucher befürchtet immer, dass die nächste Kabine den Überrest eines glücklosen Seemanns enthält. [14]

Dass viele Wracks Massengräber sein können, bringt echte Taucher immer in ein moralisches Dilemma. Ist das Wrack relativ jung, gilt es als geschmack- und respektlos, zu tauchen. Die Salem Express ist z. B. das Wrack einer Fähre, die vor Hurghada im ägyptischen Roten Meer 1991 sank. Fast 500 Muslim-Pilger ertranken auf ihrem Rückweg von Mekka. Manche Tauchführer lehnen es ab, sich ihm zu nähern oder hineinzutauchen – doch andere ignorieren die ganze Kontroverse und tauchen einfach. In Großbritannien sind viele Kriegswracks als Kriegsgräber geschützt, und zu ihnen zu tauchen, ist verboten. Es bleibt ein Dilemma: Wie alt muss ein Wrack sein, bis man tauchen darf?

Einer der berühmtesten Wrack-Tauchplätze der Welt ist die Lagune Truk in Mikronesien, wo am 17. Februar 1944 fast 60 japanische Kriegsschiffe von amerikanischen Kampfflugzeugen versenkt wurden. Sylvia Earle ist eine von tausenden Tauchern, die in diesen Schiffen suchten und fanden: „Versunkene Geschütze, verpackt in Girlanden von Federkorallen, von Schwämmen und Hydroiden überzogene Schiffsmasten, Türen, Gänge – Häfen für tausende Kleinfische." Die Schiffe sind ein wunderbares Denkmal:

Einige gleichen Kathedralen mit schlanken Masten und Bögen, besetzt von Strahlen des Sonnenlichts, behängt mit lebenden Meisterwerken. Andere erin-

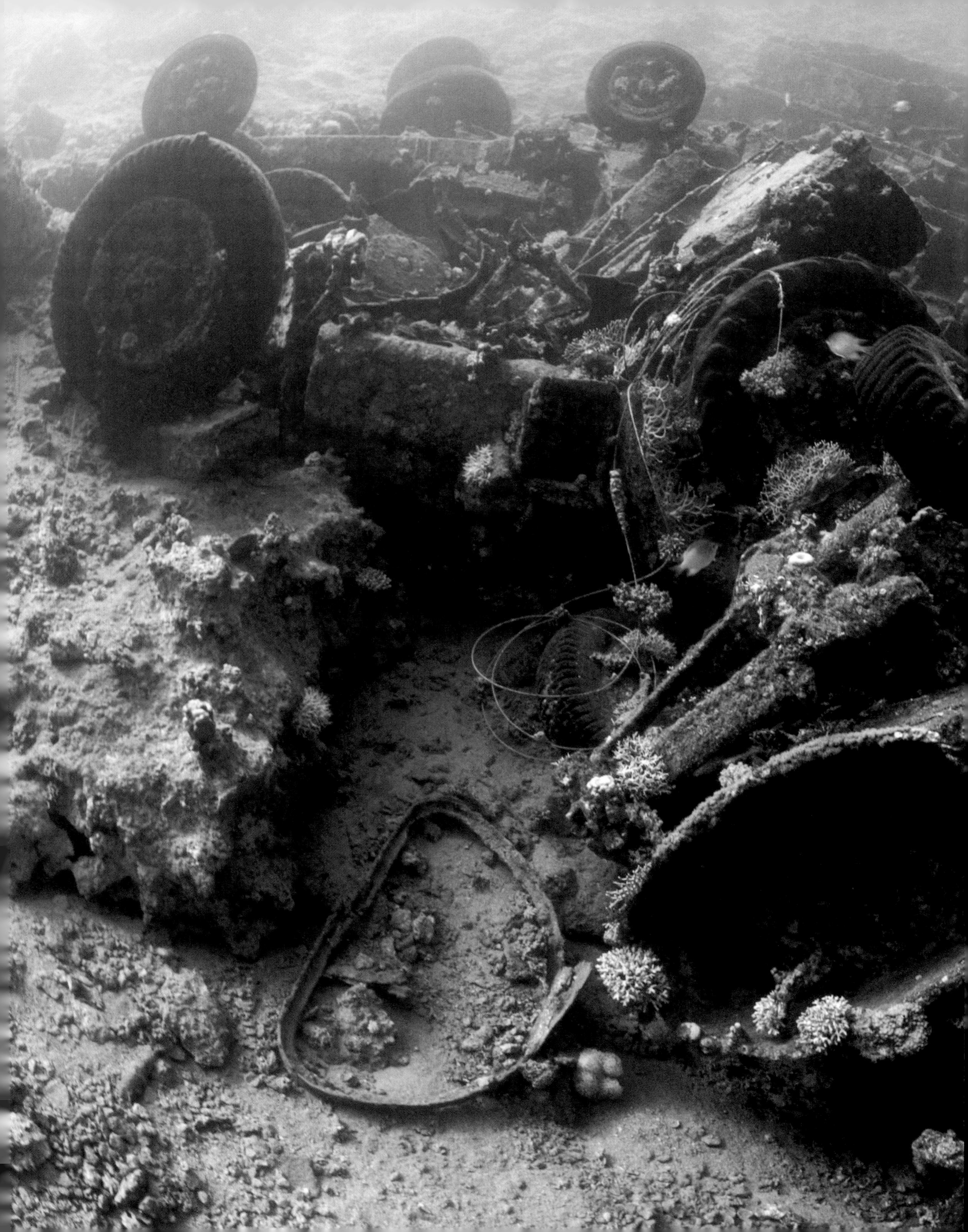

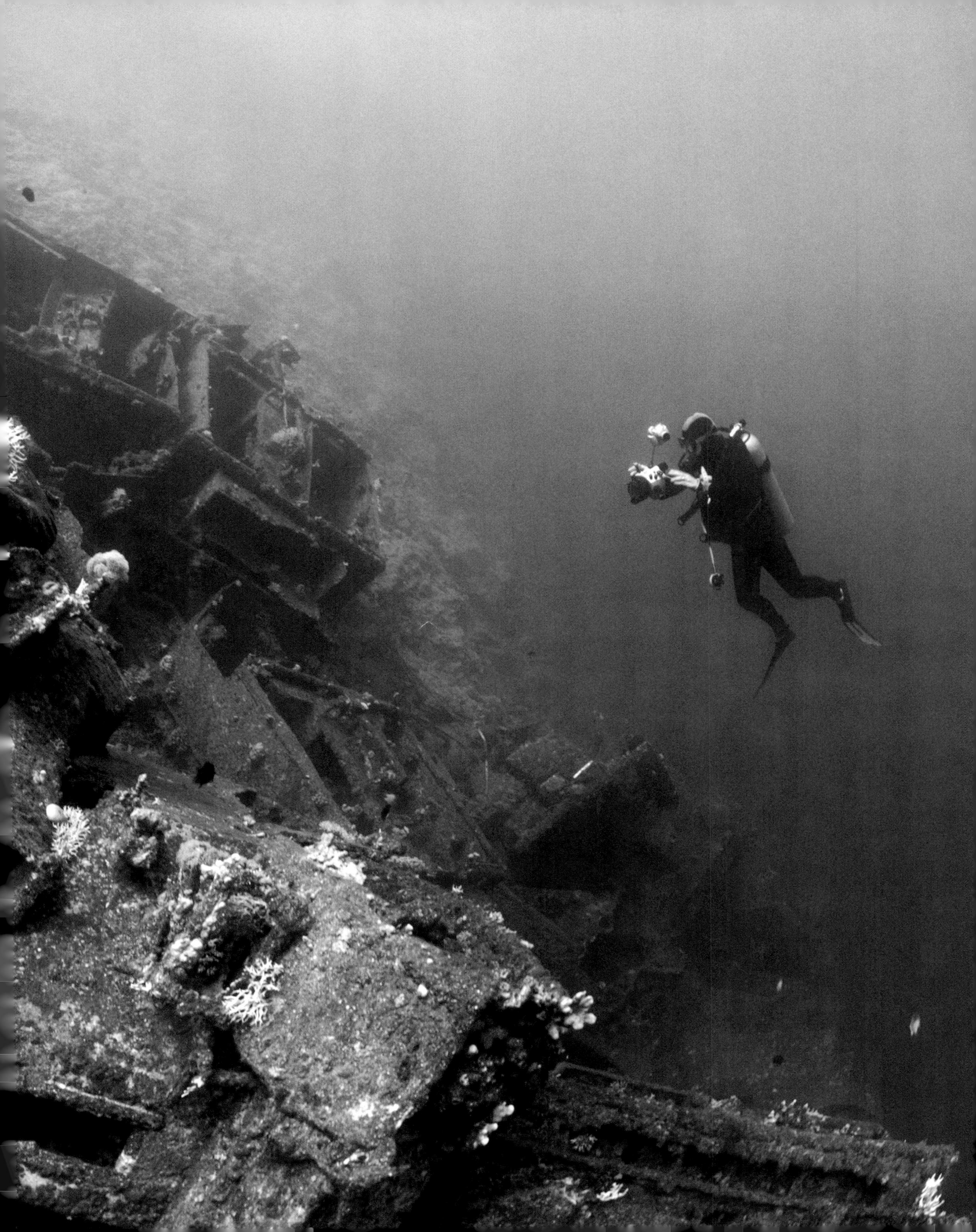

nern an farbenfrohe Gärten, belebt von blauen, grünen, silbernen und goldenen Blitzen der Fische, die wie Vögelschwärme durch Korallenbäume und Schwammbüsche flitzen.[15]

Schiffswracks sichern einer Vielfalt von Meeresbewohnern Unterschlupf. Sie fügen dem echten Riff Raum hinzu und bereichern die Produktivität des Seebettes. Auf Decks und anderen glatten Flächen können sich Planktonlarven von Korallen und Schwämmen ansiedeln. Aus Kabinen werden Höhlenverstecke für Garnelen, Jungfische und andere Kleinlebewesen. Krusten bildende Pflanzen ergreifen von allem Besitz. Dem Aufblühen des Fischlebens folgen Räuberbesuche von Barrakuda, Makrele, Zackenbarsch und Hai, als wäre von Maul zu Maul geeilt: Die Stadt hat ein neues Selbstbedienungsrestaurant.

„Du siehst, wie die See alles in Besitz nimmt, was runterkommt", sagt Lizzie Bird, früher National Diving Officer beim britischen Tauchverband. „Neulich tauchte ich an der Isle of Man zu einem Muschelfänger, der vor einigen Jahren sank. Vom Wrack konntest du nichts sehen, weil es von Primel-See-Anemonen komplett bedeckt war. Das ganze Wrack war von Meeresleben gezeichnet, statt von Metall. Das macht Wracktauchen für mich so aufregend."

Großbritanniens berühmtestes Wracktauchen findet in Scapa Flow in den Orkney Islands statt, wo die deutsche Hochseeflotte sich im Juni 1919 selbst versenkte. Auch Rotes Meer und Mittelmeer bergen fantastische Wrackplätze, ähnlich wie Australiens Great Barrier Reef.

Berufstaucher lieben tiefe Wracks, wo sie ihre Ausrüstung – und sich selbst – bis an die Grenzen testen können. Starfish Enterprise ist zum Beispiel ein britisches Berufstauchteam, das eine Reihe historisch bedeutsamer Wracks erforscht hat: die Lusitania auf 93 Meter, ihr Schwesterschiff Brittanic auf 119 Meter und das P&O-Linienschiff Egypt auf 120 Meter, das in der Biskaya ruht. Solche Expeditionen können Jahre der Planung brauchen, sagt Teammitglied Christina Campbell. Beim Projekt Brittanic tauchte Christina tiefer als alle Frauen der Welt. „Du fühlst eine große Genugtuung", sagt sie, „wenn du das ganze Wrack beschwommen, einen gründlichen Blick auf alles getan, dich vielleicht auch gefordert, aber die ganze Zeit sicher gefühlt hast." „Die richtige Einstellung gehört entscheidend zum Gelingen beim Tief-Wracktauchen", ergänzt sie.

Wracktauchen muss nicht schwer sein: Im Flachen ist der Versuch für den Anfänger einfach. Wer es aber in dunklere Tiefen wagen will, sollte sich dem erforderlichen Training unterwerfen oder der Führung von Profis.

Prinz Charles auf Schatzsuche

Bei alten Wracks gibt die Möglichkeit gesunkener Schätze dem Taucher einen zusätzlichen Kick. „Nichts schlägt so in deinen Alltag ein, wie die Entdeckung eines versunkenen Schatzes", schrieb Arthur C. Clarke in „The Treasure of the Great Reef",[16] während Prinz Charles seine Erfahrungen mit Wracktauchen in der Karibik während seines Dienstes in der Royal Navy wie folgt skizzierte:

Ich hatte reichlich Gelegenheit, die See auf verschiedenen Plätzen kennen zu lernen – so beim Tauchen zu einem Wrack von 1867 bei den British Virgin Islands, wo ich das außergewöhnliche Erlebnis hatte, im Inneren des alten Schonerrumpfs zu schwimmen wie in einer unermesslich grünen Kathedrale, ausgefüllt von Schwärmen von Ährenfischen. Oder in einem spanischen Wrack des 17. Jahrhunderts bei Cartagena, Kolumbien – zweifellos versenkt von einem räuberischen Vorgänger der Royal Navy, von wo ich einen Achtpfünder und Musketenkugeln mitbrachte.[17]

Natürlich können sich nicht viele auf Vorfahren berufen, die für die Versenkung ganzer Flotten verantwortlich waren. Der königlichen Hoheit mag es geholfen haben, den Achtpfünder für sich zu reklamieren (ich höre Prinz Charles förmlich den Bindestrich in „extra-ordinary" sprechen).

← ZWEITER-WELTKRIEG-MOTORRÄDER IM LADERAUM DER THISTLEGORM IM ROTEN MEER.

Unterwasser-Fotografin Zena Holloway erinnert sich an eine Arbeit für „National Geographic" am River Plate in Uruguay, wo das Wrack der San Salvador etwas mehr Ertrag abwarf als geplant:

Ich stand am Grund und schaute rundherum auf Skelette, Totenschädel, Knöpfe, Lederschuhe und lauter so Sachen. Es war mit Mann und Maus versenkt worden, nur der Kapitän hatte überlebt. Die Segel hatten im Herunterfallen alle Frauen in ihren Unterröcken gefangen und alle Männer in ihren schweren Kampfuniformen. Plötzlich verschwand unser Führer im Finstern und kam mit einem Sack voll geschmolzener Silbermünzen wieder. Das war einer dieser Tauchgänge, wo du vor lauter Aufregung die Tauchflasche zu schnell leer saugst.[18]

Schiffe als künstliche Riffe

Wracktauchen ist so populär geworden, dass Schiffe oft absichtlich versenkt werden, um künstliche Riffe zu schaffen. Dazu nutzt man abgemeldete Seeschiffe, beschlagnahmte Schmugglerboote und ähnliche Kähne. Wirklich alles eignet sich für künstliche Riffe. Man hat Flugzeuge versenkt, Panzer, Schlepper, Frachter, Teile demontierter Ölplattformen und vieles andere mehr. Erst müssen die Schiffe tauchsicher gemacht und von Giften und umweltverschmutzenden Stoffen befreit werden.

Eines der ersten dieser Schiffe war ein 95 Meter langer Zerstörer der russischen Marine, der 1996 auf den Cayman Islands vor dem Westende von Cayman Brac in 20 bis 30 Meter Tiefe versenkt wurde: umgetauft in Captain Keith Tibbetts – zu Ehren des Lokalchampions im Tauchen. Unüblich für ein Schiff, das absichtlich angebohrt wird, ging es mit jemand an Bord unter – diesmal mit Jean-Michel Cousteau. In voller Scuba-Montur hing Cousteau an der Reeling, als das Schiff in den Wellen verschwand. Seit seiner Kindheit, sagte er, wollte er wissen, was mit dem Skipper passiert, wenn das Boot versinkt. „Eine fabelhafte Erfahrung", sagt er. „Nun weiß ich, was Kapitäne durchmachen, wenn sie mit ihrem Schiff sinken. Ich bin jetzt nicht nur Experte, sondern auch der Einzige, der zurückkam!"

Seitdem kamen viele künstliche Riffe dazu. Das größte Schiff, das jemals nur Tauchern zuliebe runtergeschickt wurde, ist die USS Spiegel Grove, ein Landungsschiff, zehn Kilometer vor Key Largo, Florida. Die Gesamtkosten der Versenkung dieses massiven 155-Meter-Schiffes im Juni 2002 betrugen 25 Millionen US-Dollar. Das Schiff sank Bug voraus, was Hurrikan Dennis im Sommer 2005 korrigierte. Großbritannien legte sich sein bisher einziges künstliches Schiffswrack 2004 zu, als die Navy-Fregatte HMS Scylla vor Whitsand Bay, Cornwall, unter Aufsicht des Plymouth National Marine Aquariums versenkt wurde. Kanada ist berühmt für seine künstlichen Riffe. British Columbia rühmt sich seiner Wrack-Armada einschließlich seiner vier 111-Meter-Begleitzerstörer.

↑ GLASFISCHE IM MASCHINENRAUM DER GIANNIS D.

Solche Schiffswracks sind nicht nur Siedlungsraum im Meeresleben, sie entlasten auch andere Tauchplätze und helfen, die Leute von nahe gelegenen Riffen und Wracks zu verteilen. Puristen bevorzugen trotzdem das Echte. Andere Taucher weihen ihr Leben der Suche nach jungfräulichen Wracks, damit sie die ersten sein können, die sie mit Scuba erkunden. Wieder andere fragen kritisch, ob Millionen Dollar für künstliche Riffe eine sinnvolle Nutzung der Ressourcen sind, wo das Geld doch so dringend zum Schutz natürlicher Riffe gebraucht wird.

Archäologie im Unterwasserpark

Nun, künstliche Riffe sind heute normal. Neuere Entwicklungen sind ganze Parks von Schiffswracks, Trails und Unterwasser-Museen. Auf diesem Gebiet ist die Indiana University führend. Sie unterhält Wrack-Parks in Kalifornien, Florida und der Karibik. Die Universität half 2002 beim Bau des ersten Parks der Welt vor Bayahibe in der Dominikanischen Republik. Das Unterwasser-Museum besteht aus Kanonen des 18. Jahrhunderts, Ballaststeinen, Kanonenkugeln, Geschirr und den Ankern der Wracks zweier spanischer Galeeren. Bei drei bis fünf Meter Tiefe ist der Park für Schnorchler und Taucher gleich gut zugänglich. Ein zweites Unterwasser-Museum, die Guaraguao Reef Cannons Reserve, wurde 2004 ganz in der Nähe errichtet. Mit zwölf Metern liegt es etwas tiefer und bedeckt rund 180 Quadratmeter Riff.

„Unser Anliegen ist, die Dinge dem Meer zurückzugeben, statt raufzubringen", sagt Charles Beeker, Direktor des Programms. „Man geht zu irgendeinem Museum und findet dort eine Menge Kanonen und ähnliches ausgestellt – warum sollte man von Wrackplätzen noch mehr raufschaffen? Was wir tun, bedeutet nicht nur, eine Quelle zu schützen, sondern sie der Öffentlichkeit verständlich zu machen", erklärt er. „In einer Kombination von Unterwasser-Archäologie, Meeresbiologie und Geschichte." Unterwasser-Parks haben sich als so populär erwiesen, dass Beeker jetzt einen weiteren plant: mit Gebrauchsgegenständen der frühesten Einwohner von Hispaniola in einer Frischwasserquelle. Du wirst buchstäblich in die frühe karibische Geschichte eintauchen können. „Dinge vom Seegrund nach oben zu schaffen, ist 60er-Mentalität", sagt Beeker. „Wir leben im 21. Jahrhundert – wir können alles unter Wasser anschauen."

Ähnliche Parks entstehen auch anderswo: 2005 durften die ersten Taucher besuchen, was als Black Beard's Piratenschiff Queen Anne's Revenge gilt, die 1718 vor North Carolina unterging. Meeresarchäologen wollen damit den Tourismus und das Wissen über Schiffswracks fördern: begleitetes Tauchen in einem zweitägigen Programm.

Neue Trends der Tauchwelt vorauszusagen, ist schwer. Cousteau und Hass glaubten, heute würden wir alle in Unterwasser-Städten leben. Inzwischen zeigt sich, dass eindrucksvolle Unterwasser-Attraktionen wie Schiffswrack- und Skulpturen-Parks weiter wachsen. Eines der größten Projekte dieser Art entsteht derzeit vor Cayman Brac in der Karibik: die sagenumwobene, versunkene Atlantis. Entwickelt vom Cayman-Künstler Foots sollen Skulpturen von Stachel- und Adlerrochen auf dem sandigen Meeresgrund an Atlantis erinnern, zwölf bis 15 Meter tief. Küstennah könnte das eine bedeutende Tauchattraktion werden. Riesige Säulen, eine massive Pyramide, eine Sonnenuhr und über 100 andere Artefakte

Unterwasserlandschaften: Wo wir tauchen 85

Ⓡ Ein Stachelrochen unter einem Tauchboot in Stingray City.

sind Teil von Foots ambitioniertem Traum von der mit dem Meer verschmolzenen Stadt Atlantis:

Ruinen und Mythologie faszinieren mich seit meiner Kindheit. Ich schaffe eine Skulptur, ein Kunstwerk. Nimmt die Natur sie in Besitz, wird es ein Meisterwerk. Kein Künstler kann, was die Natur macht.

Atlantis könnte den Tauch-Tourismus der Caymans in ganz neue Dimensionen beamen. Foots Vision können wir uns leicht vorstellen: Ein niedlicher Hai schwimmt um eine Unterwasser-Säule, ein Adlerrochen flattert hinter dem umgestürzten Tempel, dein Tauchpartner gleitet durch den eleganten Bogengang mit Softkorallen. Alle schnappen unten alles mit ihren digitalen Kameras weg, loggen sich in die kulturelle Erinnerung von verlorenen Städten ein – in blauem Wasser bei exotischen Tropenfischen. Hier entsteht eine mythologische Landschaft unserer Vergangenheit, ein romantisches Unterwasser-Eden – von dem wir einst nur träumten.

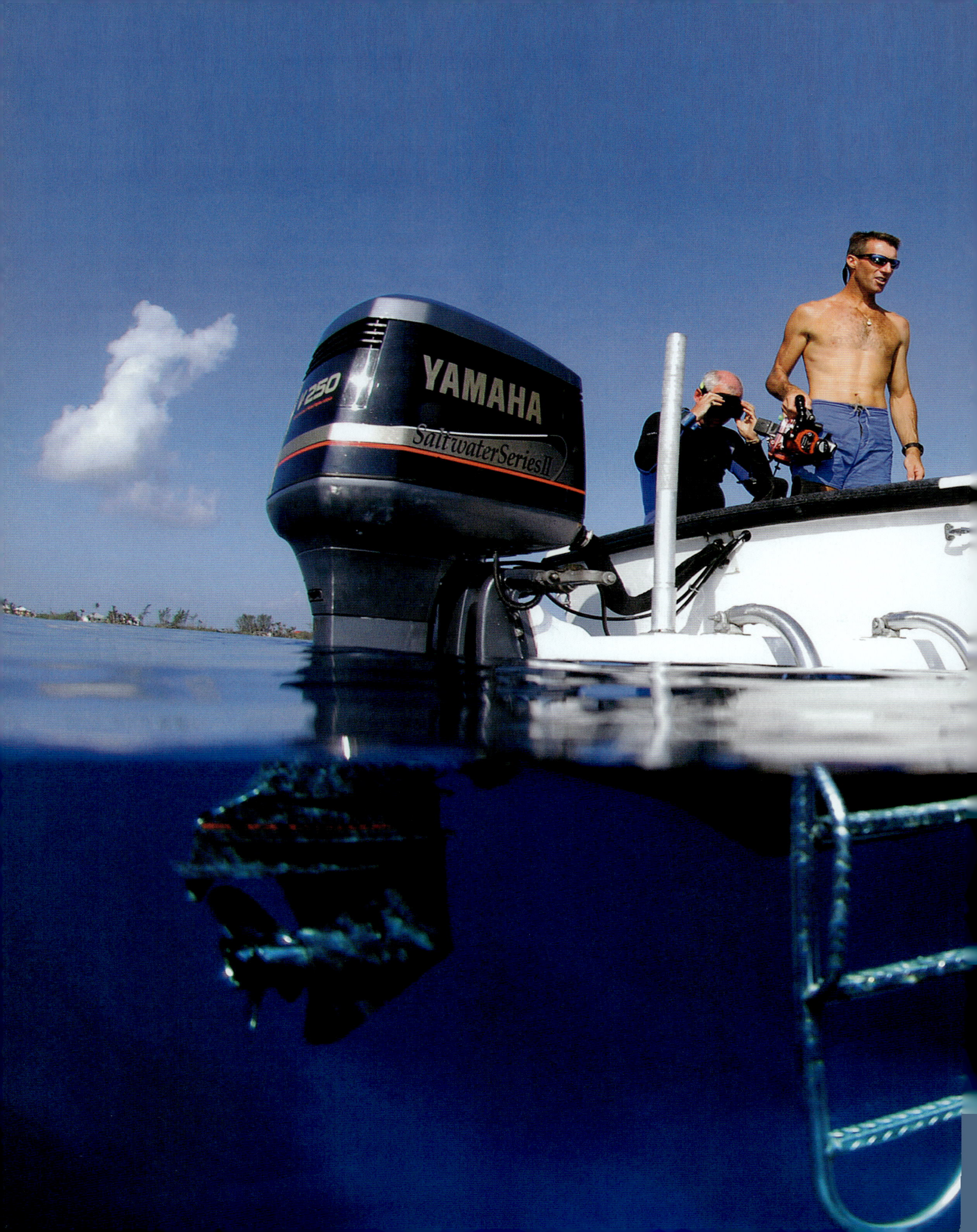
V250
YAMAHA
SaltwaterSeries II

Die Kunst, richtig zu tauchen

„Vergiss alle irdischen Sorgen, genieße das vollkommene Glück des Tauchens." Lou Fead

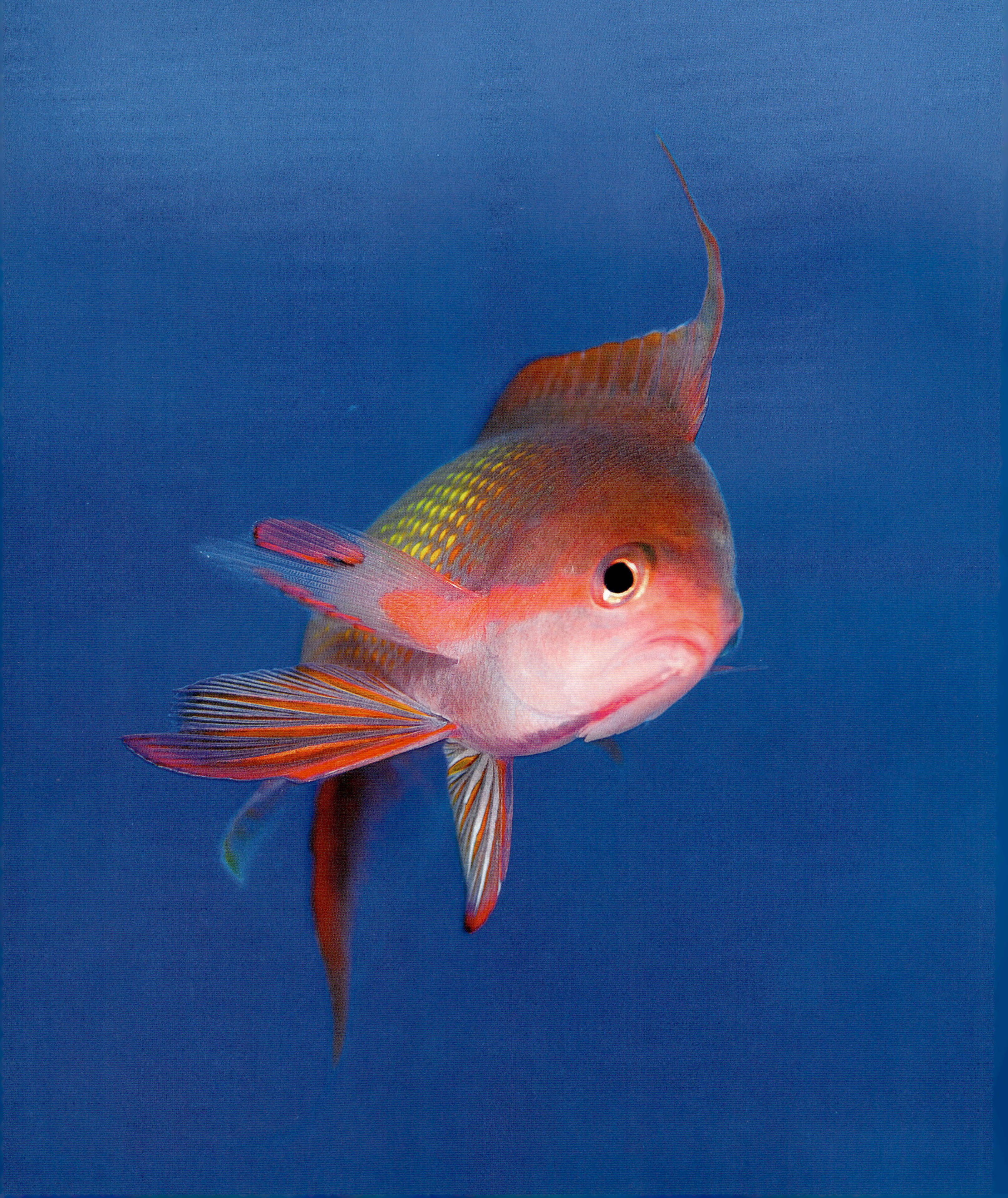

IST DAS FLIEGEN UNTER WASSER DEINE HEIMLICHE SEHNSUCHT? ES GIBT TAUSENDE VON TAUCHSCHULEN – ÜBERALL AUF DER WELT. LASS DIR EINFACH ZEIGEN, WIE ES GEHT. SCUBA-TAUCHEN IST HEUTE EIN AUSGEREIFTER SPORT, DEN DIR HOCH QUALIFIZIERTE TAUCHLEHRER LEICHT BEIBRINGEN KÖNNEN. DIE MEISTEN STARTEN MIT EINEM FREIWASSERKURS, BEI DEM DU LERNST, SICHER IM MEER ZU TAUCHEN. VON DA AN KANNST DU SO VIELE VERSCHIEDENE TAUCHARTEN KENNEN LERNEN, WIE DU WILLST. DAS FASZINIERENDE AM TAUCHEN IST, DASS ES ALLEN ETWAS BIETET: JENEN, DIE MINITIERCHEN AM MEERESBODEN FANGEN WOLLEN, UND SOLCHEN, DIE ES JUCKT, UNTER DEM EIS ZU TAUCHEN.

Diese Bandbreite macht Tauchen so populär, weil es alle anspricht: Techno-Kids, die nicht erwarten können, Pro und Kontra von Ausrüstungsvarianten zu debattieren; Ferientaucher, die einfach nur zehn Meter tief die Farbenpracht der Fische bestaunen wollen; Abenteuerlustige, die ihre Grenzen kennen lernen möchten; Hobbyfotografen, die den besten Schnappschuss suchen. Welcher Anspruch auch immer, den Spaß am Tauchen verdanken wir Pionieren wie Jacques Cousteau. Die Ausrüstung macht normales Tauchen heute sicherer und angenehmer für jedermann. Rückatemgerät und aufblasbare Oberflächenmarkierungsboje („Sicherheitswurst") sind nur zwei Beispiele.

Als Jacques Cousteau seine Frau Simone und die Kinder jeden Sonntagnachmittag zu seinen Unterwasserausflügen mit an die Küste in Sanary-sur-Mer nahm, hatte die Familie nichts außer Tauchbrille, Schnorchel, Flossen und Tauchflasche dabei. Sie trugen nur Bade-, keine Nasstauchanzüge und atmeten durch hinderliche Doppelschläuche. Zu Cousteaus Zeiten gab es weder Rettungs- noch Tarierwesten (Buoyancy Compensator Device, kurz BCD). Also kontrollierten sie die Tarierung einfach mit ihrer Lunge. Jean-Michel Cousteau gesteht, dass er manchmal immer noch ohne BCD taucht. „Schätzt du dein Gewicht richtig ein", erzählte er mir, „bist du perfekt neutral – steigst auf durch Inhalieren und ab durch Ausatmen. Das geht gut."

Cathy Church ist nur eine von Tausenden ihrer Generation, die durch regelmäßiges Tauchen dazulernten und erst später zu Profis wurden. „Mein erstes Tauchen war in den Tangwäldern Kaliforniens", erinnert sie sich. „In den 60ern hatte niemand ein Zertifikat – wir schnallten einfach die Tauchflaschen an und zogen los. Als wir wieder raufkamen fragte ich den Typ: ‚Wie tief, meinst du, waren wir?' Und er sagte: ‚Tja, wir haben 30 Meter Leine abgerollt, also denke ich, waren wir ziemlich tief.'"

Heute ist Tauchen ein recht sicherer Sport. Kein Vergleich mit den Zeiten, als Cathy Church, Helmut Debelius, Ned DeLoach und viele andere beim ersten Tauchen fröhlich über 30 Meter runtergingen. Professionelles Training ist überall zugänglich, technisch zuverlässige Ausrüstung können wir fast überall kaufen oder mieten, wo wir tauchen wollen. Zu Preisen, die erschwinglich sind.

Tauchen als Breitensport

Diese Entwicklung hat den Sport für die breite Masse geöffnet. Er ist keine männlich dominierte Aktivität mehr, sondern ein Freizeitsport für Freunde und Familie. Zwei oder drei Generationen ein und derselben Familie auf einem Tauchboot sind heute kein seltener Anblick mehr. Auch haben Organisationen wie die Handicapped Scuba Association Tauchen für Behinderte erschlossen, denen die Schwerelosigkeit des Wassers oft das Gefühl von Freiheit gibt, das ihnen an Land verwehrt bleibt.

Je mehr sich das Tauchen ausbreitete, desto stärker zog es auch eine große Schar von Prominenten an. Zu den bekennenden Tauchern zählen die Schriftsteller und Journalisten Anthony Horowitz, Mariella Frostrup, Frederick Forsyth, Tony Parsons und Wilbur Smith; die Schauspieler Josie Lawrence, Jack Davenport, David Jason, Richard E. Grant und Amanda Holden; Pop-Diva Charlotte Church; die Dirigenten Simone Young und Pink Floyds Nick Mason sowie verschiedene Rundfunk- und Fernsehleute wie Ruby Wax, Anneka Rice und Dom Joly.

Bis auf die Pioniere wie Simone Cousteau (wohl die welterste Scuba-Taucherin), Lotte Hass, Sylvia Earle, Eugenie Clark u. a. blieb Tauchen viele Jahrzehnte weitestgehend Männersache. Besonders in Großbritannien

⬅ EIN MÄNNLICHER FAHNENBARSCH ODER ANTHIAS IM BLAU-KLAREN WASSER DES ROTEN MEERES.
⬅⬅ EIN TAUCHER MIT EINEM UNTERWASSER-SCOOTER.

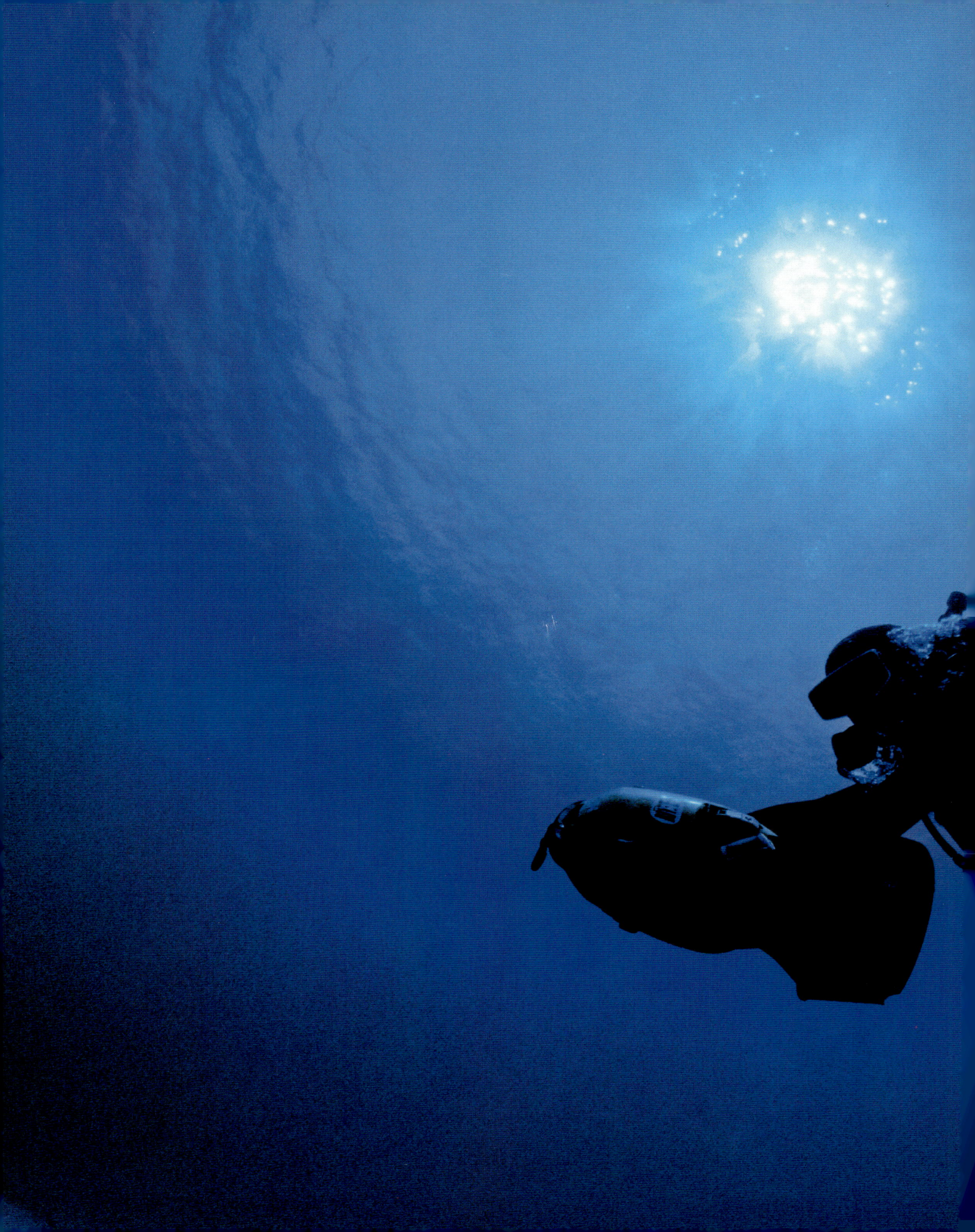

„Die unbelastete Seele gewinnt am allermeisten beim Abenteuer unter Wasser." **Lou Fead**

war es schwer für Frauen, in diese von Machos dominierte Männerwelt einzubrechen. „In den alten Tagen war es eher eine Welt der Kerle, weil Tauchen aus der Navy heraus entstand", sagt Lizzie Bird, die 1999 der erste weibliche National Diving Officer des British Sub Aqua Club (BSAC) wurde – für das Trainingsprogramm der Sporttaucher-Organisation. Clubtauchen drehte sich um Typen, die anschießend am Stammtisch herumprahlten, wie tief sie unten waren (zu den Angebereien gehörten normalerweise ein oder zwei Bullaugen aus Messing, die sie aus einem Wrack stemmten). Darüber hinaus haftete dem Training viel Militaristisches an, sagt Louise Trewavas, Gründerin des „Dive Girl Magazine" und heute Kolumnistin des „Diver Magazine":

Diese Atmosphäre hielt Frauen lange vom Tauchsport fern. Heute wird er ziviler gelehrt, mit dem Fokus auf dem, was du unter Wasser bringst, statt des Geruchs von Supermenschen in geheimer Mission oder so. Frauen fühlen sich von diesem männlichen Gehabe abgestoßen: Sie wollen ab in die Tiefe und die Unterwasserszene genießen – aber von niemandem das U-Boot sprengen!

Der Witz ist, dass Frauen oft bessere Taucher sind als Männer. „Männliche Taucher sind wie männliche Taucher", sagt Tim Ecott, den Ausrüstungen zu vergleichen so wenig interessiert wie der Streit über Hubraum und Drehmoment von Sportwagen. Frauen interessieren sich meist wenig für Technisches, solange die Dinger ihren Job tun. Sie bereiten ihr Tauchen sorgfältiger vor und sind unter Wasser weniger frenetisch. Nach Tim führt dieser entspanntere Angang zu weniger Luftverbrauch, verlängert den Aufenthalt und das Erlebnis unter Wasser – und darum geht es doch beim Tauchen.

Die besten Taucher sind reflektive, methodische Leute, die das Richtige ruhig tun, glaubt Cousteau. Probleme unter Wasser verlangen den kühlen Kopf, nicht nackte Kraft. Nach Mark Caney von PADI International gibt genau das Frauen Vorteile:

Daher sind die besten Taucher häufiger Frauen als Männer, weil es um Einstellung mehr geht als um Muskeln. Wenn du welche beobachtest, die wirklich wissen, was sie tun, planen die alles. Ihre Bewegungen sind ökonomisch – sie sind Teil des Meeres, statt mit ihm zu kämpfen.

Eine Einstellung, die viele Top-Unterwasserfotografen teilen. Auf den Ausrüstungs-Hype sind sie gar nicht scharf. „Weder brauchst du die letzten Hightech-Neuigkeiten, noch musst du tiefer und länger tauchen als alle anderen, um absolut Fabelhaftes unter Wasser zu erleben", sagt Autor und Fotograf Lawson Wood. „Einige der besten Erfahrungen machten wir entlang der Oberfläche nur mit Brille und Schnorchel. Wie bei den meisten Sportarten gewinnst du durch Praxis Zutrauen und Komfort – das macht dein Tauchen sicher und interessant", fügt er an. Charles Hood bejaht: „Ich gehöre zu den Tauchern, die nur ihr normales, altes Zeug anlegen und ins Wasser kommen wollen. Die Vorstellung, stundenlang bei Diskussionen über D-Ringe herumzusitzen, reicht, um ‚lautlos' in meinen Regler brüllen zu wollen." Auch für die Unterwasserfotografin Zena Holloway wurde Tauchen zum zweiten Ich: „Ausrüstung interessiert mich nicht. Für mich heißt es einfach: Flasche auf den Rücken, rein ins Wasser. Es ist ein Teil des Weges nach Unterwasser, es bringt mich dorthin, wo ich meine Bilder kriege. Technische Diskussionen über Ausrüstung langweilen mich maßlos."

← EIN LANGSAMER UND BEDACHTER ANSATZ GIBT DIR DIE BESTE CHANCE, KREATUREN ZU SEHEN, DIE ANDERE VERPASSEN – WIE DIESES ZWERGSEEPFERDCHEN.

⬆ EIN FOTOGRAF IN EINEM SCHWARM ÄHRENFISCHE.
➡➡ EIN RIFFHAKEN ERMÖGLICHT DEM TAUCHER EINEN FESTEN STAND, OHNE GEGEN DIE STRÖMUNG ARBEITEN ZU MÜSSEN.

Tauchen ist kein Wettkampfsport – den Anstrengungen einiger Rückschrittler zum Trotz. Diejenigen, die nicht technisch veranlagt sind, brauchen nichts zu fürchten. Solange sie die Grundlagen beherrschen, können sie in Sicherheit tauchen – das zählt. Der wie ein Christbaum mit Accessoires aufgeputzte Taucher wird unter Wasser wahrscheinlich keine entspannte Zeit verbringen. Der Stromlinientyp mit sicherer, für den konkreten Ort richtigen Minimalausstattung wird mehr davon haben. Weniger Gerät, weniger Ärger. Das gibt Raum, um besser Tauchen zu lernen – zur Steigerung des Unterwasser-Genusses.

Nutze deinen Kopf

Die unbelastete Seele gewinnt am allermeisten beim Abenteuer unter Wasser. Jeder Aspekt des Tauchens ... erzielt seine beste Wirkung in der unüberfüllten, offenen menschlichen Seele. Gesunde, lass deine irdischen Sorgen oben – fern vom Tauchen. Damit du jede Minute deines Glücks voll genießen kannst. Sei zum Tauchen gesund an Geist, Körper und Seele![1]

Diesen Rat, Angst und Kummer hinter sich zu lassen, wenn du tauchst, gibt uns der legendäre amerikanische Tauchlehrer Lou Fead. Fead war Pilot eines Tiefseetauchboots, bevor er 1969 NAUI Instructor wurde. Er gehört zu den führenden Leuten der amerikanischen Tauchausbildung und lehrte am Diving Locker in San Diego, Kalifornien.

Lous Tauchvermächtnis war „Easy Diver", ein 1983 publiziertes Handbuch. Viele Techniken waren für Abaloneschnecken-Jäger gemeint, die sich in die kalifornischen Wogen wagten, aber das meiste ist noch heute gültig. Lous Motto war: „Tauche mit dem Kopf, nicht mit dem Hintern." Und das heißt: Die Schlüsselfaktoren sind deine eigenen Grenzen – und deine Partner.

Lou Fead wusste, dass das Zusammenstellen der Ausrüstung Stress ist und keinen Spaß macht. Seine Lösung war das „First-in-first-out-System" beim Packen von Tauchtaschen. Wie beim Beladen von Containerschiffen, wo zuerst geladen wird, was zuletzt wieder entladen werden soll. Erst Schwimmflosse, Tauchbrille und Schnorchel, dann Nasstauchanzug, Regler und BCD. Machst du dich zum Tauchen fertig, beginnst du, das Atemgerät klarzumachen,

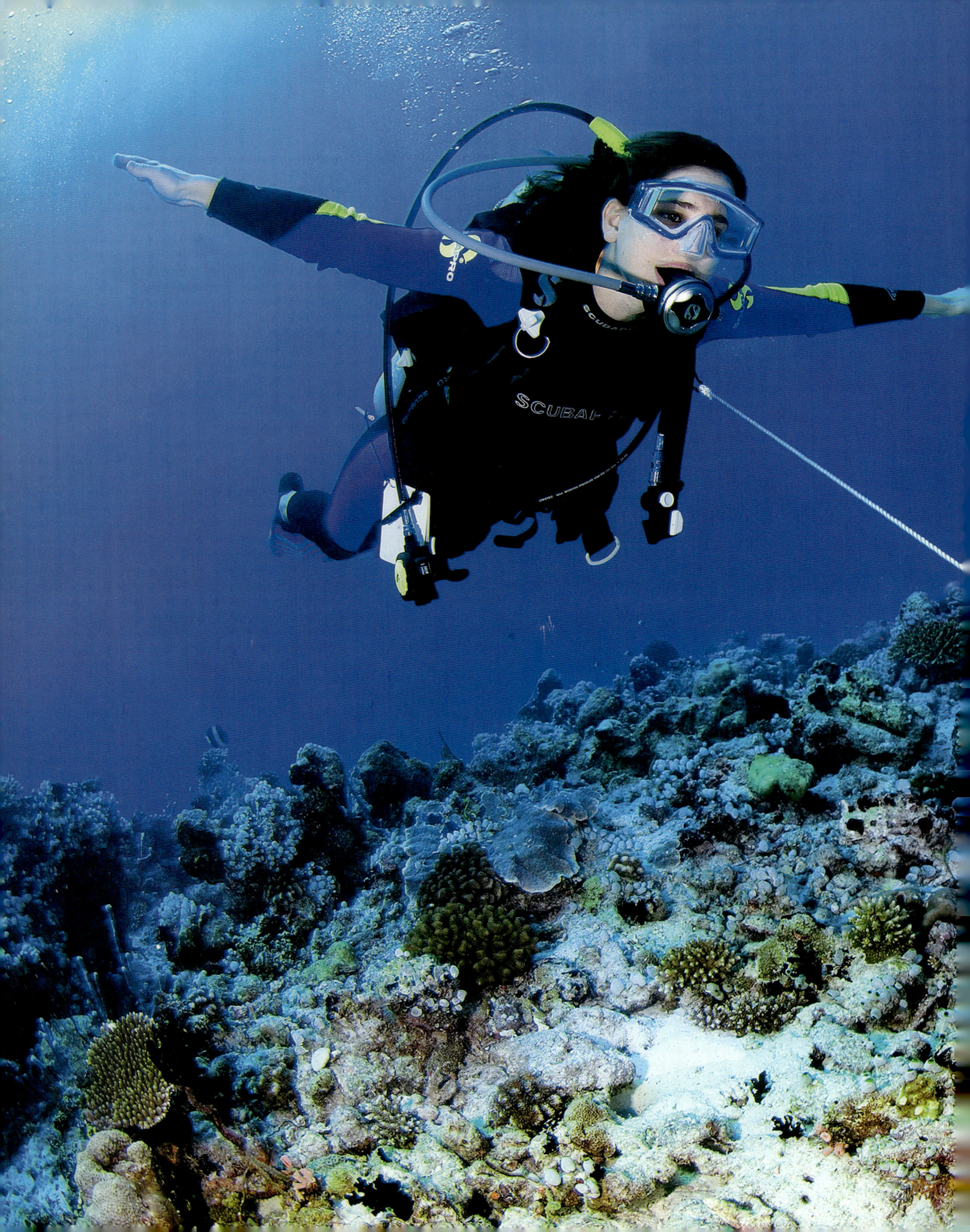

„Wenn du echte Taucher beobachtest, erkennst du die Ökonomie ihrer Bewegungen – sie sind Teil des Meeres, statt mit ihm zu kämpfen." **Mark Caney**

dann deinen Tauchanzug anzuziehen, Tauchbrille, Flossen, Schnorchel usw.

Das klingt vernünftig, man wundert sich aber immer wieder, wie viele Taucher ihre Flossen suchen, wenn sie schon ihr schweres Tauchgerät auf dem Buckel tragen. Also arbeite umgekehrt: Spül deine Tauchmaske, sorge dafür, dass Maske, Schnorchel und Flossen auf der richtigen Ebene griffbereit sind, bevor du etwas anderes tust. Gleiches gilt für Accessoires, Kameras usw. Prüfe, ob dein Bleigurt dort ist, wo er sein soll. Bist du schon in deinen Tauchanzug geschlüpft und hast plötzlich eine Hitzewelle, bist nervös, dann geh ins Wasser oder zu einer Außendusche, um dich vor dem nächsten Schritt abzukühlen. Bevor du dein Atemgerät anschnallst, nimm irgendwas zum Abstellen auf passender Höhe, was gerade in der Nähe ist: einen Poller am Kai, einen Baumstumpf, einen Tisch, eine Bank.

Der Schlüssel zum stressfreien Anlegen ist, deine ganze Ausrüstung leicht zugänglich zu machen und gut zu platzieren – ohne Bücken nach dem Start. Stell dir vor, da ist eine Tauchergestalt und alles Zeug um sie herum. Alles was du tun musst ist, reinsteigen und alles ohne Mühe anziehen. „Der bequemste ist der beste Weg", sagte Lou dazu.

Das Tauchgeschäft hat in den letzten Jahren so sehr zugenommen, dass jede Menge Tauchzentren mit Full Service werben: Dienstbare Geister gehen dir beim Anlegen zur Hand, du brauchst deinen Tauchrucksack nicht zu heben oder sonst was. Wenn du zu faul bist, alles selbst zu machen – auch gut. Tauchen ist kein Gewichtheber-Wettkampf, Kraft keine Garantie für gutes Tauchen.

Die Kunst des Tarierens

Zur wichtigsten Fähigkeit jedes Tauchers gehört die Beherrschung des neutralen Tarierens. Der Charme des anstrengungslosen Schwebens unter Wasser stellt sich nicht von selbst ein. Er ist nichts als Übung und Technik.

Manche Taucher zappeln wie schlecht justierte Nilpferde unter Wasser herum, während andere mit der fließenden Anmut von Delphinen durch den Ozean gleiten. Nilpferde sind ein Albtraum. Sie rammen alles, wirbeln Sedimentwolken auf und beschädigen Korallen. Sie verbrauchen mehr Luft und ermüden schneller. Auf beschränktem Raum können sie eine ernste Gefahr sein. Delphine hingegen gleiten sanft durchs Wasser. Sie wirken auf dem Rückweg frischer als auf dem Hinweg. Die meisten Taucher liegen irgendwo zwischen den zwei Typen. Was in der Regel davon abhängt, wie viel wir zuletzt tauchten.

Also: Delphin oder Nilpferd? Alles eine Frage des richtigen Tarierens. Hierzu ein paar Tipps:

Erstens: Mach einen Tarierungs-Check, falls du länger nicht getaucht bist, die Umgebung neu ist (z. B. in Salz- statt Süßwasser), oder wenn du eine neue Ausrüstung (z. B. Nasstauchanzug oder Tarierweste, BCD) benutzt. Oder auch, wenn sich andere Faktoren geändert haben. Lass dich probeweise an der Oberfläche treiben, die Tauchweste entleert, ein mittlerer Atemzug, die Augen in Wasserspiegelhöhe.

Zweitens: Lerne, deine Tarierung durch Atmung fein einzustellen. Tiefes Ein- und Ausatmen wird dich stärker steigen oder sinken lassen, flacheres Ein- und Ausatmen erlaubt kleinere Anpassungen.

Drittens: Entleeren und Aufblasen der BCD (Tarierweste) nur in kleinen Dosen. „Beim Tarieren aus der BCD zu viel auf einmal Luft zuzuführen oder abzulassen, ist der übliche Fehler", warnt Robert Rossier, Autor von „Dive Like a Pro". „Presst du zu viel Luft in deine BCD, stoppst du das Sinken. Du kannst früher wieder aufsteigen, als du denkst. Du hast deine Tarierung ‚überkontrolliert'. Das gleiche kann beim Aufstieg passieren: Du denkst, du steigst zu schnell, also drückst du alle Luft aus der BCD – was dich zu schwer macht und zurück nach unten schickt. Der Trick sind sanfte, kleinere Anpassungen", sagt Rossier, „und häufigere."[2]

Die Tarierkontrolle wird von mehreren Faktoren bestimmt: Ausrüstung, verwendete Pressluftflasche und Umwelt (das Rote Meer z. B. ist salziger als die meisten anderen Meere – du brauchst mehr Gewicht). Ein guter Grund, Tauchlogbuch zu führen, die Variablen zu notieren und das verwendete Gewicht. „Richtiges Tarieren erfordert Aufmerksamkeit und Übung", sagt Rossier. „Beherzige diese Tipps, und bevor du es merkst, wirst du über die Riffe gleiten – mit dem Charme eines Delphins."

„Tarierung erfordert 100 Prozent der Zeit, die du im Wasser bist!"

Marcus Allen

→ TREIBEN IN VERSCHIEDENEN POSITIONEN HILFT, DEIN TARIERVERMÖGEN BESSER ZU BEHERRSCHEN

Die Kunst, richtig zu tauchen

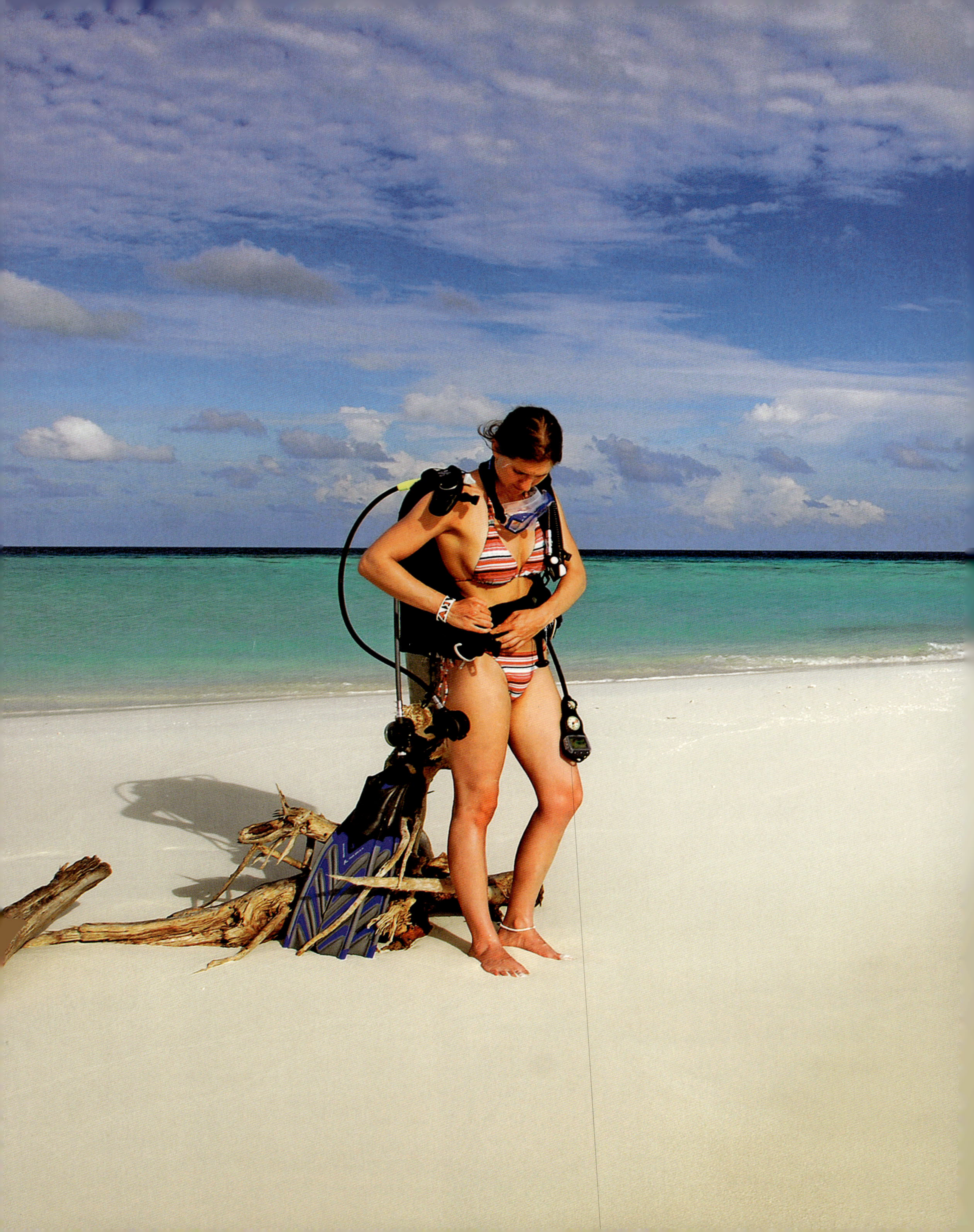

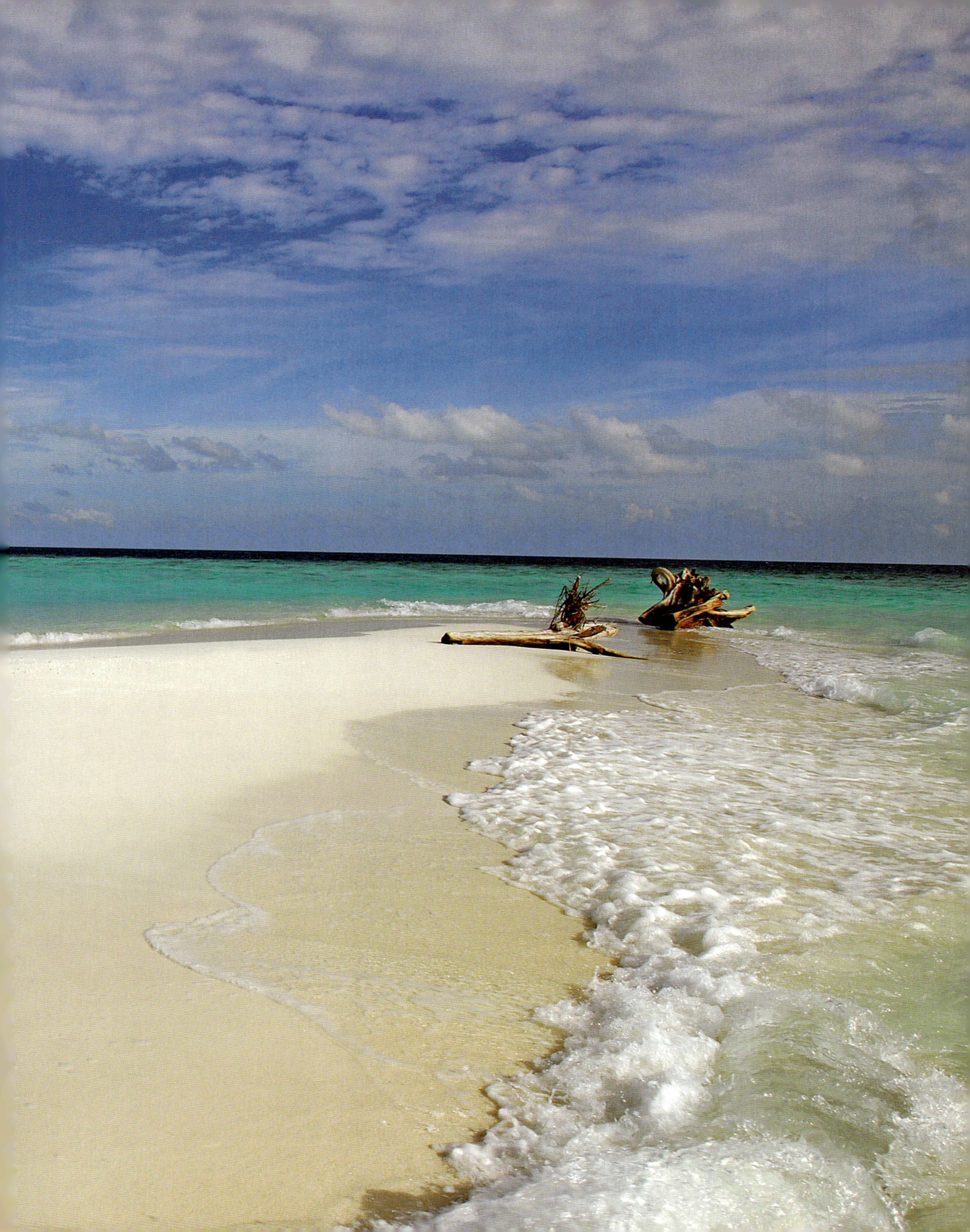

Tauchlehrer: Übt mehr Tarieren!

Auch Marcus Allen empfiehlt: üben, üben, üben. „Tarieren", betont der Chef des britischen Tauchverbandes BSAC, „erfordert 100 Prozent der Zeit unter Wasser". Deshalb rät er, immer wieder unter verschiedenen Bedingungen zu üben, sicherzustellen, dass der Bleigurt ausbalanciert, das Gewicht an den Knöcheln, die Tauchflasche und alles andere korrekt eingestellt ist. „Es lohnt sich, so lange herumzufummeln, bis du es kannst", so sein Resumee.

Für die Tarierkontrolle gibt es übrigens spezielle Trainingsprogramme. Zu ihnen gehört das Diamond-Reef-System, konzipiert von Pete Wallingford von Buoyancy Training Systems in Seattle. Es besteht aus sieben diamantenähnlichen Gebilden, durch die du wie in einem Unterwasser-Hindernislauf schwimmen musst. Ziel ist es, dein Gefühl für die Anpassungen zu schärfen, Aufsteigen, Schweben, Atmen und Bewegungen zu üben, eine hervorragende Vorbereitung auf perfektes Tauchen.

Steve Warren (Mavericks Diving, London) integrierte als erster die Tarierungsübungen in britische Tauchkurse. Für ihn sind Tarierungsübungen nicht bloßes Beiwerk der Tauchausbildung: Verschiedene Untersuchungen von Tauchunfällen hatten ergeben, dass mehr als die Hälfte auf den Verlust der Tarierungskontrolle zurückgingen. „Eine merkwürdige Einstellung, Tarierung lediglich als Option anzubieten", findet Steve. „Das kommt mir fast so vor, als ob Fahrschulen optionale Bremskurse veranstalten." Tarierungskontrolle findet in Freiwasserkursen einfach aus Zeitmangel viel zu wenig Aufmerksamkeit. „Der großen Mehrheit von Freizeittauchern ist Tarierungskontrolle in keiner Weise beigebracht worden", sagt Steve. Er legt großen Wert auf den wesentlichen Unterschied zwischen neutraler Tarierung und Neutral-Trimmen. Letzteres ist die Fähigkeit, eine optimale Haltung im Wasser einzunehmen:

Bist du neutral getrimmt, liegst du perfekt horizontal und ziemlich stromlinienförmig. So musst du dich beim Schwimmen wesentlich weniger anstrengen, weniger schwer atmen und brauchst daher weniger Luft. Dein Tauchen wird komfortabler sein und länger dauern. Bist du total horizontal, wirst du auch deine Umgebung viel weniger beschädigen. Denk immer dran: Flossen haben kein Nervensystem! Du kannst etwas mit den Flossen treten oder mit dem Abwärtsschlag beschädigen, ohne es zu merken. Das Gleiche gilt, wenn du in ein Wrack gehst: Schnell trittst du Schlick los, wenn du nicht neutral getrimmt und in neutraler Tarierung zugleich bist.

Taucher sollten grundsätzlich auch in neutraler Tarierung bleiben, während sie die Maske ausblasen, statt z.B. eine senkrechte Position einzunehmen. „Beim Diamond-Reef-Training lehren wir Tauchern Multitasking, bringen ihnen also bei, ruhig weiterzuschwimmen, wenn sie die Maske ausblasen", erklärt Steve. „Beim Maskeausblasen atmen viele zu stark aus, mit dem Ergebnis, dass sie in ein Hindernis sinken und sich verfangen. Mach das in einem Wrack – und du landest auf etwas scharfkantigem oder im Schlick", warnt er.

Gutes Tarieren ist z.B. für jeden Unterwasserfotografen ein Muss.. „Nehmen wir an, du bist Fotograf und möchtest in ein schmales Stück Riff hinein, ohne etwas zu berühren", sagt Steve. „Du musst lernen, wie ein Hubschrauber zu arbeiten: sacht ausatmen, um in die gewünschte Position zu sinken, einatmen, um zu steigen, denn du willst deine Flossen nicht bewegen, bevor sie wieder im Freien sind. Da ist es fast unverzichtbar, neutral getrimmt zu sein."

„Mein Luftverbrauch ist schrecklich. Jedes Mal, wenn ich Kreislaufgerät gegen Scuba-Tank tausche, komme ich mir wie ein Anfänger vor und gehe vor Ärger in die Luft. Alles ist Übung – nach einigen Tagen kommt alles wieder zurück."

Howard Hall

Relaxen, Luft sparen

Nicht nur dein Tarier-Können wird sich durch Übung verbessern. Das gilt auch für den Luftverbrauch. Es ist peinlich, ein „Luftfresser" zu sein – immer als erster zurückzukommen, weil die Flasche leer ist. Tatsache ist, dass auch sehr erfahrene Taucher die ersten Male mehr Luft verbrauchen.

„Je öfter du tauchst, desto besser dein Luftverbrauch", sagt Jack Jackson, der zwölf Jahre lang ein Tauchzentrum im sudanesischen Roten Meer führte, und seither 17 Bücher über Tauchen und Tauchziele geschrieben hat. „Warst du aber eine Weile nicht tauchen, bist du fast so schlecht wie alle anderen – bis du drei, vier Mal getaucht bist und alles wiederkommt".

Award-Gewinner und Filmemacher Howard Hall taucht rund 400 Stunden jährlich mit einem Rebreather, einem geschlossenen Kreislaufgerät. Diese Geräte bieten dir praktisch unbegrenzt Luft, weil sie deinen Atem recyceln. Sie verlangen viel Geschick. Howard gibt zu, wenn er zum Tauchen mit Pressluft wechselt (offener Kreislauf), muss er wieder von vorne anfangen: „Mein Luftverbrauch ist schrecklich. Jedes Mal, wenn ich ein Pressluftgerät verwende, komme ich mir wie ein Anfänger vor und werde vor Scham rot", sagt er. „Aber alles ist Übung. Nach einigen Tagen draußen Tauchen kommt alles wieder zurück." Sogar Leute mit tausenden Taucheinträgen im Logbuch brauchen Zeit zum erneuten Gewöhnen an das Pressluftgerät.

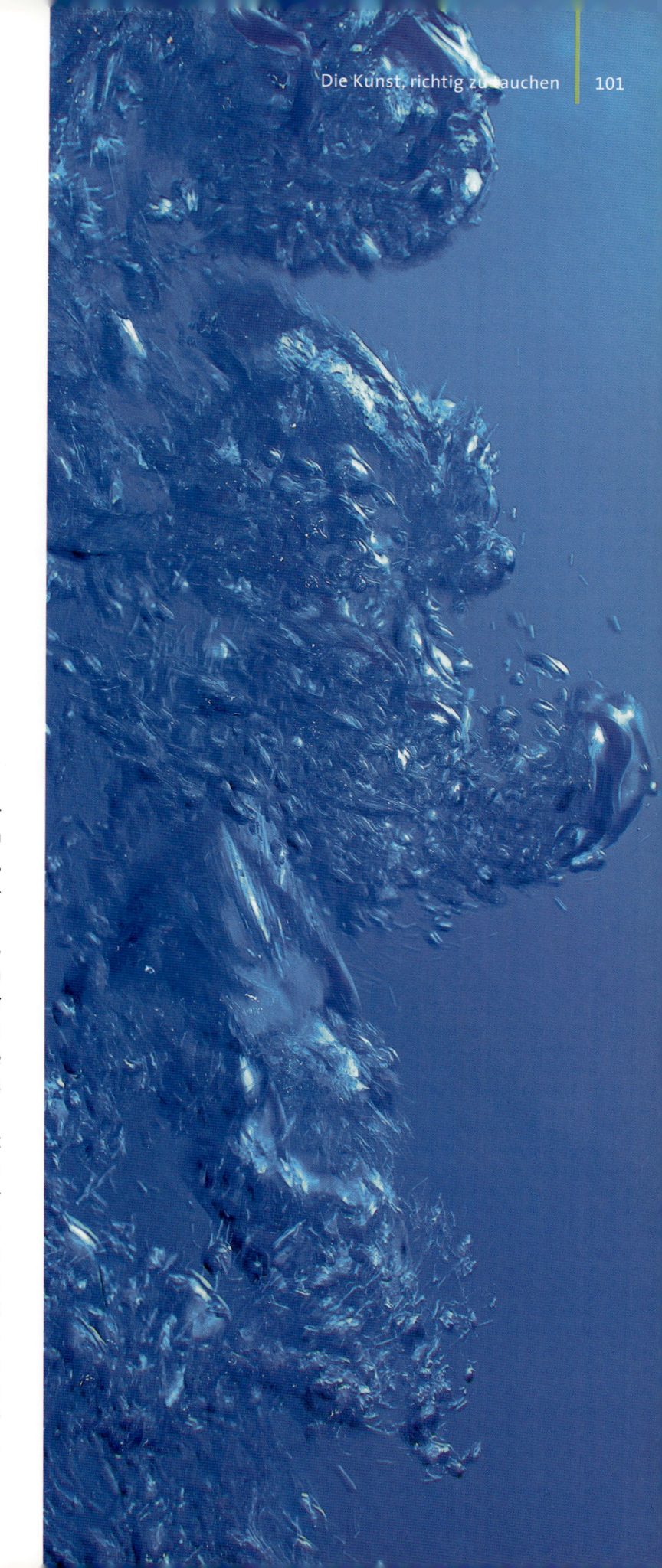

↑ Ein Flughahn segelt über das Seebett in Indonesien.

„Bist du neutral getrimmt, liegst du horizontal und stromlinienförmig. So brauchst du dich beim Schwimmen wesentlich weniger anzustrengen, weniger schwer zu atmen und daher weniger Luft – dein Tauchen wird komfortabler und länger. Bist du gänzlich horizontal, wirst du deine Umwelt weniger beschädigen."

Steve Warren

Weniger Luftverbrauch verlängert das Taucherlebnis und bringt mehr Entspannung. Fotografin Linda Pitkin zelebrierte geradezu einen Tauchgang, indem sie nur so wenig atmete, dass sie zwei Stunden und 50 Minuten unter Wasser bleiben konnte. Das war am Swanage Pier, einem beliebten Tauchplatz an der englischen Südküste. „Lange Zeit beobachtete ich einen Leierfisch, der feine Sedimentwolken aus seiner Kopfspitze blies", erinnert sie sich. „Ich genoss es, diese Kreatur zu beobachten." Linda war nur drei bis fünf Meter tief, was dem Luftsparen half. Der Trick liegt im Runterschalten der Atemfrequenz:

Ich schaffte es, ein paar Mal sehr lang zu tauchen – mehr oder weniger durch Abschalten. Ich tue wenig: Als Fotografin bleibe ich an einem Punkt und beobachte sehr lange, bevor ich auf den Auslöser drücke. Auf diese Weise verringere ich meine Atemfrequenz. Ich hatte immer schon eine Abneigung dagegen, auf Lebewesen zuzustürmen und sie mit einer Menge Luftblasen zu überschütten. Daher atme ich nicht so viel.

↑ SCHNUPPERTAUCHEN IN RUHIGEM FLACHWASSER. SAMMLE DEINE TAUCHERFAHRUNGEN IN KLEINEN SCHRITTEN.

Runterschalten heißt, mit deinen Bewegungen sparsam umzugehen und zu durchdenken, was du von Beginn an tun wirst. Nimm dir Zeit beim Anlegen der Ausrüstung: Eile verleitet zum Übersehen. Was im Moment trivial scheint, kann nach einer Stunde oder später im Desaster enden. Wenn du in einem entspannten Zustand beginnst, während du dich anziehst, kannst du dieses Gefühl beim Tauchen beibehalten. Nimm's leicht, eile mit Weile.

Jeff Rotman, der für Top-Titel von „Life" bis „Le Figaro" arbeitete und mit seinen Kameras zu fast jedem Ozean der Welt reiste, hat die Erfahrung gemacht, dass du die richtige Einstellung von Komfort unter Wasser erreichst, wenn du quasi einschläfst – was ihm selbst tatsächlich einmal passierte. „Kurz vor dem Punkt, an dem ich anfangen wollte, aufs Dekomprimieren zu warten, schlief ich auf einem sandigen Boden in drei Meter Tiefe liegend ein", gesteht er. „Das ist die Ebene von Komfort, die du erreichen solltest", fügt er an. „Sei so entspannt wie möglich. Das geht nur mit vielen Stunden im Wasser." Mit anderen Worten: Du musst mehr Zeit mit Tauchen zubringen. Wer wollte dem widersprechen?

Gegen Stress und Gruppendruck

Der sicherste Weg, dich unter Wasser komfortabel zu fühlen, ist, in deinen Grenzen zu bleiben. Viele verschiedene Dinge können dein Tauchen beeinflussen: Wassertemperatur, Oberflächenströmungen und Sichtverhältnisse. Dessen solltest du dir immer bewusst sein und nie unter Bedingungen tauchen, die jenseits deiner Erfahrung liegen. Nein zum Tauchgang zu sagen, ist eine der schwersten Lektionen.

Auch die Bewertung der eigenen physischen, mentalen und emotionalen Fitness ist ein wichtiger Schritt bei der Entscheidung, tauchen oder nicht. Zu oft gibt es den Druck zum Ja, wo wir in Wahrheit (wegen Erkältung, Müdigkeit, Kater oder sonst was) wissen: nein. Stress zu ignorieren, ist gefährlich. Er kann dich ablenken, deine Problemerkennung einschränken oder ausblenden. Sicher, viele tauchen, um dem Stress zu entkommen. Das ist gut, solange sie ihn nicht mit runternehmen.

„Taucher müssen zueinander ehrlich sein und dürfen sich nicht zu etwas jenseits ihres Könnens drängen", sagt Lizzie Bird. Gruppendruck kann jemanden zu Tauchgängen verleiten, der sie sonst sein ließe – auf die er nicht völlig vorbereitet ist. „Wenn irgendetwas schief geht – das kann das unvertraute Ausrüstungsstück sein oder Tauchen unter ungewohnten Bedingungen –, muss deine erste Reaktion automatisch die richtige sein, um die Lage zu meistern", sagt Bird. „Wenn das fehlt, und deshalb danebengeht, kann alles außer Kontrolle geraten", warnt sie. „Ich denke, der häufigste Grund für Unfälle sind Leute, die etwas tun, worauf sie nicht richtig vorbereitet oder für die sie nicht reif genug sind."

Berufstaucher Richard Bull, technischer Berater in der Fernseh- und Filmindustrie, sagt, sein Wohlgefühl unter Wasser beginnt, wenn er die Ausrüstung anlegt: „Von dem Moment an, in dem ich in meinem Tauchanzug bin, denke ich: zu schweben, deshalb bist du hier – ein gutes Gefühl." Bull hat von der Antarktis bis zum Amazonas an einigen der am anspruchvollsten Plätze des Planeten getaucht. Sein Rat für jene, die über schwierige Tauchgänge nachdenken, ist, im Zweifel immer dem eigenen Instinkt zu trauen:

Die Leute sollten den Unterschied kennen zwischen dem Magen, der sich umdreht, weil das Abenteuer Tauchen bevorsteht, und der Vorahnung, dass man besser nicht tauchen sollte. Zu meinen Lieblingssprüchen gehört: Besser, sich auf dem Boot zu wünschen, im Wasser zu sein, als sich 40 Meter unter der Wasseroberfläche zu wünschen: Wäre ich bloß im Boot.

„Als Fotografin bleibe ich an einem Punkt und beobachte sehr lange, bevor ich auf den Auslöser drücke. Auf diese Weise verringere ich meine Atemfrequenz."

Linda Pitkin

→ DIE PRACHTSTERNSCHNECKE RISBECIA TRYONI GLEITET ÜBER DAS SEEBETT.

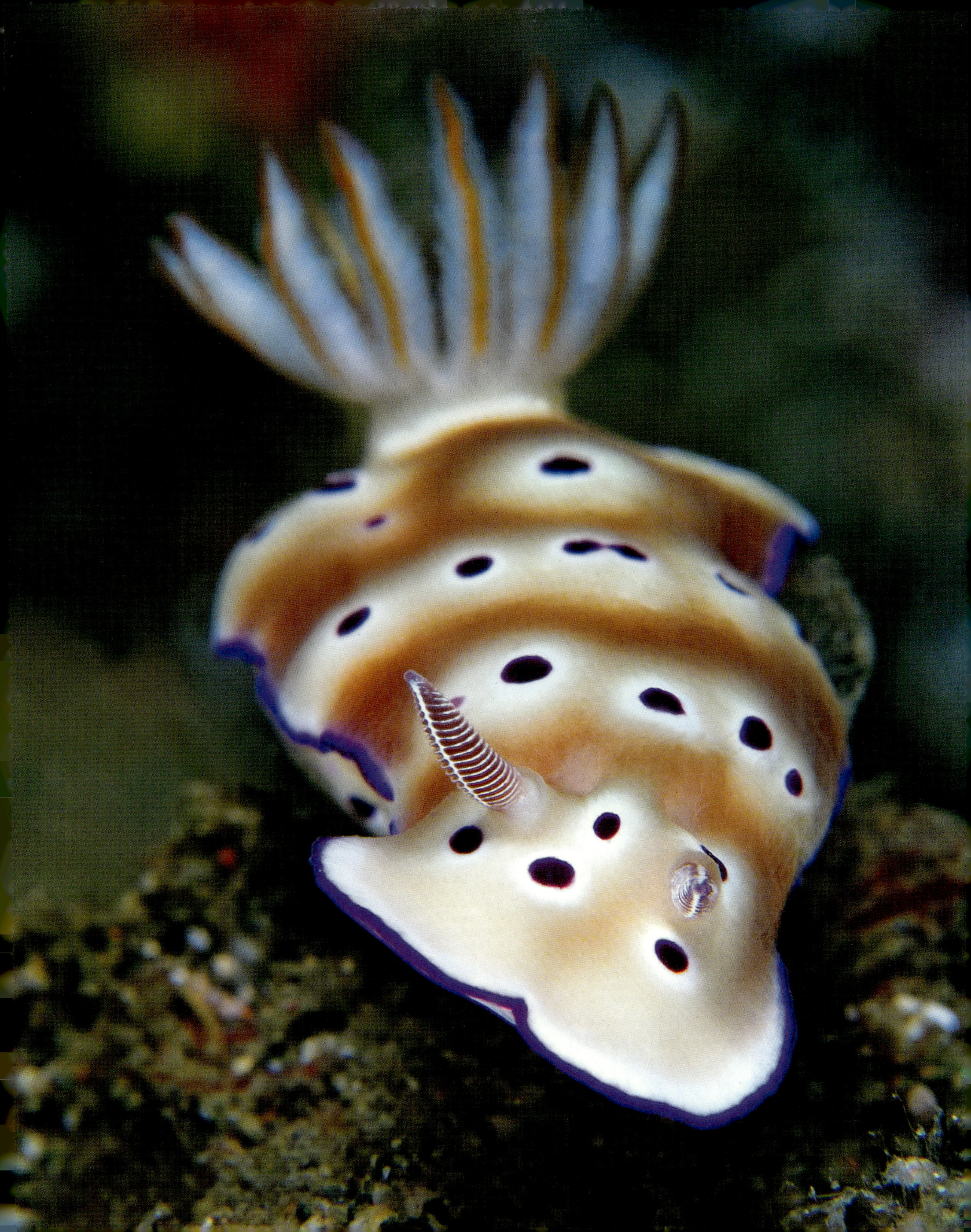

↑ Taucher kehren zu ihrem Boot zurück.

Richard hat Tausende von Stunden unter Wasser, verbracht. und folgt seinem durch Erfahrung gewachsenen Instinkt – auch wenn das manchmal heißt, den Tauchgang vorzeitig zu beenden. „Fürchte nie, einen Tauchgang abzubrechen", rät er. „Das tun interessanterweise in der Regel nur wirklich erfahrene Taucher, die nichts beweisen müssen."

Bull meint hier fortgeschrittenes Tauchen, aber das Gleiche gilt für alle Tauchgänge: Grenzen kennen und einhalten. Mark Caney glaubt, dass die meisten Unfälle unglückliche Kombinationen von Tauchfähigkeiten und Situationen sind, und dass Taucher das Unfallrisiko durch mehr Training reduzieren können. Seiner Meinung nach muss sich der Taucher jeden Tauchgang vorher visuell vorstellen können, um eine Strategie für den Umgang mit allen Problemen zu entwerfen, die auftreten könnten: „Stell dir vor, was geschehen würde, wenn dein Druckmesser nur noch geringen Vorrat anzeigt, wenn du merkst, dass du irrtümlich in irgendein Fischnetz geschwommen bist, wenn dich dein Tauchpartner nicht sehen kann. Was würdest du tun?" Vorstellungskraft ist ein wichtiger Teil der Vorbereitung des Tauchers. „Die meisten Unfälle und Zwischenfälle sind vorhersehbar. Hast du die Antworten im Kopf, wirst du viel wahrscheinlich eher das Richtige tun, wenn der Stress da ist."

Die Kunst, richtig zu tauchen | 107

Unfälle wurde eine der fundamentalen Regeln gebrochen", kommentiert Mark Caney. „Meist mehr als eine." Obwohl Scuba-Tauchen immer gewisse Risiken birgt, gibt es kaum noch unbekannte Risiken. Vorausgesetzt, du befolgst die Regeln, ist es ein relativ sicherer Sport.

Ein Buddy ist unverzichtbar

Das Buddy-System gehört zu den Eckpfeilern des modernen Freizeittauchens: Du tauchst zu zweit, checkst gegenseitig die Ausrüstung vor dem Tauchen und hast während des ganzen Tauchens ein Auge auf den Anderen.

Jacques Cousteau bestand schon 1943 auf dem Buddy-System, nachdem Dumas ein besonders beängstigendes Wracktauchen erlebte, als sein Luftschlauch sich in einem von Entenmuscheln überkrusteten Rohr verfangen hatte. „Dumas", schrieb Cousteau, „fand sich 30 Meter tief, abgeschnitten von den Kameraden durch eine harte Brandung, und wusste, dass niemand von uns vorhatte, ihn zu begleiten."[4] Schließlich kämpfte er sich qualvoll zentimeterweise das Rohr herunter, bis er den Luftschlauch frei bekam. „Nach Dumas' Feuerprobe am Rohr stellten wir die Regel auf, nie allein runterzugehen", betont Cousteau. „Das war der Beginn des Teamtauchens, Quintessenz der Arbeit mit der Taucherlunge."

Ein guter Buddy sein heißt, das Können deines Partners zu kennen, sicherzustellen, dass beide wissen, was sie vom Tauchgang wollen. Kriegst du einen Taucher als Buddy, den du nicht kennst oder mit dem du dich nicht wohl fühlst, darfst du höflich ablehnen, gemeinsam zu tauchen. Leichtsinn oder Attitüden sind beim tiefen Tauchen besonders riskant. Einmal unter Wasser, halte Kontakt zum Buddy: Immer in Armlänge bleiben, sodass du ihn berühren kannst, um zu kommunizieren. Denke voraus – für euch beide. Beobachte dich und ihn, checke kontinuierlich Anzeichen von Erschöpfung, Unbehagen, Ausrüstungsschäden usw.

Die besten Buddys sind oft Partner und Freunde, die wir gut genug kennen, um über ihr Können und ihren Tauchstil Bescheid zu wissen. Tauchen mit ihrem Langzeit-Partner Mark Brill ist für Louise Trewavas etwas ganz besonders, weil sie unter Wasser ihre gegenseitigen Gedanken lesen können. „Er weiß genau, was ich denke, ohne dass ich es erklären muss", sagt sie. „Ich muss nur zu ihm schauen, und er weiß, ob ich es fantastisch finde oder etwas falsch läuft. Er kommt zu mir und regelt es, bevor ich merke, dass es ein Problem gibt. Umgekehrt genauso."

Eine signifikante Zahl von Tauchunfällen entsteht durch Panik. „Nicht Haie und Kraken sind die Gefahr der Taucher", notierte Hans Hass. „Die größte Gefahr ist der Taucher selbst. In seinem Kopf, in seinem Rückenmark lauert der wahre Feind."[3] Ruhe und Gelassenheit sind die wichtigste Verteidigung des Tauchers, beobachtete Hass. Im Training von heute wird das oft zum Mantra: Stoppe … atme … überlege … handle.

700.000 aktive Taucher in Großbritannien tauchen 1,75 Millionen Mal jährlich – bei zehn bis 15 tödlichen Unfällen. Das „Diver Magazine" nennt diese Todesrate „moderat" für einen Risikosport. Bei vermutlich 98 Prozent der

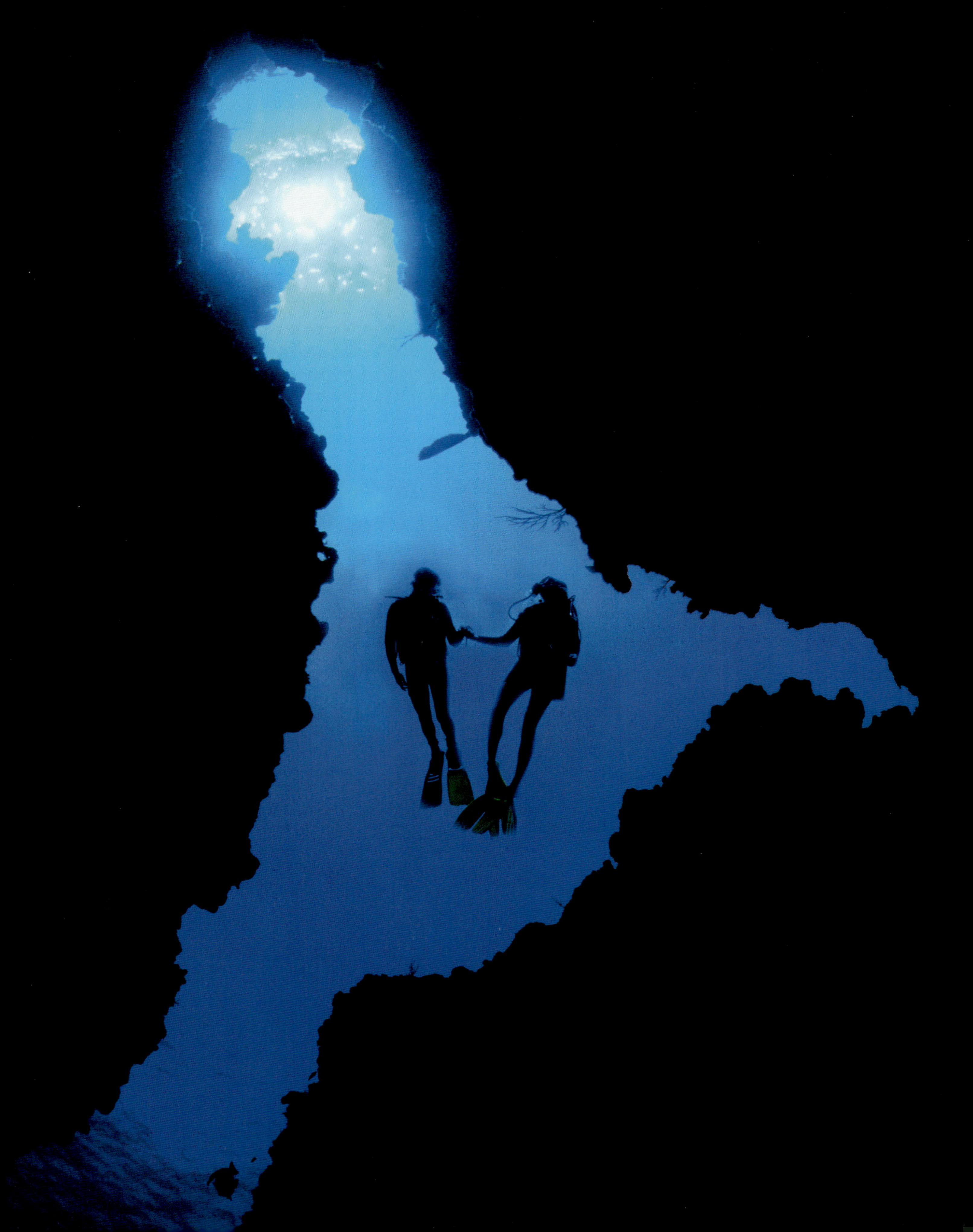

„Mit jemand zu tauchen, dem du als Taucher traust, ist gut. Aber wenn zwei tauchen, die sich lieben, teilen sie Freude und Vertrauen. Es steigert die Nähe noch, die du über Wasser fühlst."
Tim Ecott

Hand in Hand unter Wasser ist für Paare großartig: Du kannst dich nicht nur jederzeit mit einem zarten Händedruck verständigen, es wirkt zugleich sehr beruhigend, wenn einer erfahrener ist als der andere. „Mit einem anderen Menschen zu tauchen, schafft viel Intimität", sagt Tim Ecott. „Mit jemandem zu tauchen, dem du traust, ist gut. Aber wenn zwei tauchen, die sich lieben, teilen sie Freude und Vertrauen. Es steigert die Nähe noch, die du über Wasser fühlst."[5]

Trotzdem sind nicht alle Paare gute Buddys. Manche Partner sind unter Wasser eine Katastrophe: Sie balgen um die Kamera, streiten, wer führt. Abhängig von der kompetenteren Hälfte und unfähig zu sein, im Problemfall souverän zu handeln, sind nur ein paar Fallstricke.

Fotografen können schreckliche Buddys sein: Sie warten 30 Minuten, bis ein obskurer Meereswurm seinen Kopf aus einem Loch streckt, und vergessen dich völlig. Manche haben keine Skrupel, dich in eine knifflige Lage zu bringen, um den lang ersehnten Schnappschuss zu machen. Der anonyme Buddy, den John Bantin vor einigen Jahren in der Cortez-See zum Tauchen aufpickte, bedauert das wohl noch heute. John hatte einen frustrierenden Trip – die halbe Woche war vergangen und nichts im Kasten – als er ein Walross mit sinnlicher Zuneigung zu Tauchern fand: die perfekte Foto-Chance. „Ich ging die Sache mit einem ahnungslosen Buddy an, denn ich wusste genau, was passiert und was für ein Superfoto bevorstand", erinnert er sich. „Das Walross wird sich über den Taucher manövrieren, seine Flossen um ihn legen und ihn bumsen. Was tust du, wenn dich ein Walross bumst? Nichts – du nimmst es hin." Doch dann ging alles fürchterlich daneben:

Ich war bereit, dieses fantastische Foto zu machen, und alles für den Schuss war vorbereitet. Der Typ schwimmt nichts ahnend vor sich hin, das Walross schiebt sich auf ihn, schickt sich an, ihn zu packen und sein Bestes zu tun. Ich stehe mit meiner Kamera bereit – aber da öffnet das Walross zu meiner Verblüffung das Maul. Hypnotisiert beobachte ich, wie er ansetzt, den Kopf meines Buddys in den Schlund zu nehmen. Ich attackiere das Walross, damit es loslässt. Es war, als ob ein Zwerg einen Elefanten bedroht. Aber das Walross kapierte und schwamm weg. Ahnungslos fragte mein Buddy anschließend: ‚Was ging da unten vor sich? Ich schwimme so dahin und plötzlich wurde es dunkel.' Das Foto hatte ich leider verpasst.

Wer fürchtet Feinde, wenn er einen Buddy wie John hat? Manche Leute ziehen es vor, allein zu tauchen – vor allem erfahrene Fotografen, die sich einfach auf ihren Job konzentrieren wollen, ohne an ihren Tauchpartner denken zu müssen. „Ich bin ein großer Anhänger des Solotauchens", sagt Jack Jackson. „Einleuchtenderweise musst du sehr erfahren sein, sehr gut im Umgang mit deiner Ausrüstung – und du musst gelernt haben, dich selbst zu retten. Außerdem darfst du dich nicht scheuen, einen Tauchgang abzusagen." Charles Hood stimmt zu, dass Solotauchen in flachen, übersichtlichen Gebieten sicher seinen Platz hat, warnt jedoch: „Allein tief zu tauchen, ist nicht in Ordnung."

PADI erlaubte Ende 2001 das Solotauchen, allerdings gebunden an zahlreiche Bedingungen. Und nach wie vor gilt, dass Teamtauchen das Beste ist: Es hat bei Millionen Tauchgängen greifbaren Nutzen gebracht und zudem den Sicherheitsstandard in wenigen Jahrzehnten dramatisch verbessert. Unter Wasser gibt es nichts Besseres als ein zweites Paar Augen und Hände.

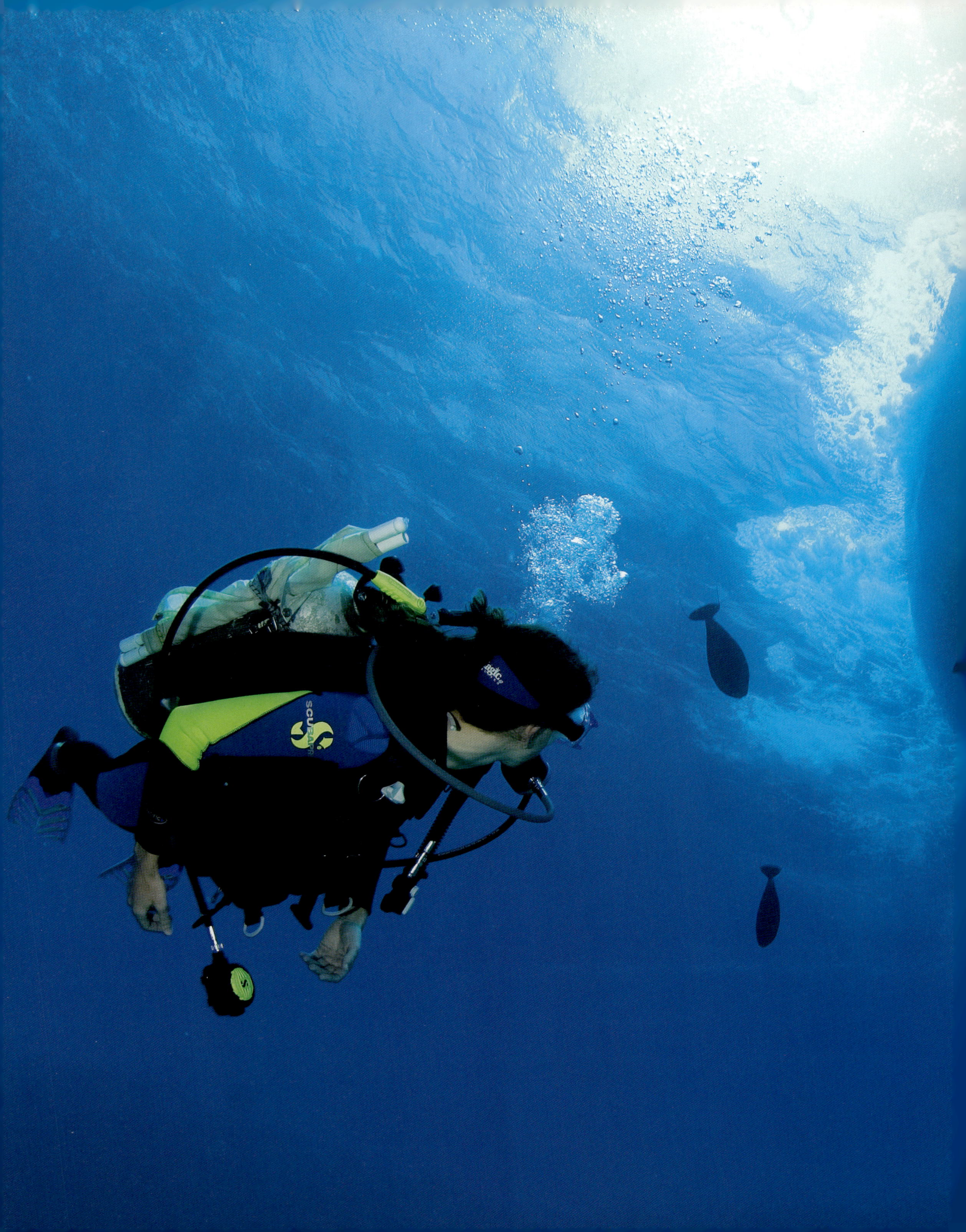

Die Kunst, richtig zu tauchen | 111

„Man sollte
den Unterschied kennen
zwischen dem Magen, der
sich umdreht, weil das
Abenteuer Tauchen
bevorsteht, und
der Vorahnung, dass
man besser nicht
tauchen sollte. Besser, man
wünscht sich auf dem Boot,
im Wasser zu sein, als
sich 40 Meter unter der
Wasseroberfläche zu
wünschen: Wäre
ich nur auf dem Boot."

Richard Bull

→ BOOTE SIND EINE GROSSE GEFAHR FÜR TAUCHER.

Schalte runter, sieh mehr

Taucher verschwenden viel Energie, nur um sich durch die See zu bewegen, schwimmen endlos weiter, spähen um den nächsten Fels- oder Riffblock nach einem noch größeren oder bunteren Fisch. Beim geführten Tauchen bewegen wir uns in einer großen, lauten, luftblasenverströmenden Masse, die wie eine Horde Touristen hinter ihrem Schafhirten an den Sehenswürdigkeiten von Rom oder Paris vorbeirast.

Dieses Nonstop-Hinterher-Tauchen hat zur Folge, dass Tauchführer permanent zu neuen Plätzen eilen, was oft nur höchst oberflächliche Blicke auf jeden erlaubt. Tim Ecott lernte als Tauchführer auf den Seychellen, dass Kunden oft ein und den selben Platz nicht zweimal in einer Woche besuchen wollten:

„Dort waren wir aber doch schon", tönten sie. Das ist ebenso unlogisch, wie zu sagen, dass du den Sonnenuntergang an einem bestimmten Küstenplatz kein zweites Mal sehen brauchst. Wir verbringen nur kurze Zeit unter Wasser, meist kaum eine Stunde. Die Wahrscheinlichkeit, dass wir in dieser Zeit alles sehen, liegt bei null. Kannst du in einem Wald stehen und alle Vögel sehen, die einen Baum in einer Stunde eines Tages besuchen und dann sagen, dass du diesen Baum kennst?[6]

Sylvia Earle vergleicht so geführtes Tauchen mit ihrer Erfahrung im Wohn-Projekt Tektite Habitat. Je länger der Aufenthalt unter Wasser, desto besser: „Es ist eben der Unterschied zwischen dem halbstündigen Waldspaziergang und einem wochenlangen Camping, bei Tag und bei Nacht", sagt sie. „Muster werden deutlich, scheue Kreaturen zeigen sich ... Bleib lange genug unter Wasser, und jeder einzelne Fisch wird wahrnehmbar, nicht nur als Grauer Kaiserfisch, Feilenfisch oder Barrakuda, sondern als spezifischer Charakter, dessen Gewohnheiten so vertraut werden wie die unserer Nachbarn."[7]

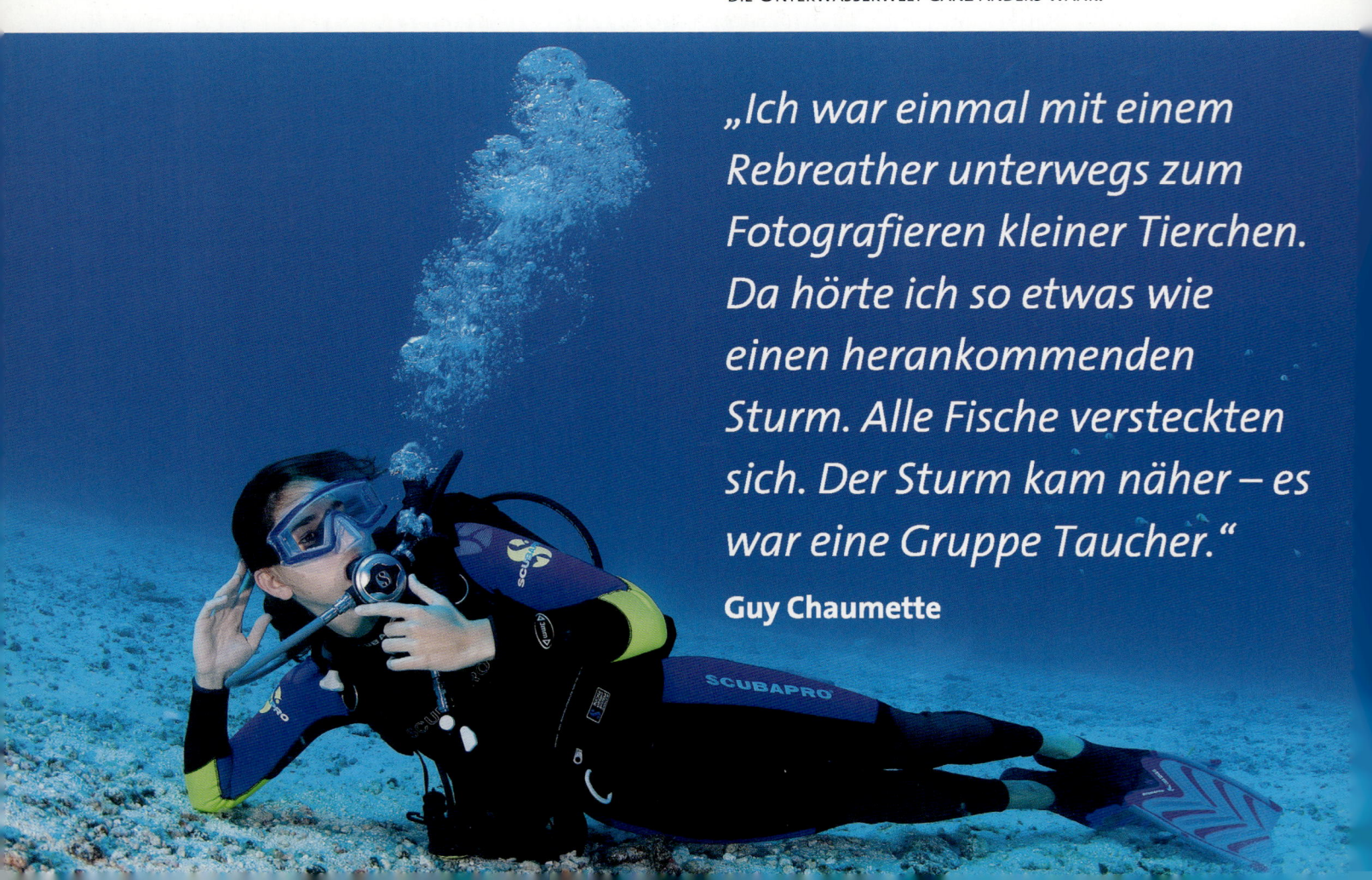

Ein entspannter Taucher nimmt die Unterwasserwelt ganz anders wahr.

„Ich war einmal mit einem Rebreather unterwegs zum Fotografieren kleiner Tierchen. Da hörte ich so etwas wie einen herankommenden Sturm. Alle Fische versteckten sich. Der Sturm kam näher – es war eine Gruppe Taucher."

Guy Chaumette

Die Kunst, richtig zu tauchen | 113

> *„Scheue Kreaturen zeigen sich ... Bleib lang genug unter Wasser, und die Gewohnheiten einzelner Fische werden dir in ihrem Charakter so vertraut wie die deiner Nachbarn."*
>
> Sylvia Earle

Fotografen wie Forscher nehmen sich bewusst viel Zeit, um Verhaltensweisen im Riff wirklich zu verstehen. „Am glücklichsten bin ich, wenn ich am selben Riff, am selben Platz wiederholt tauchen kann", sagt Alex. „In Thailand tauchte ich z. B. über 30-mal in sechs Tagen am selben Spot. Das Riff ist nicht bloß ein Mischmasch von Tieren. Es ist unter vielen Arten in klar definierte Territorien aufgeteilt", erklärt er. „Nur durch wiederholtes Tauchen am Riff lerne ich, wo dessen Grenzen liegen."

Wenn du die allgemeine Architektur des Riffs und sein Funktionieren besser kennst, fängst du an, die verschiedenen bewohnten Ebenen, die vielen übereinander liegenden Formationen dieser Unterwassergemeinde zu begreifen. Die Verhaltensmuster von Rifflebewesen beginnen, sich selbst zu enthüllen: wer wo lebt, welche Nachbarn miteinander auskommen, wer wem was tut – und warum. Bald gerät es zu einer großen Unterwasser-Oper.

Taucher bekommen oft große Augen, wenn Filme Tierverhalten zeigen, das sie nie erwartet hätten. Es ist nur das verlangsamte Tempo, in dem Filmemacher Fantastisches produzieren können. „Die meisten sehen nicht, was ich sehe ... weil sie schlicht daran vorbeischwimmen", sagt Howard Hall. Auf Cocos Islands filmte Hall einen 30 Zentimeter langen Großen Fangschreckenkrebs, der einen vorbeikommenden Fisch fraß. „Niemand, die Tauchführer eingeschlossen, wusste von diesem Ding da, weil sich keiner darum gekümmert und sich die Zeit zum Hinschauen genommen hatte", sagt Howard. „Echte Beobachtung von Tierverhalten braucht Zeit und Geduld."

Zu wissen, wonach man eigentlich Ausschau hält, verlangt ein wenig Vorab-Recherche. „Beim Äugen nach dem Erwarteten", resümiert Howard, „wirst du sehr wahrscheinlich auch das Unerwartete sehen."

Zugegeben, nicht jeder kann sich so viel Zeit nehmen wie Howard. Im Schnitt bringen er und sein Team sieben bis acht Stunden an einem Tag im Wasser zu – 10,5 beim letzten Film. Eine typische Szene Tierverhalten für einen IMAX-Film kostet ihn vier Filmtage. „Das ist eine Menge Zeit, um einen Krebs zu beobachten! Ich habe sicher jede Menge Geduld. Tatsächlich finde ich langes Beobachten subtiler

↑ Geduld lohnt: Ein Steinfisch macht sich auf, und plötzlich enthüllt er sich.

Verhaltensweisen einfach sehr spannend und ermüde dabei nie. Selbst nach vier Tagen lernst du Neues."

Howard und sein Team benutzen geschlossene Kreislaufgeräte (daher ihre langen Tauchzeiten), was ihre Einwirkung auf die Filmumgebung verringert. Ein Rebreather macht dir erst bewusst, wie laut und störend normale Scuba-Taucher sind, erzählt Filmemacher Guy Chaumette:

Mit dem Rebreather war ich kleine Tiere fotografieren, als ich etwas wie einen herankommenden Sturm hörte. Alle Fische versteckten sich. Als der Sturm näher kam, erkannte ich eine Gruppe Taucher, die vorbeischwamm. Alle Fische verschwanden, als die Gruppe vorbeizog. Als sie weg war, kamen sie zurück. Es war merkwürdig zu sehen, wie die Taucher weiterzogen und alles verpassten.

Immer wieder hören wir von Berufstauchern: Uns entgeht so viel von dem, was dort ist. Wir haben nicht alle die Möglichkeit, Rebreather zu verwenden, oder für eine Weile

„Wir versuchen immer, Taucher vom Slowdown zu überzeugen. Zum Beispiel zehn Minuten niederzuknien und zu warten."

Ned DeLoach

an einem einzigen Tauchplatz zu bleiben. Aber wir wollen uns bewusster machen, wie unsere eigene Anwesenheit den Fisch beeinflusst. Entspannt sein und ruhiger zu atmen hilft, diese Haltung zu entwickeln. Sobald Fische merken, dass du keine Gefahr darstellst, gehen sie schnell zum normalen Geschäft über.

Diese Erfahrung nutzt auch der Fisch-Verhaltensforscher Ned DeLoach. Er weiß warum: Neben seiner Arbeit in Florida und in der Karibik hält er sich rund drei Monate im Jahr an der Straße von Lembeh in Indonesien auf, einer der biologisch ergiebigsten Regionen des Planeten. Mit drei anderen Spezialisten des Meereslebens gab DeLoach ein Bestimmungsbuch für Riff-Fische des tropischen Pazifiks heraus. Zurzeit arbeitet er an einem ähnlichen Band über wirbellose Meerestiere. „Wir versuchen immer, Taucher vom Slowdown zu überzeugen", sagt er. „Wir bewegen uns wenig, und wenn Leute manchmal mit uns tauchen, hören wir danach regelmäßig: ‚Wow, ich habe noch nie an einem Fleckenriff zehn Minuten niedergekniet und gewartet.'" DeLoach vergleicht das mit der Jagd: Du hast viel größere Chancen, Wild zu sehen, wenn du ruhig im Anstand sitzt, statt durch den Wald zu trampeln. „Unter Wasser ist es genauso", sagt er. „Manchmal ist es schwer, das Tauchern beizubringen."

Das findet auch Guy Chaumette. Vielen Tauchern fällt es schwer, auch nur eine Weile stillzuhalten: „Die Leute wollen eine Rifftour wie in einem Museum." Aber wie in einem Museum ist es oft besser, sich vor ein Gemälde zu setzen und die Details zu genießen, als alle Kunstwerke im ganzen Gebäude sehen zu wollen. „Bleibst du bei der Tour, siehst du immer nur die Spitze des Eisbergs", sagt Guy.

↖ PFERDEAUGENMAKRELEN
← ZEIT ZUM RELAXEN UND ZUM BEOBACHTEN DER MEERESWELT.

Suche also für eine Weile einen Platz zum Sitzen, Knien oder Stillstehen, am besten auf Schotter oder Sand. Pass auf, dass du nicht wie ein plumper, außerirdischer Eindringling auf dem Bau von jemandem landest. Es ist eine wichtige Sache, sich eine Auszeit zu nehmen und ruhig zu bleiben. Das ist die Kunst des Tauchens: ein feinerer Zugang mit dem Fokus auf das Meeresleben. Dass du still und auf das konzentriert bleibst, was sich vor deiner Nase tut, bedeutet überhaupt nicht, dass du die großen Fische außer Acht lässt. Denk einfach immer nur dran, ein Auge auf das Blau zu richten – was auch immer vorbeikommt.

Problematik geführter Touren

Geführte Tauchgänge und die Rifftour haben durchaus ihren Platz: Ein kundiger Führer sollte sein Riff sehr genau kennen und seine Kunden auf die regulären Riffbewohner hinweisen können. „Der Tauchführer, der immer wieder dieselbe Route macht, vermittelt eine Menge Wissen. Ihre Begleiter haben viel von der Tauchtour", sagt Lawson Wood. „Die Geführten trauen sich nicht zu, selbst loszuziehen oder zu verstehen, was sie sehen. 75 Prozent der Leute, die wir jede Woche auf den Caymans erleben, wollen deshalb einen Führer."

Obwohl es zweifelsohne jede Menge Leute gibt, die auch in Zukunft die geführte Tour vorziehen, fällt es anderen schwer, ihre Vorliebe zum Alleinetauchen zu ändern. Manche Ziele erlauben aber nur geführte Touren. Es gibt keinen Grund, die freie Riff-Beobachtung einzustellen, solange dafür ein passender Platz ausgewiesen wird. Doch die höchste Priorität vieler Tauchführer hat die schnelle Tour. Ich fragte einmal einen am Roten Meer, ob ich die gleiche Zeit nur das Riff beobachten darf, statt herumzurasen. Er hielt das für eine gute Idee und stimmte sofort zu. Aber was geschah beim Tauchen? Wir absolvierten einen perfekten Kunstflug über den Platz, ließen kein einziges Stück Riff aus – der Führer schwamm kontinuierlich voraus, ohne irgendwo langsamer zu werden. Ich hätte ihn darum gebeten, wäre ich überhaupt in der Lage gewesen, zu ihm aufzuschließen. Solltest du jemals in eine ähnliche Situation geraten, empfehle ich, einfach anzuhalten und zu warten. Dein Führer wird umdrehen müssen und dich schließlich einsammeln.

Nach dem Tauchen trödelt man meist im Flachwasser herum. Das gibt eine gute Gelegenheit, sich fünf oder zehn Minuten ans flache Riff zu setzen und Fische zu beobachten. Der Zusatznutzen: Die Restluft hält länger. Besser

⬆ DIESER KLEINE KORALLENKOPF IST EINE BRUTSTÄTTE DER BIODIVERSITÄT. ER PLATZT VOR LAUTER FARBE UND LEBEN.

„Kannst du in einer Stunde alle Vögel sehen, die einen Baum tagsüber besuchen und sagen, du kennst den Baum?"

Tim Ecott

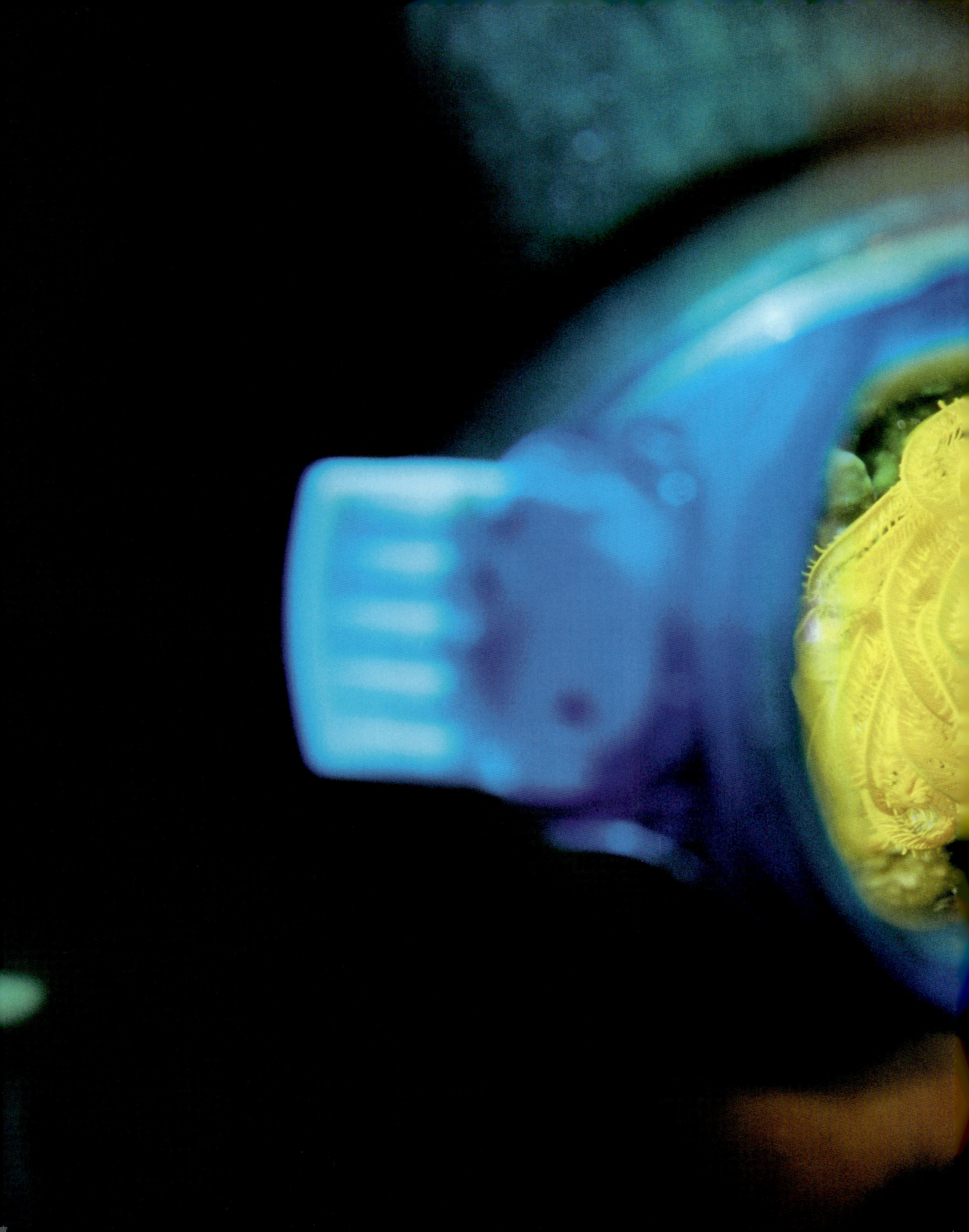

„Ich habe wohl eine Menge Geduld. Tatsächlich aber finde ich langes Beobachten einfach sehr spannend und ermüde dabei nie." **Howard Hall**

↑ Tauchen heisst konstantes Schwimmen. Haushalte mit deinen Kräften! → Kettenmuräne

ist es, mehr Zeit zu investieren und aus einem sicheren Versteck heraus zu beobachten, was da alles geschieht. Das ändert die Sichtweise, lässt das Meeresleben zu dir kommen, statt ihm nachzujagen. Manchmal geht das nicht: Es gibt keine Sandfläche, oder du machst einen Drifttauchgang oder bist an einer Steilwand ohne Boden. Aber wenn du kannst, versuche es, entspanne dich auf dem Meeresgrund, atme langsamer, beobachte.

Das ist natürlich für Buddy-Paare viel einfacher. Manchmal wird es nicht gut sein, einfach abzuhauen oder selbst anzuhalten. Beim Drifttauchen zum Beispiel dürfte es unmöglich sein, weil es in der Strömung oder an einer Steilwand entlanggeht. Oder dort, wo man kompliziert navigieren muss, was gute Ortskenntnis verlangt. Womöglich findest du einen ruhigen Platz. Lass dich nieder. Nur zu beobachten, was vor sich geht, kann unglaublich lohnend sein. Putzerstationen sind immer eine gute Wette (siehe Kapitel 4, „Die Kunst des Beobachtens"). „Während meiner Arbeit als Tauchführer", so Guy Chaumette, „ließ ich lieber die Buddy-Paaren allein losziehen und sich über das Riff verteilen, statt eine Gruppe von zehn Tauchern zu bilden – mit so viel Luftblasen und Lärm. Leider empfehlen wenige Tauchresorts das Partnertauchen – sie bleiben beim Gruppentauchen. Es ist, als müsstest du gegen das Resort und die Tauchführer kämpfen, damit sie dich allein lassen und akzeptieren, dass du im Wasser überleben kannst. Was lächerlich ist, weil du den Tauchschein einzig und allein gemacht hast, um unbeaufsichtigt ins Wasser zu gehen." Guy ist der Meinung, wir sollten das Tauchen stets mit einer Pause beginnen: „Die Leute sind nach einer anstrengenden Reise kaum angekommen, haben den ganzen Ärger hinter sich gebracht, Formulare ausgefüllt, Ausrüstung geordert, sich erinnert, wie viele Gewichte sie brauchen usw. Dann springen sie ins Wasser und der Stress lässt sie über das Riff jagen wie Raketen." Guy selbst zieht es vor, wenn sich die Leute direkt am Boot niederlassen, ein paar Minuten zu relaxen, langsam zu atmen und anzufangen, sich wohl zu fühlen, bevor er loslegt.

Tauchst du in einer Gruppe, solltest du den Tauchführer zu wenigstens ein oder zwei Pausen überreden. Die Pausen werden den Tauchern helfen, entspannter zu sein und sich im Wasser wohler zu fühlen, weil sie ihnen erlauben, kleinere Probleme zu lösen, die Ausrüstung zu justieren und alles andere zu regeln, was man nicht tun kann, während man versucht, Anschluss an die Gruppe zu halten.

Wie auch immer du es hältst: Ein tieferes Verständnis der Meereswelt gewinnt man, wenn man aufhört, loszurasen. „Die Versuchung ist, ständig zu schwimmen, in der Gier, noch mehr zu sehen", sagt Osha Gray Davidson. „Aber das ist eine dumme Idee – eine Gewohnheit, die auf unserer Erderfahrung fußt", sagt er. „Das Geheimnis des Tauchens ist, am Platz zu bleiben, auf das Direkte vor dir zu achten. Du müsstest deinen ganzen Luftvorrat verbrauchen, bevor du alle unterschiedlichen Organismen an einem einzigen Platz gesehen hast." Die Kunst des Tauchens ist auch die Kunst, stillzustehen und die Unterwasserwelt mit anderen Augen zu sehen.

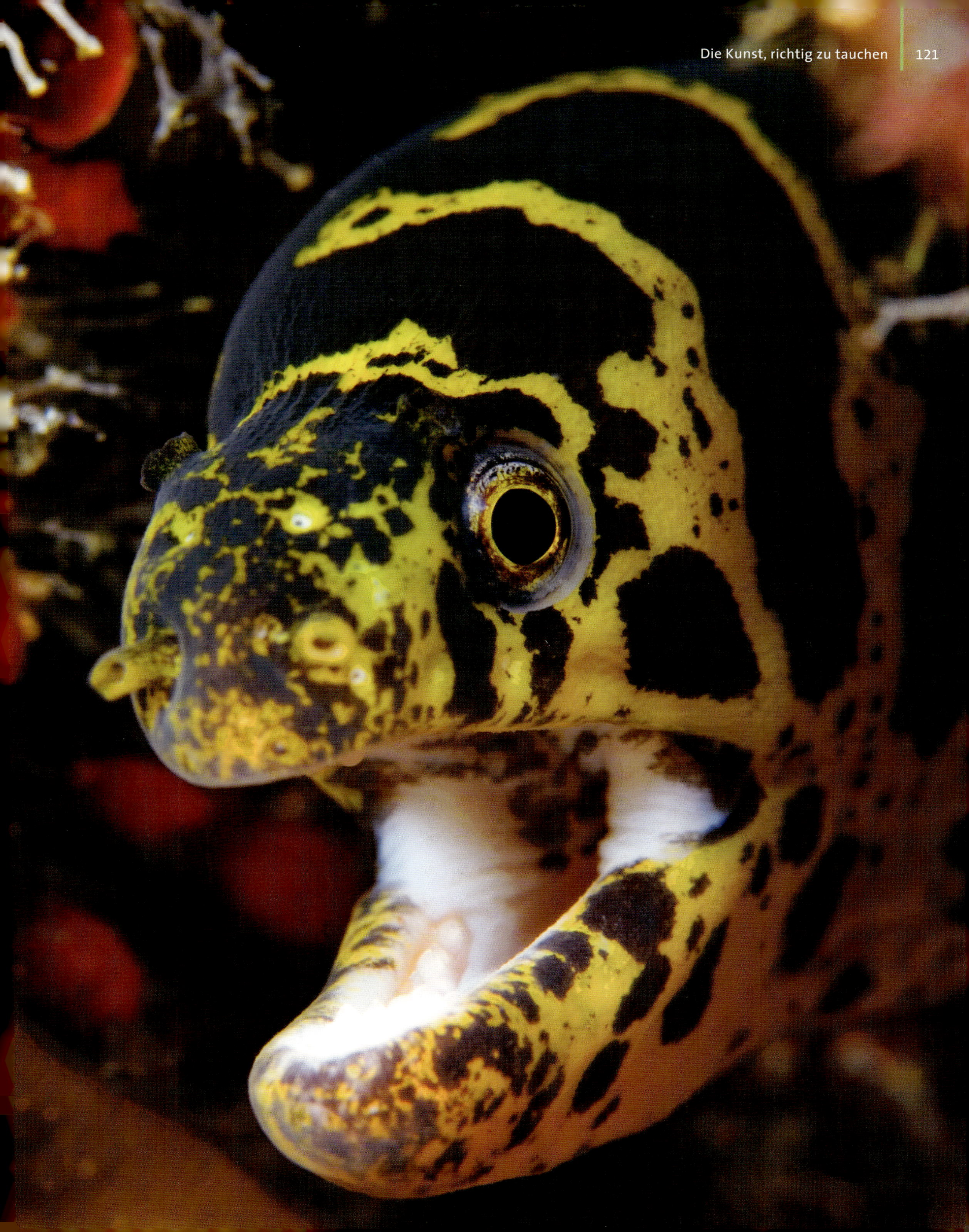

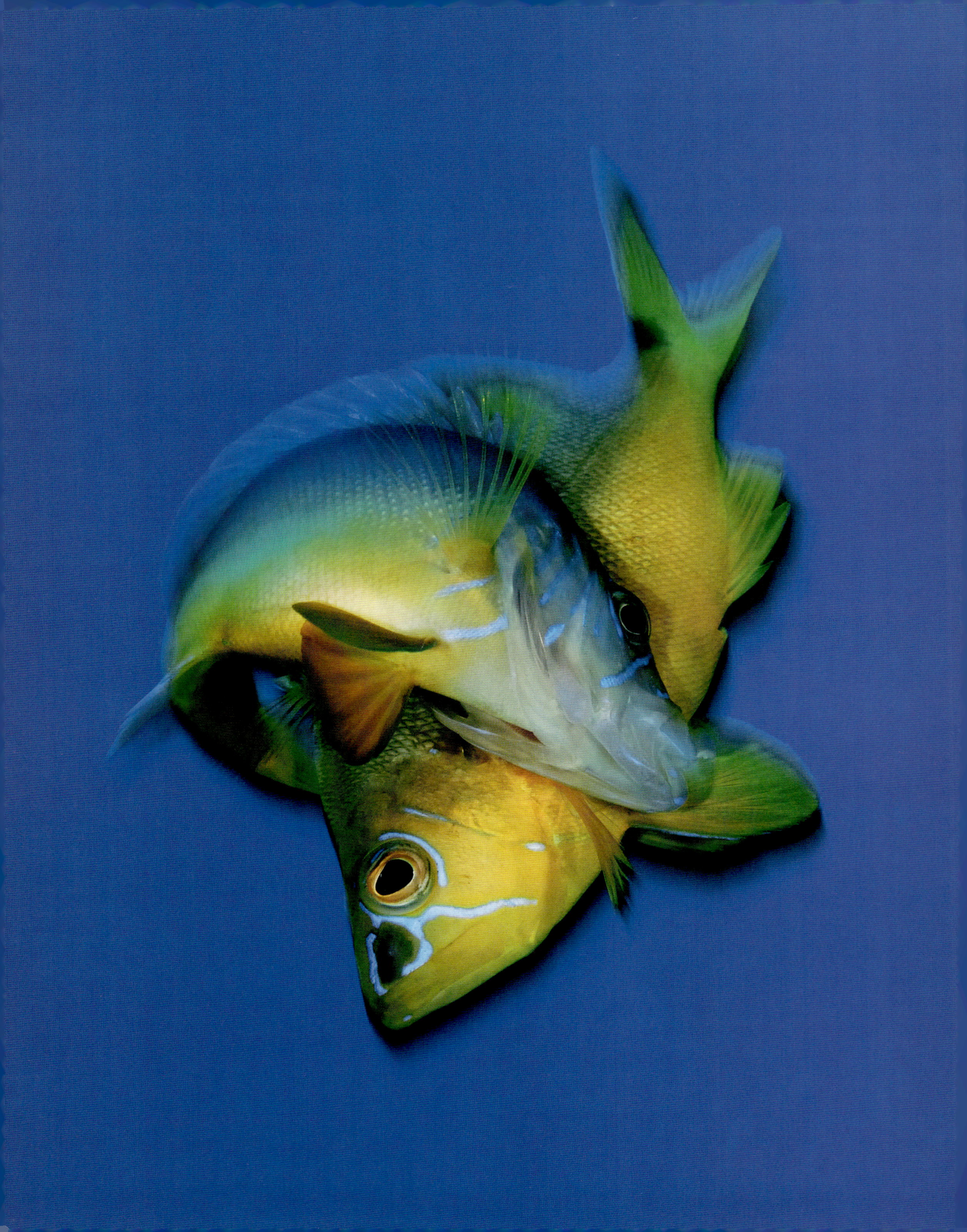

Die Kunst des
Beobachtens

„Der beste Weg, Fische zu beobachten,
ist, selbst Fisch zu werden."

Jacques Cousteau

← Ein Taucher beobachtet das Spiel balzender Hamletbarsche.

Die Kunst des Beobachtens

WENN DIE GLÜHENDE SONNE IM MEER VERSINKT, IST AM RIFF SCHICHTWECHSEL. KAISERFISCH, SCHMETTERLINGSFISCH, LIPPFISCH UND ANDERE TAGESGESCHÖPFE ZIEHEN SICH IN KLEINE SPALTEN UND RISSE ZURÜCK, WÄHREND EICHHÖRNCHENFISCH UND SOLDATENFISCH NACH UND NACH AUS DEN KORALLENÜBERHÄNGEN HERVORKOMMEN, WO SIE DEN TAG ÜBER SCHLUMMERTEN. KORALLENPOLYPEN LANGEN MIT IHREN FANGARMEN NACH DEM ABENDESSEN UND SEEIGEL, TAGSÜBER NORMALERWEISE ffSESSHAFT, BEWEGEN SICH AUF DER JAGD NACH FUTTER LANGSAM MIT WIEGENDEN STACHELN RIFFAUFWÄRTS. SEELILIEN UND GORGONENHÄUPTER SIND EBENFALLS UNTERWEGS, WÄHREND DIE PRÄCHTIGE SPANISCHE TÄNZERIN AUSGEHT, UM AN ANEMONEN UND SCHWÄMMEN ZU DINIEREN. SCHNAPPER- UND GRUNZER-SCHWÄRME ZIEHEN IN SEEGRASFELDER, UM IM SCHUTZ DER DUNKELHEIT ZU GRASEN.

Bevor das Riff voll in seinen Nachtmodus umschaltet, wenn es noch genug Licht zum Sehen ohne Fackel gibt, geschieht etwas anderes – für den Lebenszyklus noch wichtigeres: Am Riffrand schwänzelt ein Papageienfisch-Männchen herum und versucht, einem Weibchen den Hof zu machen. Es präsentiert seinen Mut mit gespreizten Flossen und erhobenem Schwanz. Jedes Mal, wenn er sich ihr nähert, werden seine Bewegungen noch aufgeregter, bis sie auf seine Avancen eingeht und das Riff verlässt. Ich sehe, wie das Männchen sie umkreist und sich plötzlich beide mit einem Satz ins offene Wasser wagen. Am höchsten Punkt des Aufstiegs stößt das Paar gleichzeitig Ei- und Spermazellen aus, bevor es zurück in den Schutz des Riffs eilt.

Langsam gleite ich vorbei und sehe denselben – eindeutig noch nicht bettreifen – Papageienfisch sein Glück mit einem anderen Weibchen versuchen. Über uns schließen sich die Gameten (Ei- plus Spermazellen) der planktonreichen Oberflächenströmung an, die sie weg vom Riff und seinen Räubern tragen wird.

Ich tauche weiter, und die Gameten treiben meerwärts in die Düsternis. In ein oder zwei Tagen werden die befruchteten Eizellen anfangen, sich zu kleinen Papageienfischen zu entwickeln, jede einzelne ausgefüllt von einem vollen Nährdottersack als Verpflegung. Sie gehen in der großen wirbelnden Masse von Organismen auf, die wir Plankton nennen (planktos: Griechisch für Wandern).

Jede kleine Papageienfischlarve, die im offenen Meer treibt, ist Strömungen und Wind auf Gedeih und Verderb ausgeliefert, ohne den Kurs ändern zu können. Nun ist sie Teil der riesigen Gemeinde der Pflanzen und Tiere der großen Meeresnahrungskette. Die Basis bilden mikroskopisch kleine einzellige Algen: Phytoplankton. Sie werden von Pflanzen fressendem Mikroplankton gefressen, einer Ansammlung von Zwergtieren wie Larven von Krustentieren, Würmern und Fischen. Dann folgt Makroplankton, größere Fische und wirbellose Tiere wie Quallen, die ihre Fleisch verzehrenden Nahrungsketten entlang fressen. Und so weiter hinauf zu größeren Räubern wie Makrelen und Tintenfischen, die ihrerseits die Beute noch größerer Räuber wie Thunfisch und Hai sind.

Die Papageienfischlarve – Überlebenschance eine Million zu eins – muss in der Meeressuppe fressen oder gefressen werden. Während sie mitten im Plankton kaut, wächst ihr Körper täglich um ein Drittel und bildet Konturen aus. Meist braucht es irgendwo zwischen zwei bis vier Wochen in der Strömung, bis sie eine dauernde Bleibe suchen kann. Eine Ausnahme, der Halfterfisch, kann im Strömungsplankton bis zu hundert Tage überleben – Rekord für Riff-Fische. Sind die Sinne genug entwickelt, sucht sich der jugendliche Fisch eine sichere Bleibe tief unten. Mangroven- und Seegraswiesen sind beliebte Kindertagesstätten für viele Arten. Eine Weile können sie hier bleiben, bis sie zu den Erwachsenen ziehen.

Unser junger Papageienfisch beginnt sein ortsfestes Leben versteckt unter Algen, die er nur zur Futtersuche nach kleinen Krustentieren und Plankton verlässt. Noch trägt er den leuchtenden Mantel nicht, der ihn zu den am leichtesten wahrzunehmenden Riff-Fischen macht – bis zur Reife muss es tristes Grau-Rot-Braun tun. So weit, so gut.

Dämmerungstauchen

Fische beobachten ist erlernbar. Wenige Verhaltensarten von Fischen sind schwerer zu beobachten als Laichen, zumal es meist in der Dämmerung geschieht, wenn viele Taucher längst bei ihren eigenen Balzritualen sind oder

Sundowner an tropischer Küste schlürfen. Nachttauchen bieten die meisten Tauchresorts an, Dämmerungstauchen aber selten. Am späten Nachmittag werden meist die Boote am Kai vertäut, gesäubert für den nächsten Tag. Auf Tauchschiffen haben die meisten ihre Tauchgänge hinter sich, reif für die heiße Dusche und den kalten Schluck – oder ein Nachttauchen steht auf dem Plan. Bei guter Ortskenntnis und Qualifikation gibt es keinen Grund, warum man sich nicht mit einem Partner zum gepflegten Rundtauchgang in der Dämmerung aufmachen sollte, um zu sehen, was es zu erspähen gibt. Es muss nicht tief runtergehen. Aber nimm eine Lampe mit, denn es wird dunkel!

Timing ist wichtig: Die beste Beobachtungszeit in der Dämmerung sind die 45 Minuten vor Sonnenuntergang und die erste halbe Stunde danach. „Das Verhalten von Fischen zu beobachten, gehört zum Kern des Dämmerungstauchens", sagt Alex, dessen Spezialgebiet Laich-Fotografie ist. „Umso beeindruckender ist es, weil es so wenige Taucher erlebt haben. Nicht, weil es so schwierig ist", fügt er an, „sondern weil sie einfach nicht zur richtigen Zeit im Wasser sind."

Du gehst also mit deinem Partner zur richtigen Zeit runter. Wonach solltest du Ausschau halten? „Sobald es in Sichtweite kommt, erkennst du das Laichen jedes Mal", erklärt Alex. „Beim ersten Mal halten Taucher leicht jedes Verhalten für Laichen – z. B. Papageienfische, die sich verjagen, oder zwei, die miteinander kämpfen." Wonach du wirklich schaust, sind zwei Fische, die sich paaren, schnell vom Riff ins offenen Wasser schwimmen, eine kleine Wolke von Ei- und Samenzellen entlassen, wenn sie den höchsten Punkt ihres Aufwärtsfluges erreichen, und in den Schutz des Riffs zurückkehren. Die Fische versuchen, die Chancen ihrer Nachkommen zu maximieren, indem sie ihre Gameten so weit wie möglich entfernt von ihren gefräßigen Nachbarn in die große Planktonsuppe entlassen. Beobachten macht süchtig, behauptet Alex:

Hast du mit dem Beobachten angefangen, wird dir klar, wie vollendet die Muster des Hofmachens sind. Es kann die schönste Tageszeit zum Tauchen sein. Du gewinnst einen tiefen Einblick ins Riff, weil alle Fische, die tagsüber recht ziellos herumzuschwimmen schienen, plötzlich Dinge mit Sinn tun. Du beginnst zu verstehen, um was sich alles dreht.

Fischverhalten zu verstehen, bereichert die Taucherfahrung hundertfach. Aber wie verstehen wir, was da unten vor sich geht? Zu unserem Glück haben Ichthyologen

⬆⬆ Zwei Flunder-Männchen kämpfen um Paarungsrechte.
⬆ Ein kleines Pfauenaugenflunder-Weibchen bei der Laichreise auf dem grösseren Männchen.
➐ Ein Gelbkopf-Lippfisch-Männchen beim Balztanz um Weibchen ...
➔ ... ist erfolgreich: Ein kleines Weibchen gesellt sich zu ihm.

Die Kunst des Beobachtens | 127

Männchen kommen zur Party, bereit, den Samen zu vergießen, Weibchen brauchen Zeit, um die Eier anzufeuchten, bevor sie sie ausstoßen können. Das Balzen schafft Zeit zur Eivorbereitung. Ist das Weibchen weit genug, wird es empfänglicher für die Avancen des Männchens. Oft löst sie das Laichen durch Scheuern am Boden und Aufsteigen aus.

Weißt du erst mal, wie Laichen ausschaut, kannst du vielleicht ein Dutzend oder mehr Arten unterscheiden. Da Riff-Fische im warmen Wasser leben und einen schnellen Stoffwechsel haben, laichen sie oft jeden Tag. Einige Arten tagsüber, aber die meisten ziehen die Dämmerung vor. In der Karibik und im Indo-Pazifik laichen etwa 80 Prozent der Arten, die Ei- und Samenzellen ausstoßen, bei Sonnenuntergang. Doktorfisch, Lippfisch und Papageifisch zählen zu den ins Auge stechenden Arten. Manche Tauchbasen setzen Dämmerungstauchen speziell zur Laichbeobachtung auf ihren Plan: In Indonesien, Malaysia, Yap and Fiji z. B. kannst du Mandarinfische beobachten, wie diese auffällig bunten Wesen aus dem Riff

tausende Stunden unter Wasser bei dem Versuch zugebracht, das Puzzle zu lösen. Eine Menge dieses Wissens hat das unentbehrliche Werk „Reef Fish Behavior" von Ned DeLoach und Paul Humann zusammengetragen, dessen Schwerpunkt die Riffe des tropischen Westatlantiks bilden. Für Autor Ned DeLoach steht außer Frage, dass Dämmerungstauchen die beste Möglichkeit ist, herauszufinden, was im Riff wirklich vor sich geht. „Es ist die beste Zeit, unter Wasser", erzählte er mir, „weil dann die Fortpflanzung stattfindet." Ebenso wie das Laichen lässt sich zu dieser Zeit das ausgedehnte Liebeswerben beobachten – oft unterhaltsame, leidenschaftsgeladene Melodramen, wie Ned DeLoach beschreibt:

Liebeswerbung variiert, dreht sich aber immer um ein Grundthema: Unermüdlich jagt, stupst, schmeichelt ein aufgedrehter Fischjüngling ein scheinbar indifferentes Fischmädchen und gibt mächtig an. Das ungeübte Auge hält das oft nur für am Boden wühlende Fische. Hat man ein, zwei Fischrendezvous verfolgt, sind die Signale unverkennbar.[1]

Verräterische Hinweise auf Anbahnungsgebaren sind: Farb- und Formwechsel, Körperzucken, Flossenspreizen, geschwollener Unterleib, Weibchen schweben Mittwasser, Männchen kreuzen im Territorium und verjagen Rivalen.

↗ Ein Feuerfisch-Männchen umwirbt das Weibchen in der Dämmerung.
↑ Feuerfische auf einer Laichreise im Roten Meer.

„Die Vorstellung von Fischen als dumpf-dämlichen, instinktgetriebenen Mikrohirnen, unflexibel im Wesen, arg beschränkt durch ihr verleumdetes Drei-Sekunden-Gedächtnis ist tot. Heute gelten Fische als sozial intelligent, als Anwender machiavellischer Strategien der Manipulation, Bestrafung und Versöhnung; mit dem Ausweis stabiler kultureller Traditionen sowie der Kooperation bei Feindbeobachtung und Nahrungssuche."

Laland, Brown und Krause in „Fish and Fisheries"

auftauchen, kämpfen und laichen. Meerestemperaturen lösen das Laichen meist aus. Im Roten Meer geht die Hochsaison von Mai bis September, in der Karibik variiert sie von den Südinseln, wo viele Arten in der Wintersaison der Nordhalbkugel laichen, zu den nördlichen Inseln, wo dieselben Arten es in der Sommersaison tun. Aber Temperatur ist es nicht allein: Auf den Malediven zum Beispiel fungiert die relative Stärke der Gezeiten als entscheidender Katalysator. Unser Wissen hat nach wie vor große Lücken, vor allem weil Beobachtungen sich auf die Riffe und Inseln beschränken, wo Forscher gearbeitet haben. „Herausfinden zu wollen, wann Fische laichen, kann eine echte Herausforderung sein", weiß DeLoach. „Manche Arten in der Karibik haben wir nie laichen sehen, obwohl wir aberhunderte Male mit ihnen getaucht sind."

Faszinierende Laichformen

Zu den spektakulärsten Events zählt das Laichen in Massen. Dabei entlassen unzählige Fische Millionen Gameten in die Wassermasse. Große Arten wie Schnapper und Barsche laichen nur ein oder zwei Mal jährlich und können dazu hunderte Kilometer weit wandern. Bei Ras Muhammad an der Spitze der ägyptischen Halbinsel versammeln sich im Frühsommer große Massen von Doppelfleckschnappern. Bei Gladden Spit in Belize bilden Dog und Cubera Schnapper große Laichschwärme im Frühling. Aus dem Nichts locken sie Walhaie zum Eierfestschmaus an. Bis zu 7.000 Blaue Doktorfische in Laichkolonnen wurden in Puerto Rico beobachtet. Verschiedene Spezies der Weltmeere führen

Die Kunst des Beobachtens | 129

↑ Ein Blauer Segelflossendoktorfisch hofiert ein Weibchen.
↗ Ein Clownfisch hütet Eier unter einer Anemone.
→ Ein grosses Dreifarben-kaiserfisch-Männchen umwirbt ein kleines Weibchen.
→→ Ein Taucher beobachtet einen Clarks Anemonenfisch.

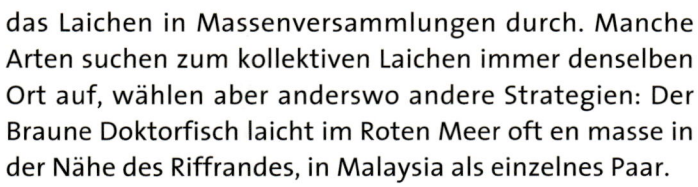

das Laichen in Massenversammlungen durch. Manche Arten suchen zum kollektiven Laichen immer denselben Ort auf, wählen aber anderswo andere Strategien: Der Braune Doktorfisch laicht im Roten Meer oft en masse in der Nähe des Riffrandes, in Malaysia als einzelnes Paar.

Harem-Laichen ist ein anderes Phänomen. Da befruchtet ein Männchen mehrere Weibchen. In der Karibik kann man das bei den Kaiserfischen verfolgen: Ein größeres Männchen bekommt ein dunkles Gesicht und umwirbt mehrere Weibchen seines Harems zugleich. Erst wählt er eine aus und umkreist sie, indem er die Flossen spreizt und ihren Bauch reibt, damit sie zu laichen beginnt. Dann wiederholt er die Vorstellung für die anderen Damen. Mit am leichtesten ist ein Harem-Laicher im Roten Meer zu sehen: Der weit verbreitete Fahnenbarsch schwimmt über dem Harem zum Balztanz auf, wedelt heftig mit Brustflossen und Schwanz. Geben die Weibchen den Avancen nach, steigen sie zu ihm auf. Alle zusammen entleeren ruckartig ihre Ei- und Samenzellen. Listige Jungfische ohne Harem versuchen ihr Glück bei den Weibchen, ist der Platzhirsch anderswo beschäftigt. Laicht eine große Kolonie, fehlt es nicht an hungrigen Fischen: Oft fallen Füsilierfische auf einen Dämmerungshappen nahrhafter Eier ein. Fische laichen auch durch Eierlegen im Riff. Direkt dabei wirst du sie nicht erwischen, aber über die Eier: Jetzt kennst du den Laichplatz. „Einer der einfachsten Wege zu laichenden Fischen ist die Ausschau nach leicht erkennbaren Arten wie Riffbarsch oder Anemonenfisch", erklärt Alex. „Sie laichen nicht nur am Tag, du kannst sie auch recht oft ihre Eier am Riff bewachen sehen, sodass du weißt, wohin du schauen musst." Anemonenfische schieben die Gastgeber-Anemone etwas zurück, säubern ein kleines Stück Fels und legen ihre Eier geschützt unter einen Fächer von Fangarmen. Beobachte Anemonenränder und du wirst Anemonenfische ihr Gelege bewachen sehen.

Wrackplätze geben auch gute Gelegenheiten ab, Verhaltensformen von Fischpaarungen zu beobachten. Glatte Wrackflächen sind zur Eiablage sehr beliebt. Im Wrack der Ulysses im nördlichen Roten Meer wohnt eine

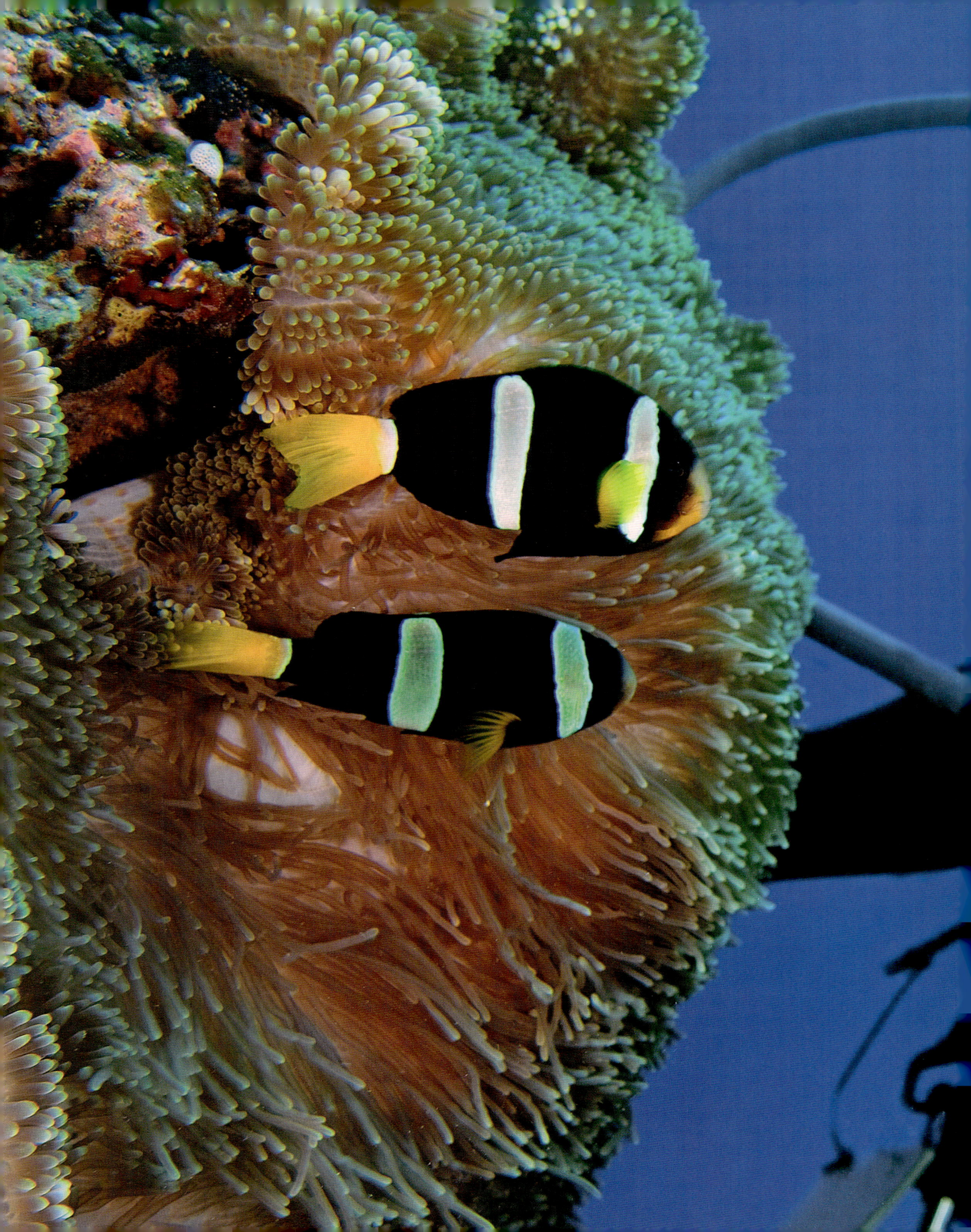

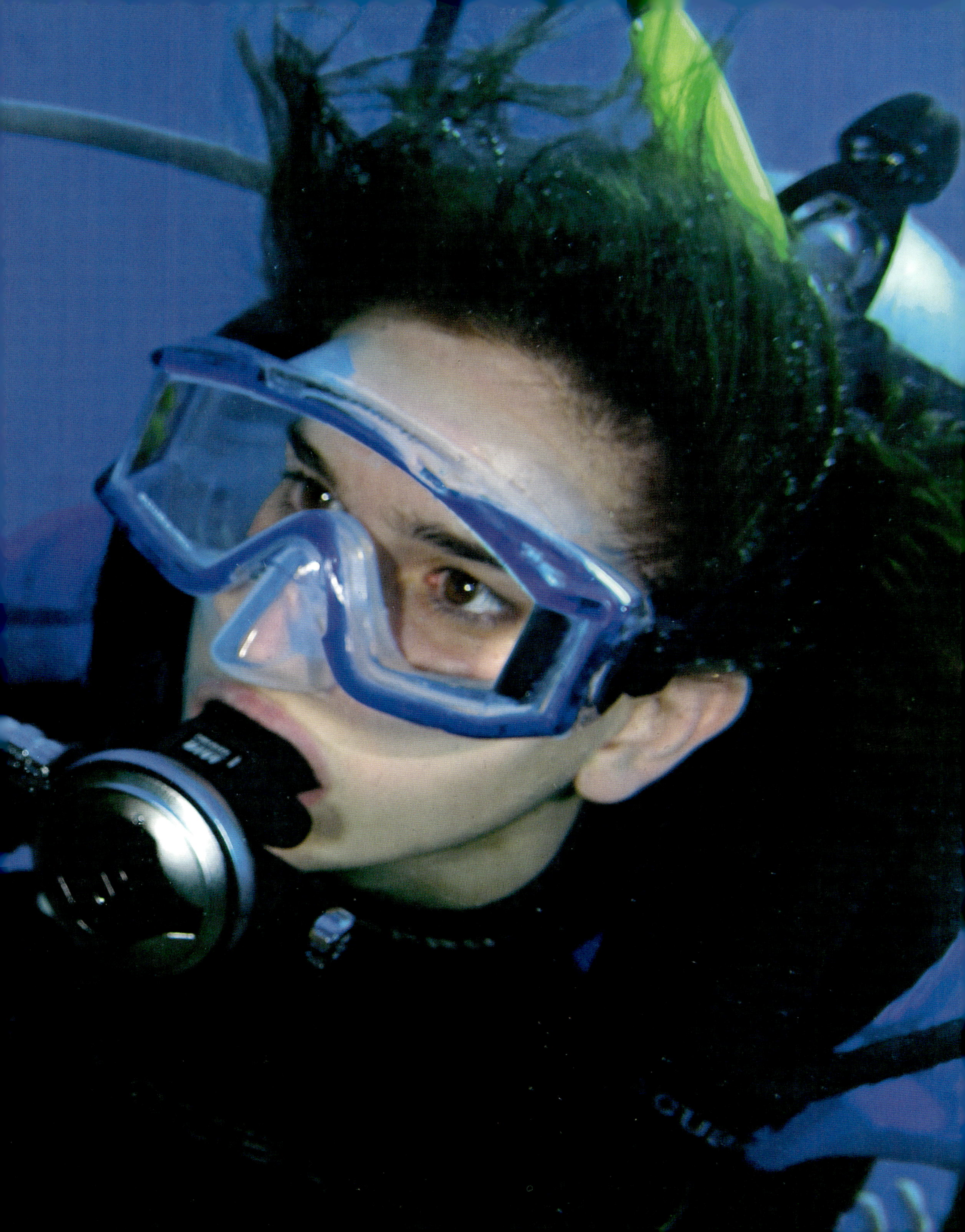

↑ Drei Weibchen laichen im Nest eines männlichen Weissbauch-Riffbarsches.

Riesenkolonie Indopazifischer Riffbarsche. Das Eierablegen auf einer Fläche findet meist in der Dämmerung statt. Auch deshalb können wir es nicht sehen.

Die Eltern kennen lernen

Die meisten Taucher kennen das höchst aggressive Verhalten von Riesendrückerfischen. In der Laichsaison verteidigt das Männchen sein Nest am Seeboden mit Furcht erregender Wildheit. Diese großen Fische zögern nicht, Taucher anzugreifen und sie aus ihrem Revier zu verjagen. Sie werden zu den gefährlichsten Meeresfischen gezählt. Unter solchen Umständen sind sie viel aggressiver als Haie. Persönlich mache ich immer einen weiten Bogen um sie, nur für den Fall, dass gerade Laichsaison ist.

Eier im Seebett herumliegen lassen, ist selbst unter schwerster Bewachung eine riskante Strategie. Viele

Die Kunst des Beobachtens | 133

„Liebeswerbung variiert, dreht sich aber immer um ein Grundthema: Unermüdlich jagt, stupst, schmeichelt ein aufgedrehter Fischjüngling ein scheinbar unentschiedenes Fischmädchen und gibt mächtig an. Das ungeübte Auge hält das oft nur für am Boden wühlende Fische. Hat man ein, zwei Fischrendezvous verfolgt, sind die Signale unverkennbar."

Ned DeLoach

der Goldstirn-Kieferfisch. Das Männchen übernimmt den Job für ungefähr eine Woche, dann schlüpft der Nachwuchs. In der Karibik, wo dieser Fisch anzutreffen ist, kannst du dieses Verhalten meist zwischen Frühling und Herbst sehen.

Die genannten Beispiele sind nur einige wenige der zahlreichen Fortpflanzungsformen von Meerestieren. Alex findet die Menge an Verwechslungsmöglichkeiten verwirrend:

Krustentiere vermeiden dies und führen ihre Eier mit sich. „Wann immer du Shrimps, Lobster oder Krabben im Meer siehst, lohnt es, sie auf Eier zu überprüfen", sagt Alex und weist darauf hin, dass im Schnitt immer rund 25 Prozent der erwachsenen Krustentiere Eier tragen.

Manche Fische schützen ihre Eier, indem sie sie ins Maul nehmen. Wir nennen das Maulbrüten. Sechs Fischfamilien weltweit wenden diese Technik an, auch

Die Vielfalt von Strategien und Taktiken macht diese Art der Fischbeobachtung so faszinierend: externe und interne Befruchtung, Eierlegen, Frei-Laichen und gar Maulbrüten. Arten bilden Paare, laichen in Gruppen. Es gibt Harems, Geschlechterwechsel und Geschlechtertäuschung – und einige Fische wie Hamletbarsche wechseln an einem Abend mehrfach ihre Geschlechterrolle. Benutzten Fische das Internet, gäbe es einige ganz schön verrückte Websites!

Unter Wirbeltieren gehören Hamletbarsche zu den wenigen echten simultanen Hermaphroditen: Jeder Fisch hat voll funktionierende männliche und weibliche Geschlechtsorgane. Laichen Hamletbarsche, wechseln sie ihre Geschlechterrollen bei jedem Laichaufstieg, übernehmen es also abwechselnd, Eier auszustoßen und zu befruchten. Diese Strategie wird Eierhandel genannt.

Die nur wegen ihrer Farbenpracht ansprechenden Nacktschnecken sind ebenfalls Hermaphroditen. Sie begegnen sich kaum, weil sie am Riff sehr selten sind. Kommt es doch vor, zögern sie nicht, ihr Bestes zu tun. Da jede Schnecke männlich und weiblich ist, können beide nach der Paarung ihrer Wege gehen, Eier legen und die Nachwuchszahlen heben.

Zwischen Pflanzenfressern ...

Wird unser Papageienfisch erwachsen, kriegt er prächtig protzige Farben, die ihn unverwechselbar machen. Zugleich bildet sich eine geschlossene Zahnreihe, die ihn befähigt, kalkige Algen vom harten Untergrund des Riffs durchzubeißen. Knochenartige Zahnplatten in seiner Kehle arbeiten wie ein Mahlwerk und zermalmen das grobe Kalziumkarbonat, um an Nährstoffe zu kommen.

Zwischen einem Viertel und der Hälfte aller Riff-Fische sind Herbivoren: Pflanzenfresser. Ohne ihr konstantes Knabbern würde es Korallenriffe in ihrer heutigen Form nicht geben. Ihre tägliche Futterroutine macht sie zu leicht beobachtbaren Fischen. Algen sind nicht sehr nahrhaft, weshalb sie große Mengen verschlingen müssen, um ihren Energiebedarf zu decken. Auf diese Weise bringen sie fast ihre ganze Zeit mit Fressen zu – Gesicht unten, Schwanz oben. Neben Papageienfischen sind Doktorfische unter

← Ein Fahnenbarsch-Paar saust bei Dämmerung zum Laichen.
← Leopard Kopfschild Nacktschnecken paaren sich bei Nacht.
↓ Sohal Doktorfische jagen mit hohem Tempo beim Territorial-Disput über ihre Gärten.

den Hauptkonsumenten: Sie sind wählerischer, nehmen hier und dort schnell einen Bissen. Andere Herbivoren sind Riffbarsch, Kaninchenfisch, Pilotbarsche, einige Schmetterlingsfische und Engelbarsche. Wirbellose Tiere wie Seeigel sind ebenfalls wichtige Graser, die helfen, die Flächen für neue Korallen und wirbellose Nachbarn als Siedlungsraum freizuhalten. Ein Seeigel allein hält einen Quadratmeter Riff oder Fels von Algen frei. Die Futterkonkurrenz unter allen Herbivoren ist sehr groß. Einige Fische bewirtschaften ihre eigenen Pflanzen, um den persönlichen Bedarf zu sichern. Mönchfische etwa verteidigen Plätze, wo sie ihre eigenen Algen ziehen, indem sie Korallen zurückpicken und Unkraut zupfen, damit ein üppiges Wachstum für ihren persönlichen Verzehr sorgt. Sie sind sehr effektive Farmer: Die Algen in ihren Unterwassergärten wachsen bis zu siebenmal schneller und sind generell viel größer und kräftiger als Algen in der Umgebung. Größere und aggressivere Fische wie der Sohal Doktorfisch verteidigen ihre Algenwiesen heftig gegen Rivalen und andere Pflanzenfresser. Kleine Mönchfische gehen sogar auf Taucher und Schnorchler los, die ihren kostbaren Gärten zu nahe kommen. Kleinere und weniger aggressive Herbivoren sichern ihren Anteil gemeinsam.

Im Flachwasser wird der Wettbewerb um Pflanzenfutter am intensivsten. Deshalb werden dir in Küstennähe Sandzonen rund um Fleckenriffe und Riffköpfe auffallen: Die pflanzenfreien Flächen (Halos) breiten sich meist zehn Meter tief aus. So weit wagen sich Herbivoren vom schützenden Riff weg.

... und Fleischfressern

Unser Papageienfisch begann sein Leben als Planktonfresser, ging durch eine Phase des Verzehrs von Krustentieren, bevor er als Erwachsener zur Algendiät überging und als Pflanzenfresser endete. Anders gesagt, eine Weile war er Fleischfresser. Für Riff-Fische ist das ein normales Muster, das durch eine Reihe unterschiedlicher Stadien bis zur Reife führen kann. Ihre Diät kann sich auch ändern, um befristete Futterangebote zu nutzen. Der Papageienfisch zum Beispiel schätzt bestimmte Schwämme, falls vorhanden. Die Strategie des optimalen Futterns stellt sicher, dass Fische die meiste Energie mit dem geringsten Aufwand sammeln.

Die meisten Fische, die du am Riff siehst, sind primär Fleischfresser und fressen praktisch alles Getier – auch so

↑ Ein Krötenfisch liegt im Hinterhalt und wartet, getarnt unter Weichkorallen.
← Ein Bunter Fangschreckenkrebs trägt seine Brut roter Eier.

Unappetitliches wie Hydroiden und Feuerkorallen. Der häufig anzutreffende Gestreifte Sergeantfisch verfügt über die Fähigkeit, alles, von Plankton und Algen bis zu Nacktschnecken und Garnelenlarven, zu fressen.

Fischfresser lassen sich grob in zwei Kategorien einteilen: diejenigen, die wie Barrakudas im offenen Wasser leben und ihre Beute aktiv jagen, und jene wie Eidechsenfische, die bewegungslos am Riff im Hinterhalt auf was auch immer lauern. Unter den letzteren gibt es wahre Meister der Tarnung: u. a. Krötenfisch, Drachenkopf und Steinfisch.

Wo so viele Fische davon leben, andere zu fressen, fragt man sich, warum es nicht mehr Bewegung gibt. „Teilweise, weil alles so rasch passiert", erklärt Ned DeLoach. Wenn ein Jäger seine Beute nicht auf einmal verschlingt, kann ein anderer Fisch die Situation ausnutzen und sich über eine „kostenlose" Mahlzeit freuen. „Vor allem, wenn ein Fisch einen anderen frisst, wird er gewöhnlich versuchen, ihn sehr schnell auf einmal runterzuschlingen. Nur wenn sie

Die Kunst des Beobachtens | 137

⬆ Die Boxerkrabbe verteidigt sich ungewöhnlich: mit stechenden Anemonen in ihren Klauen. Diese besitzt einen Parasiten, der in der Krabbe wächst und der eine cremefarbene Eierbrut an ihrer Unterseite produziert hat. Die Krabbe trägt und verteidigt sie wie ihre eigene Brut.
➡ Ein Buckeldrachenkopf, versteckt im Sand, bereit, zuzuschlagen.

etwas nicht auf einmal schaffen, kriegen wir unsere Chance zum Fotografieren und Beobachten", sagt DeLoach.

Für Helen Buttfield in „The Secret Life of Fishes" ist der Riesenanglerfisch der Favorit für den Titel „Schnellster Colt am Riff". Dieser gut getarnte Fleischfresser hat seinen ersten Rückenwirbel in eine lange Angelrute mit einem wurmähnlichen Köder am Ende verwandelt, mit dem er wedelt, um Beute anzulocken. Jeder hungrige junge Fisch, der sich das näher anschaut, wird im Nu vom Sog inhaliert, den der Anglerfisch durch öffnen seines großen Maules erzeugt", erklärt sie. „Unsichtbar für unser Auge wurde für diesen Moment eine hundertstel Sekunde gemessen!"[2]

Besuchen Taucher ein Korallenriff, voll gepackt mit Fischgruppen, die im Flachwasser faulenzen, Raubfischen, die achtlos an ihrer Beute vorbeischwimmen, können sie den Eindruck gewinnen: Da ist nicht viel los, Fische fressen selten. „Nichts wäre von der Wahrheit weiter weg", sagt Ned DeLoach. „Die meisten Fische verbringen ihre Zeit mit Ausfindigmachen, Nachstellen, Fangen und Verdauen der Beute."[3] Wirkt ein Fischschwarm inaktiv, ruht er sich von der langen Nachtjagd aus. Dazwischen warten die Räuber auf das Zwielicht mit viel besseren Chancen.

Bei normalem Tageslicht sind die Überlebensaussichten eines Fisches ausgeglichen, solange ein Versteck in Reichweite ist – und er aufmerksam bleibt. Mit dem Schwinden des Tageslichts steigen die Chancen der Räuber. „In den letzten 20 Minuten vor der Dunkelheit sind die Bedingungen für die großen Räuber so günstig, dass das Gewässer über dem Riff praktisch entvölkert ist", sagt DeLoach.[4] Kleinere Fische treten den Rückzug zur Nachtruhe in die Verstecke zuerst an, gefolgt von größeren wie dem Papageienfisch.

Putzerstationen als Klinik

Noch etwas wundert Taucher: Nie sehen sie kranke Fische. Einmal, weil geschwächte und sterbende Fische fast auf der Stelle gefressen werden. Zum zweiten aber, weil Infektionen und Wunden schnell heilen können, da die meisten Fische regelmäßig eine Art Servicestation besuchen. Das sind feste Plätze am Riff, wo Putzerfische und Putzer-Garnelen ihre Klienten behandeln, indem sie sie von Belastungen wie Schleim befreien, von toten Hautfetzen und Parasiten rund um Augen, Kiemen, Nase und Maul. Umgekehrt sind diese nahrhaften Häppchen ein Fressen für die Dienstleister. So eine Putzerstation ist Gesundheitsklinik und Schönheitssalon zugleich. Studien zeigen, dass rund die Hälfte der Riff-Fische in der Karibik wenigstens einmal täglich zum Service gehen, einige mehrmals – in erster Linie verletzte Fische, die halbtägige Pflege in Anspruch nehmen.

In der Regel befinden sich Putzerstationen hoch oben am Riff. Für ihre Dienste werben die Putzerfische mit flatterndem Tanz und die Garnelen mit Wedeln ihrer Antennen. Im Indo-Pazifik sind häufig Lippfische Putzer, in der Karibik verschiedene Grundelarten. Ziemlich viele Fische und auch Jungfische bestimmter Arten arbeiten als Teilzeitputzer. Es gibt auch Putzerkrabben und sechs Arten von Putzergarnelen.

Schiebt sich ein Fischkunde über das Riff, beginnen sofort die Putzer zu arbeiten, picken Parasiten von seinen Seiten und Flossen oder innerhalb des Mauls und der Kiemenlappen. Hat das Reinigen begonnen, fällt der Kunde in einen bewegungslosen, tranceähnlichen Zustand. Ein Waffenstillstand gilt, während der Service andauert. Er erlaubt es kleinen Fischen, im Maul von Raubfischen ohne Angst zu arbeiten. Verschiedene Arten nehmen während des Vorgangs verschiedene Haltungen ein: Barben hängen Kopf unter, Grunzer und Doktorfische bleiben waagerecht, andere hängen mit dem Kopf nach oben und einige bleiben am Seegrund. Oft bildet sich eine Warteschlange von Fischen für den Riffservice.

Vielleicht wechseln viele Fische während des Service die Farbe, damit die Putzer die Parasiten besser finden, vielleicht aber auch nur, um zu signalisieren: Ich bin bereit. Tigerzackenbarsche und Barben etwa nehmen verschiedene Rottöne an, Gelbmaulzackenbarsche ganz dunkle, der Mönchsdoktorfisch wird blauweiß und grauweiß.

Viele Arten von Bodenbewohnern wie Barsche, Flundern, Muränen und Eidechsenfisch werden von Grundeln und Garnelen an ihrem Standort gesäubert. Die beiden arbeiten oft als Tandem: Grundeln reinigen Flanken, Flossen und größere Flächen. Garnelen widmen sich der delikateren Aufgaben an Augen, Kiemen und Maul. Einige Barsche und Muränen haben eine oder mehrere Pflegegarnelen als Gasttiere – sozusagen persönliche Kammerdiener.

Gegenseitiger Benefit

Diese Beziehungsform ist eine wahre Symbiose. Das symbiotische Verhältnis zwischen Reinigungsfischen und Klienten ist für das ganze Riff bedeutsam. Für seine berühmte Studie von 1961 entfernte Meeresforscher Conrad Limbaugh die Pflegeorganismen von zwei kleinen, isolierten Riffen in den Bahamas: Innerhalb zweier Wochen waren mit Ausnahme der Standortfische alle verschwunden. Viele der Zurückgebliebenen zeigten schnell Schwellungen, vereiterte Flossen und Wunden. Limbaugh schloss daraus, dass Kooperation in der Natur wichtiger ist als der Zähne-und-Klauen-Krieg um die Existenz. „Nahezu über Nacht ergriff das schöne Bild der Kooperation Besitz von Herz und Verstand in Öffentlichkeit und Wissenschaft," notiert DeLoach.[5]

Erst zehn Jahre später wiederholte jemand Limbaughs Experiment und fand die Pflegesymbiose nicht so eindeutig wie beschrieben. Diese neuen Studien, für die Putzer

⊖ Ein Putzer-Lippfisch bei einem Fahnenbarsch-Weibchen im Roten Meer.

⊖⊖ Rotmeer Korallenzackenbarsch und Putzer-Lippfisch.

Die Kunst des Beobachtens | 139

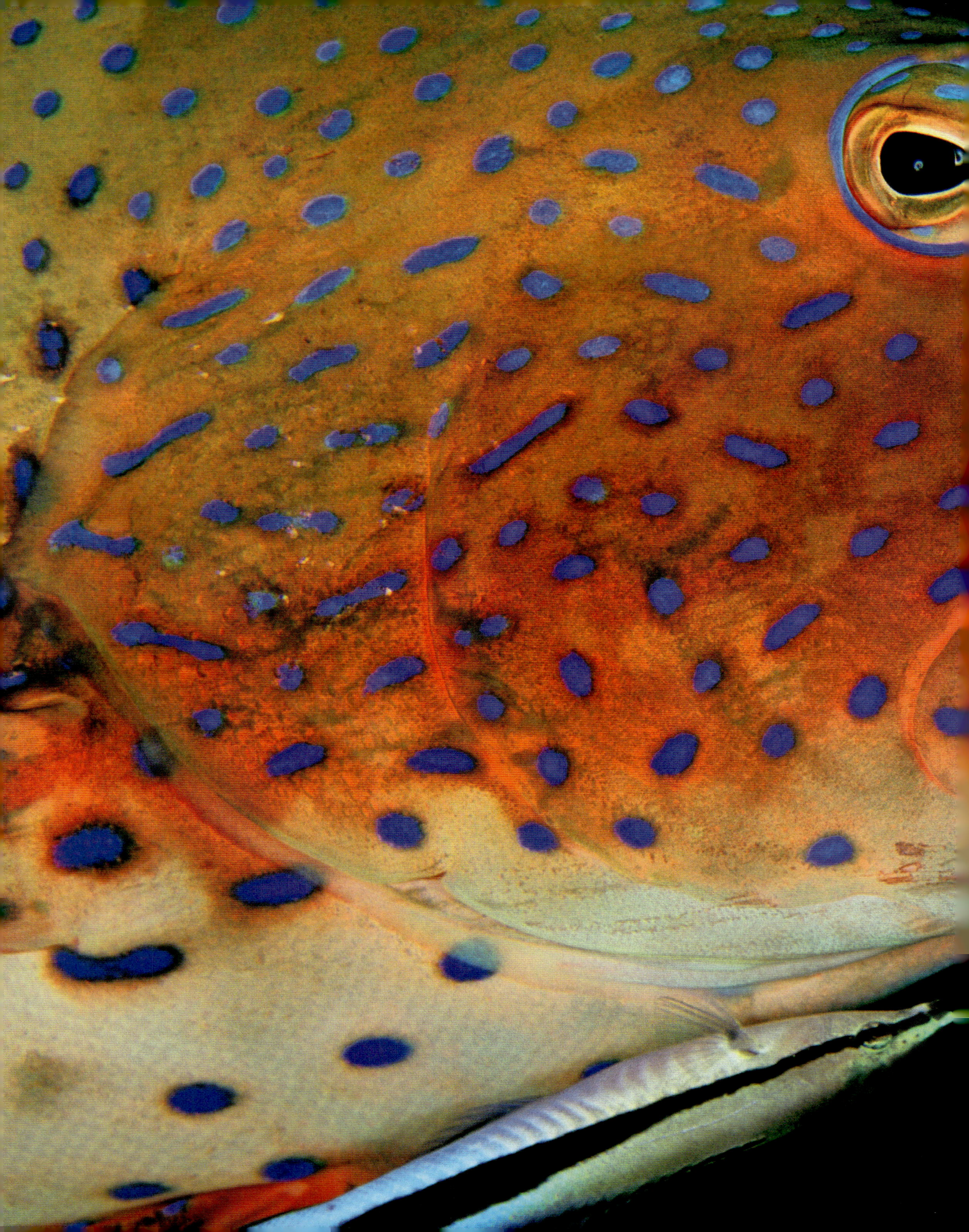

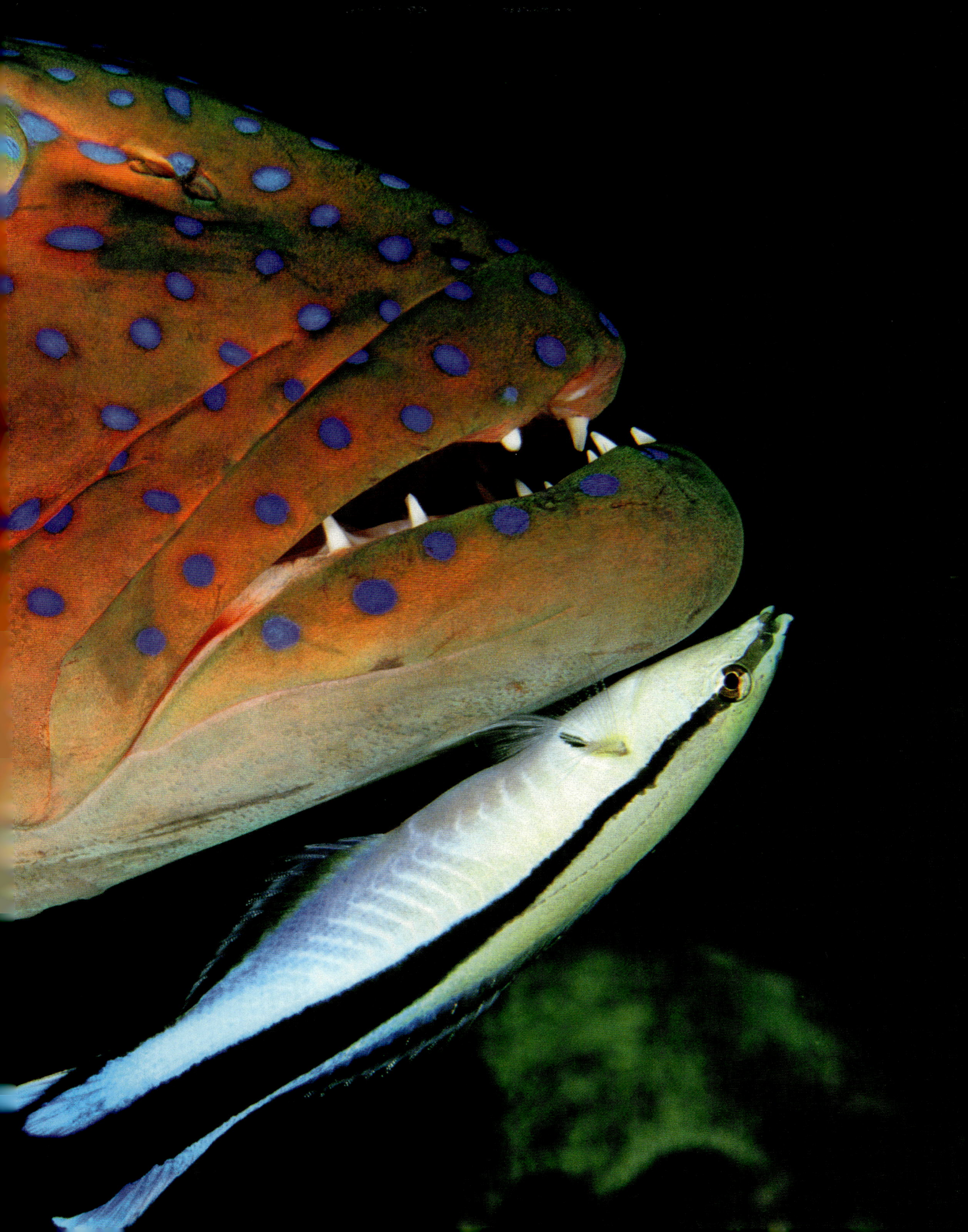

an pazifischen Riffen entfernt wurden, zeigten sehr wenig Veränderungen in der Fischmenge und keine Steigerung der Krankheitsrate. Der Biologe George Losey kam zu der interessanten Meinung, Putzerfische sollten wir besser als Parasiten verstehen, die den Wunsch größerer Fische nach angenehmer Pflege ausnutzen, um sie zum Besuch zu animieren. Mit anderen Worte: Tausche Massage gegen Fressen. Andere Verhaltensweisen scheinen diese These zu bestätigen: Einige Papageienfische zum Beispiel hängen in der Kopfoben-Pflegehaltung innerhalb von Seefedern, wo keine Putzer sind. Werden sie vom Streicheln der weichen Gorgonenäste stimuliert? Vielleicht schließen sich solch Kitzeln und Streicheln hier und Parasitenkontrolle dort gegenseitig gar nicht aus: Fische kommen zum Schmusen vorbei und gehen zusätzlich auch noch mit einem Clean-up nach Hause.

Fische sind Fische – da gibt es natürlich immer wieder einen Schnorrer, der versucht, das System auszubeuten. In diesem Fall ist der Säbelzahnschleimfisch der Bösewicht. Dieser verschlagene Fisch sieht einem Putzerlippfisch sehr ähnlich und preist seine Dienste in einem ähnlichen Tanz an. Sobald der Kunde aber erscheint, stürzt sich der Schleimfisch auf ihn und reißt einen großen Brocken Fleisch mit seinen Zähnen aus ihm heraus.

Welche Wahrheit sich am Ende auch immer hinter den Putzerstationen verbirgt, sie stellen großartige Plätze der Fischbeobachtung dar. Sie gestatten dem Taucher, einige der komplexeren Interaktionen der Meereswelt zu verfolgen. Obwohl sich die meisten Fische in einem tranceähnlichen Zustand befinden, während sie gereinigt werden, sind sie für die Vorgänge rund um sie wachsam genug. Eine zu schnelle Annäherung kann sie zum raschen Aufbruch veranlassen. Ned DeLoachs Rat: „Um einen näheren Blick tun zu können, mach wenigstens drei Meter entfernt einige Minuten Pause, bevor du vorsichtig versuchst, näher zu gehen." Der geduldige Taucher, meint er, kann sogar die Maniküre einer Garnele oder Grundel erleben:

Sieh dich nach Garnelen um, die zur Werbung mit ihren Antennen wedeln. Strecke deine Hand – die Handfläche leicht abgewinkelt – langsam aus. Die Garnelen machen zuerst einen Testkontakt, bevor sie an Bord gehen, um die Fingernägel herumpicken, an rauer oder gerissener Haut. Grundeln sind recht vorsichtig, nur kleinere fallen auf den Trick rein. Aber von Zeit zu Zeit hüpften doch ein paar dieser Winzlinge über unsere Hände.[6]

Putzerstationen können auch Überraschungen bergen. Howard Hall fand das beim Filmen einer Szene heraus, in der Mondfische oder Molas von Halbmondputzerfischen gepflegt werden. „Während wir drehten, kam ein ganzer Schwarm Baby-Molas daher, vielleicht 30 oder 40", erinnert er sich. „Davor hatte ich noch nie Baby-Molas gesehen und nicht gewusst, dass sie Schwärme bilden. Es war wirklich spektakulär." Vielleicht, glaubt Hall, kamen die Kleinen auch zur Pflege.

Smart wie ein Fisch

Fische sind smarter, als wir meinen. Dr. Phil Gee von der Abteilung für Psychologie an der Universität von Plymouth führte eine Reihe von Studien über das Lernverhalten von Fischen durch. Er sagt, man kann ihnen beibringen, die Zeit anzusagen. Dr. Gee fand das heraus, indem er Fische trainierte, Futter zu bestimmten Tageszeiten zu sammeln. Anfangs lernten die Fische, einen Hebel zu drücken, um Futter zu kriegen. Hatten sie das gemeistert, beschränkten Forscher die Verfügbarkeit des Futters auf bestimmte Zeiten. Die Fische hatten schnell raus, dass es sicher Futter gab, wenn sie zur richtigen Zeit den Hebel betätigten. „Ihre Aktivität am Hebel nahm genau vor dem richtigen Zeitpunkt ganz enorm zu", sagt Gee. „Das zeigt, sie können lernen."[7]

Eine andere Studienreihe lässt das Stereotyp vom Fisch platzen, der weniger intelligent ist als andere Wirbeltiere. Nach einer Spezialausgabe des akademischen Journals „Fish and Fisheries" sind Fische kultiviert, klug und haben eine gute Langzeiterinnerung – eher drei Monate als drei Sekunden. Auch wenn sie kleine Gehirne haben, sollten wir ihre Intelligenz nicht auf der Basis von Gehirnvolumen beurteilen. In einigen Wissensfeldern (wie Gedächtnis) lassen sich Fische gut mit nicht-menschlichen Primaten vergleichen. Die Biologen Laland, Brown und Krause machen einen Gezeitenwechsel in unserer Wahrnehmung der psychologischen und kognitiven Fähigkeiten von Fischen geltend:

Die Vorstellung von Fischen mit dumpf-dämlichem, instinktgetriebenem Drei-Sekunden-Gedächtnis ist tot. Heute gelten Fische als sozial intelligent,

→ FISCHE MIT VERLETZUNGEN UND PARASITEN SIND REGELMÄSSIGE KLIENTEN VON PUTZERSTATIONEN: EIN SCHWARZSTREIFEN-SOLDATENFISCH TRÄGT EINE PARASITEN-ASSEL AUF DEM KOPF.

Die Kunst des Beobachtens | 143

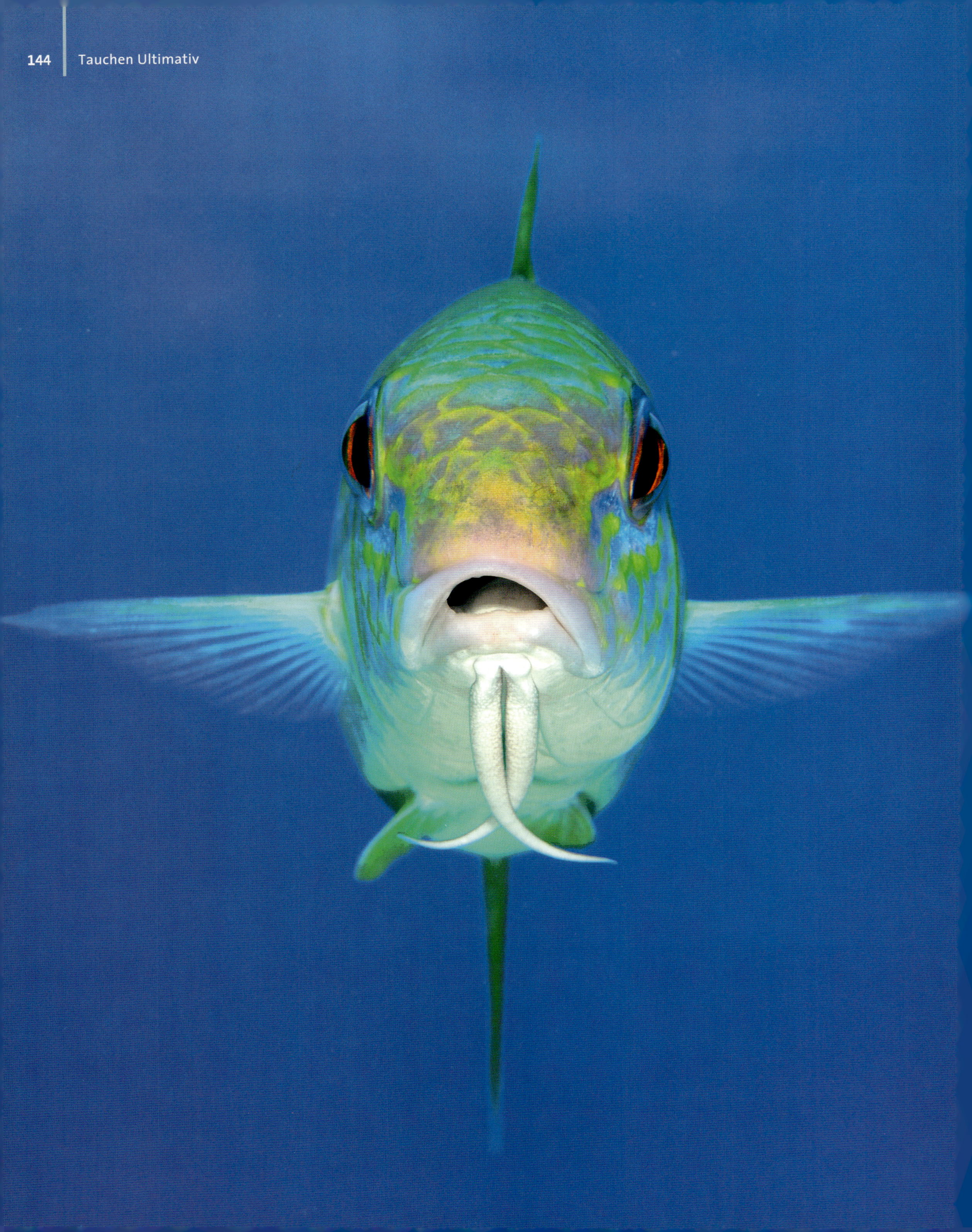

als Anwender macchiavellischer Strategien der Manipulation, Bestrafung und Versöhnung; mit dem Ausweis stabiler kultureller Traditionen sowie der Kooperation bei Feindbeobachtung und Nahrungssuche.[8]

Fische erkennen Schwarmgenossen, den sozialen Status Anderer und die Beziehungen Dritter. Sie können Werkzeuge verwenden, Nester bauen und sich in Labyrinthen zurecht finden. Viele der Fähigkeiten werden Taucher nicht überraschen, die Fische in der komplexen Welt der Korallenriffe, des Fressens oder Gefressenwerdens beobachtet haben, statt nur in einem Goldfischglas.

Mit den Fischen sprechen

Die Filmemacher Guy und Anita Chaumette sind sicher, dass wir Fischen zu wenig zutrauen. Ihre Filme zeigen Möglichkeiten, am Meeresleben ungefährlich teilzunehmen, um neue Einsichten zu gewinnen. Wenn Fische Besuche in Putzerstationen genießen, ist ihr Argument, tun sie das vielleicht auch, wenn Menschen sie bemuttern. In ihrem preisgekrönten Film „Talking with Fishes" zieht Guy los, um das an einem Nassau-Zackenbarsch unter Beweis zu stellen: Er nähert sich ihm höflich, darf ihn unter dem Kinn kraulen und schließlich überall. Das wiederholt er erst mit einer kleinen Gefleckten Muräne, dann mit einer großen Grünen. Anfangs feindselig, akzeptiert die große Muräne ihn dann doch. „Sie scheint sich richtig wohl zu fühlen", sagt er. Er schafft es sogar, einen giftigen Drachenkopf unter dem Kinn zu kitzeln und einen Ammenhai zu betören, sich den Rücken streicheln zu lassen.

Guys erstaunlicher Erfolg, sich Meerestieren zu nähern, liegt zum Teil an der Geduld beim Filmen, noch mehr aber darin, dass er gelernt hat, Tierverhalten nachzuahmen. Den Trick lernte er zuerst auf den Malediven bei der Arbeit als Tauchführer, wo er Gruppen zu der Putzerstation bei Manta Point am Lankanfinolhu-Riff begleitete. Guy löste sich von der Gruppe und benahm sich wie ein Mantarochen. „Ich äffte den Manta mit meinen ausgestreckten Armen nach – keine schnelle Bewegung, nur gleiten", erzählt er. „Bald begaben sich die Mantas über mich, unter mich – berührten sogar das Ende meiner Hand mit ihren Flügelspitzen."

Bei diesem Tanz mit den Mantas wendete Guy die Technik erstmals an und seither mit gutem Erfolg bei vielen anderen Tieren:

Kreuzt du deine Arme seitwärts über der Brust und streckst deine Hände wie Paddel raus, ahmst du eine Schildkröte nach und kommst extrem nahe ran. Nach zwei bis fünf Minuten fangen sie an, dich zu akzeptieren. Den karibischen Tintenfisch imitieren wir, indem wir uns mit ausgestreckten Händen wie mit Fangarmen bewegen. Statt zu flüchten, zieht es sie zu dir, sie kommen näher und berühren dich sogar.

Nicht viele von uns möchten ihre Finger für eine scharfzahnige, kurzsichtige Muräne riskieren – oder gar für einen tödlichen Scorpionsfisch. Aber Taucher haben fast seit Beginn des Scuba-Tauchens mit Fischen „gesprochen". Besonders Barsche schienen sich immer gern berühren zu lassen. In „The World Underwater Book" beschreibt Peter Dick, wie er mit einem Barsch in Kenia Freundschaft schloss, den er Rip taufte. „Nur einige Pfund schwer, ließ er sich unter dem Kinn kitzeln und schwamm hinter mir her", schrieb er. „Wie bei den meisten Barschen glich sein Charakter dem eines jungen Hundes, der hierher und dorthin saust und regelmäßig im Weg ist."[9] Ein Barsch namens Ulysses wurde der Held in Cousteaus Film „The Silent World": Er ließ sich von Tauchern in die Seiten puffen und drehte sich um seine Achse – total vergnügt. Cousteau möchte gern wissen, was der Fisch denkt: „Was für ein Bild vom Menschen kann ein Barsch haben? Diese Frage beschäftigt mich, seit ich zu tauchen begann."[10]

Taucher sind immer stolz, wenn sie es schaffen, einen Barsch mit der Hand zu füttern, und stellen sich vor, eine gewisse Verbindung zwischen sich und dem Tier geknüpft zu haben, notierte Cousteau. „Zu den beliebtesten Debatten an Bord der Calypso zählte die über den Intelligenzgrad von Barschen", schreibt er in „Life and Death in a Coral Sea". „Einige Taucher glaubten, dass diese Fische zu so etwas wie Zuneigung fähig sind, während andere Taucher an Bord eher skeptisch waren." Cousteau und seine Gefährten führten ein Experiment durch: Sie platzierten mehrere Spiegel am Meeresboden, um herauszufinden, mit welcher Aggressivität der Barsch sein Territorium gegen einen wahrgenommenen Eindringling – in diesem Fall gegen sein eigenes Spiegelbild – verteidigen würde. Mehrere

← Gelbe Meerbarbe
←← Gestreifte Sergant Fische gehören zu den ersten Begegnungen des Tauchanfängers.

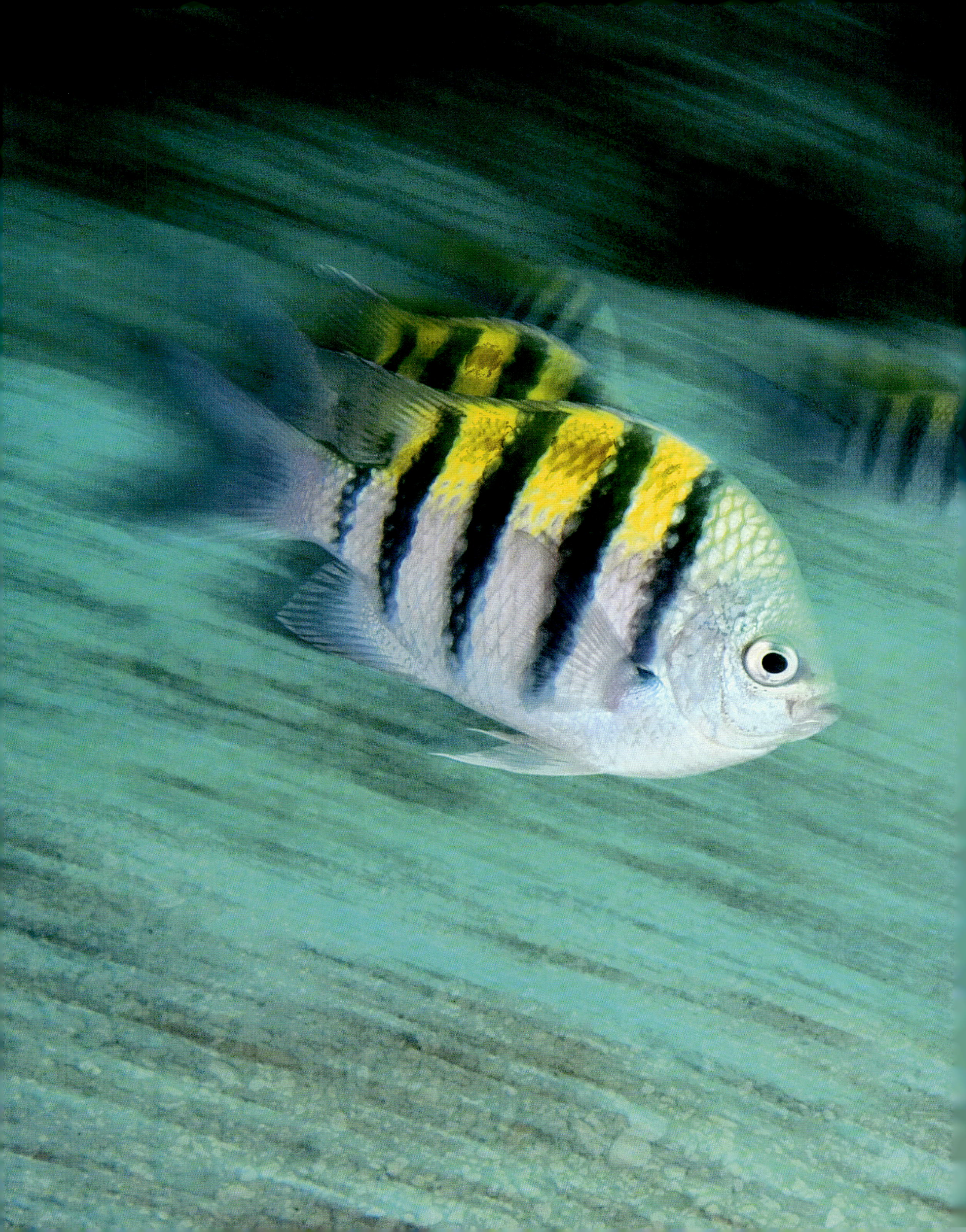

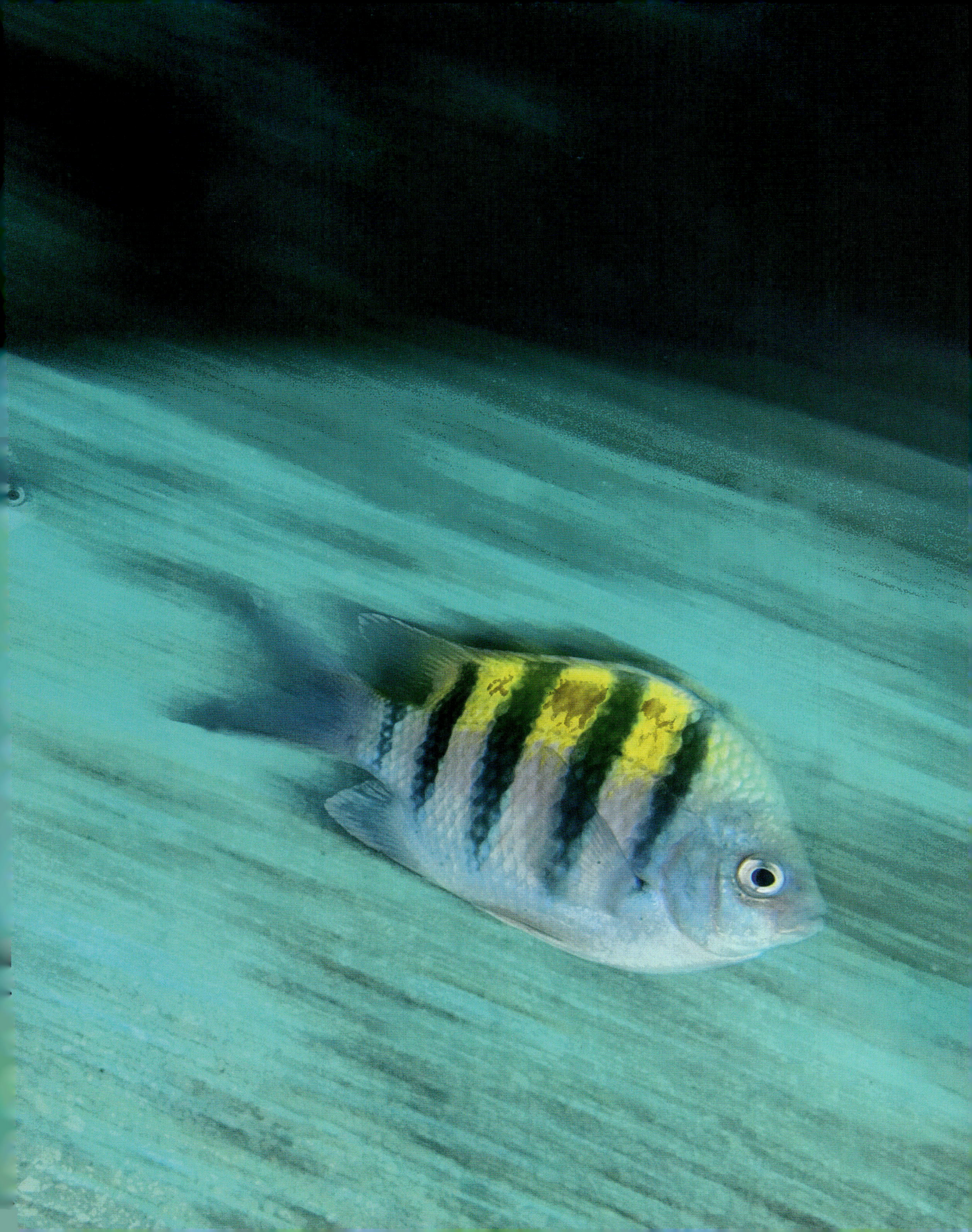

Barsche zerschmetterten beim Angriff auf den Aggressor die Spiegel. Einer starb, nachdem er die Scherben gefressen hatte. „Wir fanden den Barsch kieloben an der Oberfläche treibend", sagte Cousteau. Er gelangte zu dem Schluss, dass „unglücklicherweise nicht einmal ein Barsch Glas verdauen kann".[11] So viel über das Studieren von Barsch-Verhalten.

Ein Tabu: berühren oder nicht?

Wie weit können wir am Meeresleben teilnehmen? Ist es sicher? Ist es wünschenswert? Was dürfen wir, was nicht? Sollten wir es beim Fischebeobachten belassen? Klar, viele Kreaturen mögen Aufmerksamkeit. „Du kannst einen Hummer auf seine Nase stellen und von Kopf bis Schwanz streicheln", sagt Professor Trevor Norton, „er wird sich in Trance versetzen, bis du ihn da wieder rausholst – es ist höchst merkwürdig!" Du kannst das Gleiche mit einem Oktopus tun: An der richtigen Stelle gestreichelt wird er glasig und starr. Andererseits solltest du keinen Drückerfisch kitzeln wollen, oder einen Kugelfisch reizen: Wie Tauchlehrer Randy Jordan in Florida schmerzhaft herausfand, als er 2003 seinen Finger hin- und herkrümmte, um einen Kugelfisch zum Spielen herauszulocken. Der biss den Finger prompt ab und fraß ihn.[12]

Tauchern wird nun beigebracht, nichts anzufassen. Wir sind sicher einen langen Weg gegangen, seit es als akzeptabel galt, einen Ritt auf einem Walhai oder einer Schildkröte zu tun. Sich an eine Schildkröte zu hängen, macht ihr erheblichen Stress: Es kann sie vom Aufsteigen zum Atmen abhalten. Seelebewesen mit Handschuhen zu berühren, kann ihren schützenden Schleim schädigen. Einige Tauchbasen verbieten inzwischen Handschuhe, um Taucher abzuhalten, überhaupt etwas zu berühren. Was ist also richtig?

In riesige Vasenschwämme zu klettern, war einst eine beliebte Pose für Unterwasserporträts, bis wir den Schaden bemerkten, den wir anrichteten. Jeff Rotman ist nur einer von vielen Fotografen mit Archiven voller Girls in Vasenschwämmen und Kerls bei Walhai-Ritten. „Du kannst so was einfach nicht mehr tun", sagt er. „Regel Nummer eins heißt nun ‚Nicht berühren' – und ich meine, dabei sollten wir bleiben." Zugleich fürchtet er aber, dass wir schon zu weit in die andere Richtung fortgeschritten sein könnten: „Ich glaube, wir haben die Grenze schon hinter uns gelassen, weil einige dieser Tiere selbst die Wechselwirkungen genießen."

Unter denen, die Rotman zustimmen, ist Lawson Wood, dessen Umweltgrundsätze außer jedem Zweifel stehen: Als Gründungsmitglied der Marine Conservation Society half er auch, Schottlands erstes Meeres-Reservat bei St. Abbs und Eyemouth zu etablieren. „Fische werden gern berührt", sagt Lawson. „Solange du keine Handschuhe trägst, ist das in Ordnung." Umstrittener ist seine Meinung, dass auch Walhaie es genießen:

Kraule seinen Kopf gut. Will ein Walhai den Kontakt, bleibt er da. Wenn nicht, schwimmt er fort. Schwimme ihm nicht nach und hänge dich nicht an eine Flosse: Der Walhai kann dich nicht sehen und wird sich bedroht fühlen. Wenn du ihm aber mit offenen Händen, freundlich und langsam von vorne gegenüber trittst und er sich den Kopf kratzen lässt: Wo ist das Problem?

Das Problem ist, dass viele wenig erfahrene Taucher nicht wissen, was sie anfassen dürfen und was nicht. Es gibt im Meer so viele giftige Lebewesen, dass es besser ist, auf der sicheren Seite zu sein. Bewegt sich etwas langsam genug, um es berühren zu können, gibt es normalerweise einen guten Grund, es nicht zu tun. „Einige Tiere kann man anfassen", kommentiert Alex. „Aber es braucht einige Kenntnisse, um genau zu wissen, welche und wann, um keinen Schaden anzurichten. Leute sehen den Tauchlehrer etwas tun und glauben, das nachmachen zu können", ergänzt er. „Aber ohne die Menge an Erfahrung und Sinn zu verstehen, die in einer solchen Aktion steckt. Ohne dieses Wissen", schließt er, „bleibt es riskant für beide – das Tier und dich."

Fische füttern?

Meerestiere füttern ist ebenfalls kontrovers: Die meisten Meeres-Organisationen wenden sich dagegen. Angesichts der großen Schädigungen, die die Menschheit den Ozeanen zufügt, ist es nicht die schlimmste Sünde, ihnen kleine Futtermengen zu geben, sagen die Befürworter.

Stingray City in Grand Cayman stellt ein erstklassiges Beispiel dar, wie Tierefüttern eine Unterwasser-Begegnung von beträchtlichem Wert künstlich geschaffen hat – nicht

→ TAUCHER UND STACHELROCHEN ERFREUEN SICH EINER NAHEN BEGEGNUNG BEI STINGRAY CITY, GRAND CAYMAN.

Die Kunst des Beobachtens

nur für die Inselwirtschaft, sondern auch für die öffentliche Anerkennung des Meereslebens. Stachelrochen schwärmen zur Fütterung herbei, wenn die Tauch- und Schnorchelboote ankommen, um sich danach ebenso schnell sofort wieder dem Herumsuchen nach ihrem normalen Futter im Sand zuzuwenden. „Sie hängen nicht bloß herum und warten, bis das nächste Boot auftaucht", sagt Lawson Wood. Ned DeLoach vertritt ebenfalls die Meinung, dass Füttern Fischverhalten nicht negativ beeinflusst:

> So vielen wilden Tieren nahe zu sein, wirkt erfrischend. Riffbesucher erfreut die Erfahrung allgemein, und die Fische beschweren sich sicher nicht.

da ist das Füttern von ein paar Dutzend an der Küste noch nicht einmal der Anfang zum natürlichen Gleichgewicht zurück. In einem größeren Zusammenhang ist es nicht so schlimm. Tauchen in wilder Natur auch nicht.

Das Unterwasserorchester

Beim Scuba-Tauchen verhindern unsere Luftblasen permanent, dass wir hören, was unter Wasser wirklich passiert. Hast du aber einmal einen Pistolenkrebs erlebt, wenn du mit Rebreather tauchst, wirst du das da unten nie mehr eine stille Welt nennen. Gelingt es dir, eines dieser außergewöhnlichen Krustentiere aus ihrer Höhle zu locken,

⬆ AM MEERESBODEN NIEDERLASSEN, UND DIE FISCHE GEWÖHNEN SICH AN DICH.

BLAUSTREIFEN-SCHNAPPER ➔

„Die amourösen Männchen senden eine Kakophonie von Pfeifensignalen, gemessen 30 bis 40 Dezibel lauter als jeder bisher bekannte Fischton."[16] Sehr laut wird auch der Eichhörnchenfisch bei Dunkelheit: Er findet so heraus, wer sich seinem Territorium nähert.

Die raffiniertesten Vokalisten am Riff sind Riffbarsche, und besonders der Zweifarbenriffbarsch. Diese winzigen Planktonfresser setzen eine große Breite von Rufen ein, um mit anderen Mitgliedern ihrer Hierarchie zu kommunizieren, so Ned DeLoach:

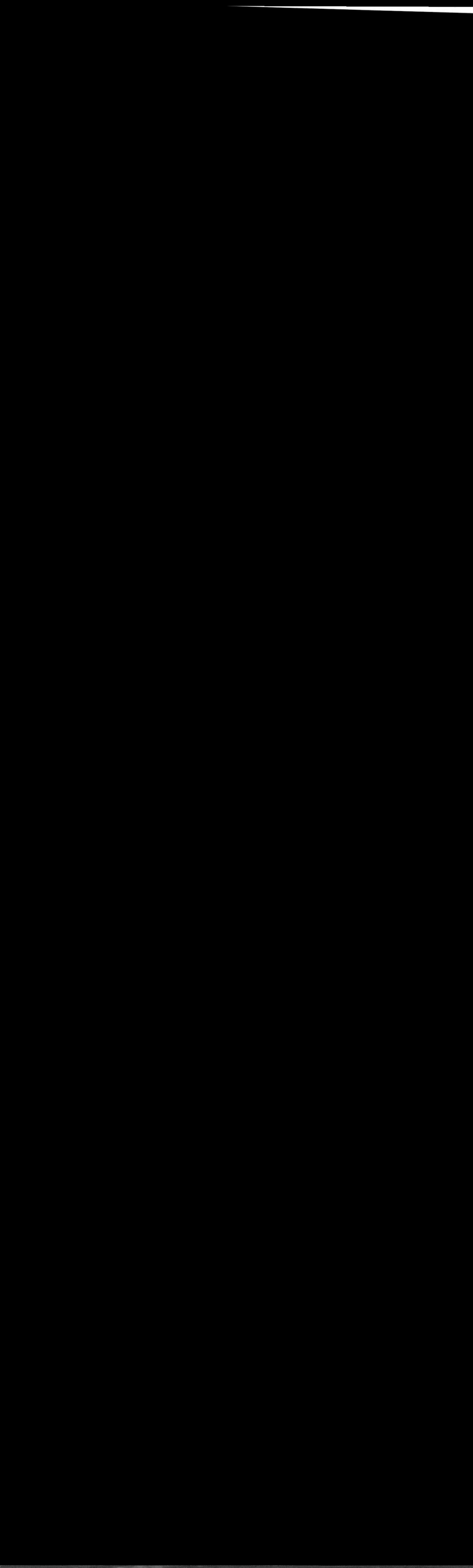

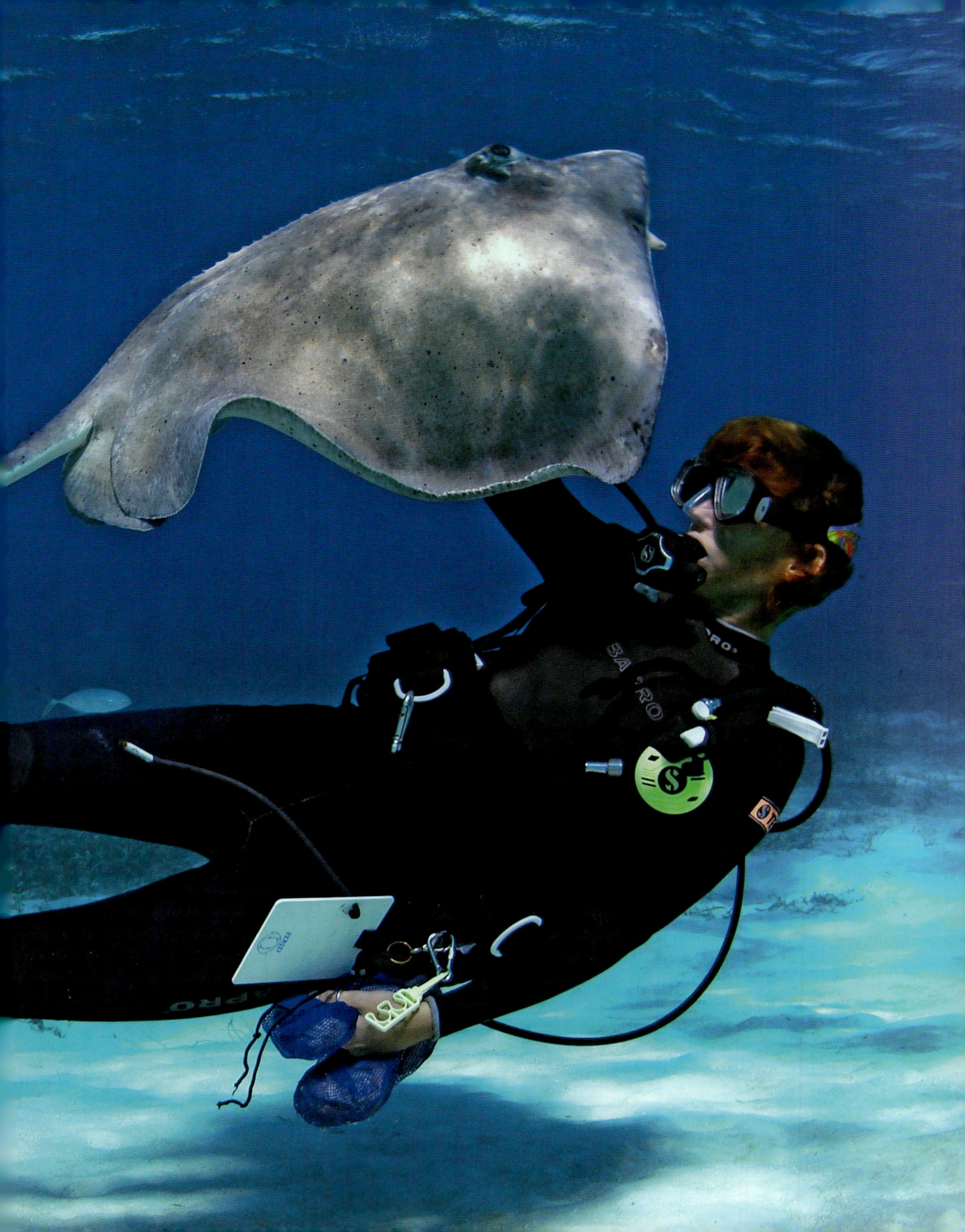

AN BORD EINES DHONI, EINES JENER TYPISCHEN LEUCHTEND BUNTEN BOOTE AUF DEN MALEDIVEN, KREUZEN WIR DIE WESTKÜSTE DES ARI-ATOLLS HINUNTER, DEN ÄUSSEREN RIFFRAND ENTLANG. DIE CREW AM BUG UND AN DECK BEOBACHTET GESPANNT DAS TIEFBLAUE WASSER RUNDHERUM. EIN GUTES DUTZEND TAUCHER WARTET AN BORD. DIE SCHWIMMFLOSSEN HABEN WIR SCHON AN UND DIE TAUCHBRILLEN AUF DER STIRN. PLÖTZLICH RUFT EINER „AUF, AUF!" UND WIR SPRINGEN ALLE VON BORD.

Ich gleite durchs Wasser, äuge durch meine Maske nach unten und rundherum. Außer leerem Blau sehe ich nichts, absolut nichts. Schon denke ich: Wie konntest du nur mit einer gewollten Begegnung dieser Art rechnen? Doch plötzlich taucht aus dem Nichts ein Monster auf, dessen Anblick mir fast den Atem verschlägt: Ein riesiger gefleckter Walhai schwimmt in atemberaubender Schönheit majestätisch vorbei, ganz nahe am Riff und keine drei Meter tief. Ich gleite an dem wundervollen Tier entlang und sehe noch, wie es seinen massiven Körper mit einer kaum wahrnehmbaren Bewegung der riesigen Schwanzflosse in die Tiefe befördert.

Wir klettern zurück an Bord und plappern drauf los. Sogar Profi Alex macht kein Hehl aus seiner Begeisterung und rudert mit den Armen wie der Walhai durch die Luft: „Wow – der war sooo groß und schön gefleckt!"

Kein Wunder, dass wir hellauf begeistert sind. Als größte Fische der Welt können Walhaie zwölf Meter lang und 15 Tonnen schwer werden – rund dreimal so schwer wie ein afrikanischer Elefant. Wie Großwale ist er ein Filtrierer, der mit dem enormen Maul riesige Wassermengen schöpft, die von siebähnlichen Strukturen in den Kiemenschlitzen beidseitig gefiltert werden. Die Hauptkost besteht aus Plankton, Tinten- und Kleinfisch. Er frisst vor allem nachts und kreuzt tagsüber langsam das Riff entlang, begleitet von Schiffshaltern und Pilotfischen.

Aus guten Gründen benutzen wir nur eine einfache Schnorchelausrüstung. Mit Atemgeräten könnten ein gutes Dutzend Leute im Dhoni nicht so schnell raus- und reinklettern – und die ausgeatmeten Luftblasen würden ihn vertreiben. Außerdem passt es dazu, du selbst zu sein – nur mit Badeanzug, Flossen und Tauchbrille dort unten

*„Dritter Fischer: ‚Herr, mich wundert, wie Fische im Meer leben.'
Erster Fischer: ‚Warum? Wie Menschen an Land: Die großen
fressen die kleinen.'"*

William Shakespeare, „Pericles", 2. Akt, 1. Szene

bei diesem großen Tier. Du fühlst dich ihm nicht nur näher, in der Stille der See wirkt seine Erscheinung noch königlicher. Und wir hatten Glück: Der König blieb bei uns.

Nach unserer ersten Walhai-Überraschung machte das Boot Fahrt, sodass wir zum zweiten Versuch reinspringen konnten. Beim dritten Ausflug blieb er gute zehn Minuten bei uns. Das erlaubte mir einen ausführlichen Blick auf sein breites Haupt, um mich dann weiterzutasten – bis zu seinem kräftigen Schwanz, zur Schwanzflosse und zu den riesigen cremefarbenen Flecken, den kreidigen Streifen und den wunderschönen grauen Rillen, die seinen Körper bedeckten. Schiffshalter an beiden Seiten der Brustflossen hingen wie Düsen unter den Flügeln eines Jets. Ich schaute direkt in die dunkle Urtiefe seines Auges, doch der geheimnisvolle Riese gab nichts preis.

Wir müssen noch viel über diese Walhaie lernen, die unsere Abenteuerlust so anfachen, wenn wir mit ihnen tauchen. Wir wissen, dass sie Junge lebend gebären, sich langsam entwickeln, um die 30 geschlechtsreif und 60 Jahre alt werden – vielleicht auch älter. Ein vor Taiwan gefangenes schwangeres Weibchen trug 307 Embryos. Walhaie wandern zwischen Weideplätzen. Ob sie in den großen Ozeanen getrennte Populationen bilden, ist unklar. Manche legen sicher riesige Strecken zurück: ein drei Jahre lang beobachtetes Exemplar ganze 13.000 Kilometer.

Walhaie sind gefährdet

Unser Erlebnis gehörte früher ins Reich der Träume von Tauchern. Treffen mit den Riesen werden zunehmend möglich, indem wir mehr über sie lernen.

Rob Bryning von Malediven Scuba Tours, der Walhai-Safaris von seinem Hotelschiff MV Sea Spirit aus führt, sieht den Riesenfisch jetzt auf 80 Prozent der Trips. „Eine Weile hielten wir sie für saisonal", sagt er. „Als wir aber suchten,

WALHAIE AUF DEN MALEDIVEN.

⑦ Die riesigen Filtrierer können bis zu 15 Tonnen wiegen.

merkten wir, dass sie mehr oder weniger das ganze Jahr da sind – und sind zuversichtlich, sie meist finden zu können.

Natürlich hilft es, dass Walhaie menschliche Gesellschaft offensichtlich mögen. Solange sie sich von niemandem bedroht fühlen, etwa wenn jemand direkt vor ihnen nach unten taucht oder sie anfassen will, bleiben sie aus purer Neugierde an der Seite von Schnorchlern.

Die Zunahme des Tourismus könnte eine gute Nachricht für Walhaie sein. Leider sind diese einzigartigen Tiere durch den Fischfang höchst gefährdet. Ihr Fleisch erzielt noch immer hohe Preise in Taiwan und anderswo in Asien, obwohl die International Union for the Conservation of Nature and Natural Resources (IUCN) den Walhai als „schutzbedürftig" klassifiziert in ihrer Roten Liste führt. Taiwan hat kürzlich seine jährliche Fangquote immerhin von 120 auf 65 Tiere gesenkt und war im April 2005 Gastgeber einer Konferenz, die Alternativen zur Jagd untersuchte, wie z.B. den Walhai-Ökotourismus. Den ökonomischen Anreiz der Arterhaltung gibt es sicher: Das Jahreseinkommen aus der Beobachtung von Walhaien wird in Westaustralien auf 6,5 Millionen US-Dollar geschätzt.

Wie viele andere Meeresbewohner wurden Walhaie lange durch Schauergeschichten dämonisiert. Jahrhunderte beruhten Beschreibungen dieser harmlosen Fische auf Angst und Ignoranz, ersonnen, den allgemeinen Hunger nach Geschichten über Meeresungeheuer zu stillen. Für das Viktorianische Zeitalter und früher mag das vielleicht nicht überraschen. Aber noch Mitte des 20. Jahrhunderts blies der norwegische Entdecker Thor Heyerdahl in das gleiche Horn, als er das Treffen seiner Crew mit einem Walhai beschrieb – auf der gefeierten Kon Tiki Expedition.

Das Floß segelten sie von Peru nach Tahiti, um frühe Navigationskunst zu testen:

Knut kniete dort und wusch seine Hosen in der Dünung, als er einen Moment aufblickte und direkt in das größte und hässlichste Gesicht starrte, das jeder von uns in seinem ganzen Leben gesehen hatte. Es war der Kopf eines veritablen Seeungeheuers, so riesig und grässlich. Wäre Neptun selbst heraufgestiegen, hätte er uns nicht so beeindruckt. Das Haupt war breit und flach wie bei einem Frosch, mit zwei kleinen Augen rechts und links an den Seiten und einem krötenähnlichen Kiefer von etwa eineinhalb Meter Breite ... Das Monster kam still und langsam von Achtern auf uns zu. Es grinste wie eine Bulldogge und schlug leicht mit dem Schwanz.[1]

Heyerdahl und seine Gefährten beobachteten fasziniert, wie sich der Walhai am Floß riebt. Der Fisch war so groß, dass man seinen Kopf auf der einen Seite sah und sein Schwanz auf der anderen herausragte, als er sie in Kreisen umschwamm. „So grotesk, schwerfällig und dumm erschien uns der Gesamtanblick", schrieb Heyerdahl, „dass wir uns nicht halten konnten, laut zu lachen, obwohl wir erkannten, dass seine Kraft im Schwanz reichen würde, um uns in Stücke zu zerschmettern." Die Aufregung stieg den Norwegern bald in den Kopf. „Erik erregte das zu sehr", schrieb Heyerdahl und schildert, wie sein Kamerad grausig eine Harpune tief ins Haupt des Walhais stieß.

Derart brutaler „Sport" ist heutzutage unfassbar, wenn Menschen bereit sind, halb um die Erde zu fliegen, nur für das Privileg, wenige Minuten in der Gesellschaft dieser Lebewesen zu verbringen. Diese kostbaren Momente werden zu den Höhepunkten ihres Lebens unter Wasser zählen. Tauchführer Patrick Weir beschreibt sein Treffen mit einem Walhai auf den Cayman Islands als „zweifelsohne lebendigstes Erlebnis in zehn Jahren Tauchen". Die zweite Tauchführung des Tages war gerade zu Ende, als er gleich rechts neben dem Boot einen Walhai entdeckte:

Sofort grabschte alles nach Tauchmasken und Kameras und sprang rein. Wir spielten mit diesem Walhai ungefähr 45 Minuten. Ich schaute direkt in sein Maul runter bis in den Magen, so nahe war ich ihm. Ich richtete mein Auge auf seines und konnte mein Spiegelbild in seinem Auge sehen! An seiner Seite klebte ein Remora oder Schiffshalter, gleich groß wie ich. Eine wirklich erstaunliche Erfahrung!

① Walhaie scheinen sich bei Menschen wohl zu fühlen.

Kein Böser: der Teufelsrochen

Ein anderes Tier, das unter einem Imageproblem litt, ist der Manta- oder Teufelsrochen, in vielen Ländern Teufelsfisch genannt – Gegenstand endloser Fischer-Mythen. Cousteau allerdings wusste genau, dass diese Dämonisierung lauter Unsinn war: „Man warnte uns, dass Mantas Taucher töteten, indem sie ihre Flügel um den Menschen schlagen und ihn ersticken oder den Taucher einwickeln und am Grund zerschmettern. Ohne Furcht einzuflößen, wecken sie in jedem Menschen, der das Glück hat, sie fliegen zu sehen, Bewunderung."[2]

Mantas wiegen bis zu 1.350 Kilogramm und bringen es auf eine geschätzte Lebenserwartung von rund 20 Jahren. Ungeachtet ihrer Größe sind sie wie Walhaie harmlose Filtrierer. Ihre 300 Zähnchen brauchen sie nicht zum Fressen, sondern bei der Paarung, wenn das Männchen das Ende der Flügelspitze des Weibchens fasst, bevor er seinen Clasper (ein penisähnliches Organ) zur Befruchtung in sie einführt. Die Eier entwickeln sich innerhalb des Weibchens in neun bis zwölf Monaten. Wo und wann sie aber gebären, ist noch immer ein Geheimnis. Wahrscheinlich wandern Mantas durch die Meere, aber über das Wohin weiß man wenig. Verschiedene Kennzeichnungs- und Sonartelemetrie-Programme versuchen zurzeit, diese Fragen zu beantworten.

Was immer die Geheimnisse im Lebenszyklus eines Mantas sind: Es ist ein wunderschönes Wildtier – und der klare Favorit des Thriller-Autors Frederick Forsyth. „Sie sind die erstaunlichsten Wesen, die man sehen kann", sagt er. „Sie sind Riesen, aber sanft. Sie sind schüchtern, aber auch unglaublich elegant. Und sie scheinen nicht zu schwimmen, sondern zu fliegen – mit diesen großen Flossen, die eigentlich mehr Flügel sind. Definitiv das Erstaunlichste, das ich unter Wasser sah", schließt er.

Mantas haben außer großen Haien keine Feinde, aber manchmal geraten sie zufällig in Netze oder an Fischerleinen. Filmemacher John Boyle machte eine bemerkenswerte Erfahrung auf den Cocos Islands: Es näherte sich ihm ein riesiger Manta, der an einer Leine hing und auf Hilfe zu warten schien. „Es war interessant, der Manta schwebte im Wasser", sagt er. „Er bewegte sich nicht, sodass er langsam in einem Kreis sank – wieder hochkam und erneut schwebte." Boyle versuchte, den Manta frei zu kriegen, musste aber zum Boot rauf, weil ihm die Luft ausging. Er dachte, die arme Kreatur einem unglücklichen Ende überlassen zu haben. Bald darauf sah er zu seinem Erstaunen ein Bild desselben Mantas, geschossen von Howard Hall, am selben Platz, nur eine Woche später: Hall und seine Frau hatten es geschafft, den Rochen loszuschneiden. „Interessanterweise hatten wir beide das Gefühl, dass er Hilfe suchte: ‚Kommt Leute, holt mich hier raus'", erinnert sich Boyle.

Dieser seltsame Eindruck ist vielleicht gar nicht so weit weg von der Wahrheit: Mantas frequentieren regelmäßig Putzerstationen, wo sie üblicherweise schweben, während die kleinen Kerlchen ihre Arbeit tun. Sie gleiten oft ein bisschen weg und wieder zurück. Möglicherweise sah der Beschädigte in den Tauchern Putzerfische.

Am besten beobachtet man Mantas an Futterplätzen still hinter einer Abwärtsströmung sitzend, damit Luftblasen nicht stören. Ich sah Touristen auf den Malediven, überladen mit teurer Kameraausrüstung an der Putzerstation sitzen, die sich ohne Zweifel wunderten, weil sie keine Fotos kriegten. Mantas fressen oft auch nahe an der Oberfläche, womit Schnorcheln die bessere Wahl ist.

Der schlechte Ruf der Mantas unter Fischern dürfte aus Berichten stammen, in denen übergroße Exemplare aus dem Wasser sprangen, auf kleinen Booten landeten, sie und ihre Besatzung zerschmetterten. Solche Geschichten sind im Zweifel unwahr, auch wenn Mantas tatsächlich aus dem Wasser springen. Warum genau, weiß niemand: Kann sein, um Räubern zu entkommen, sich von Parasiten zu befreien oder untereinander zu kommunizieren. Der Einschlag eines großen Mantas ist unter Wasser mehrere Kilometer weit zu hören. Aber vielleicht spielt der „Teufelsfisch" einfach nur – wir wissen es nicht.

← Ein Mantarochen gleitet schwerelos wie ein Raumschiff.
→ Vier Schiffshalter haben sich zum Flug angedockt.

Treffen mit freundlichen Monstern | 163

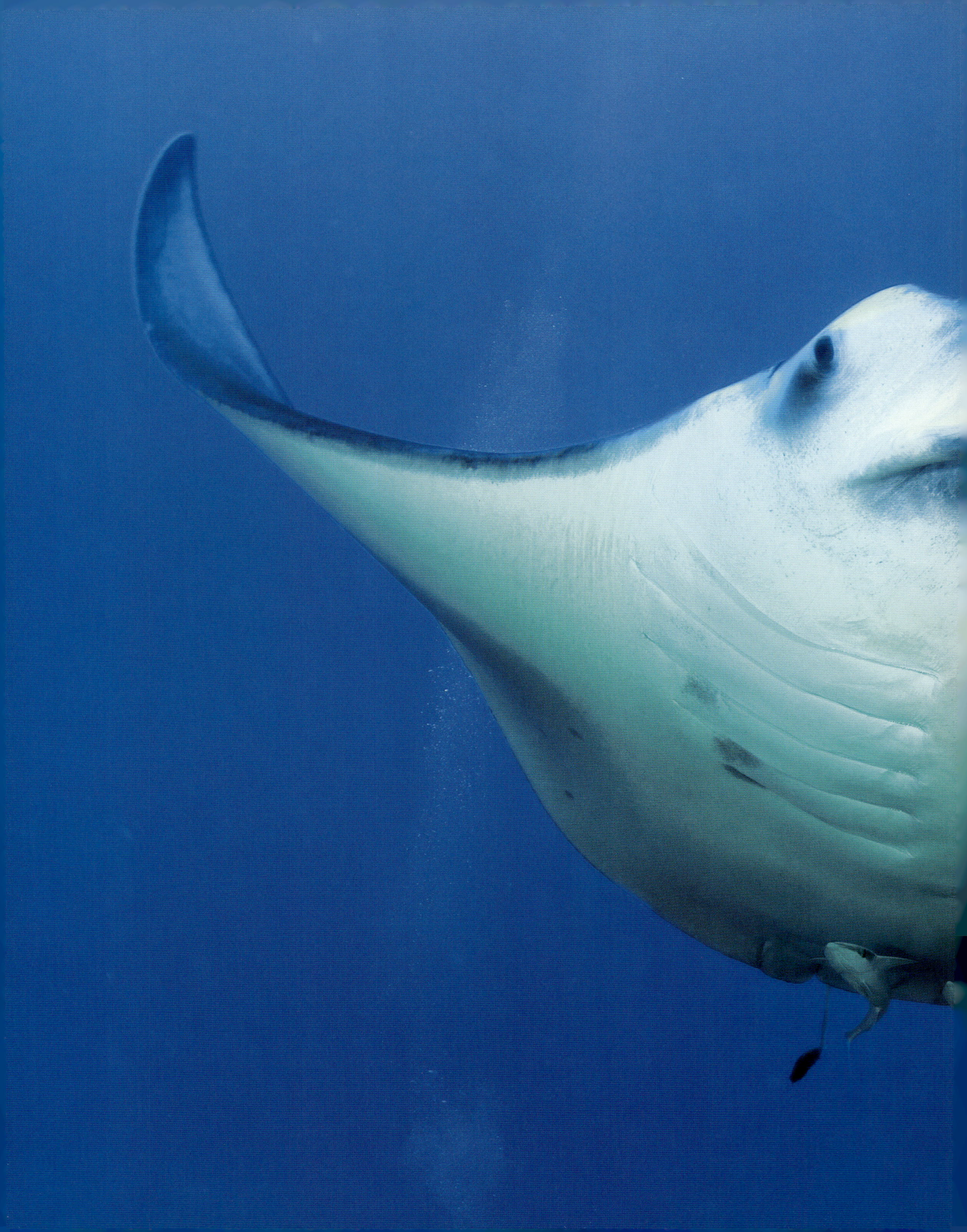

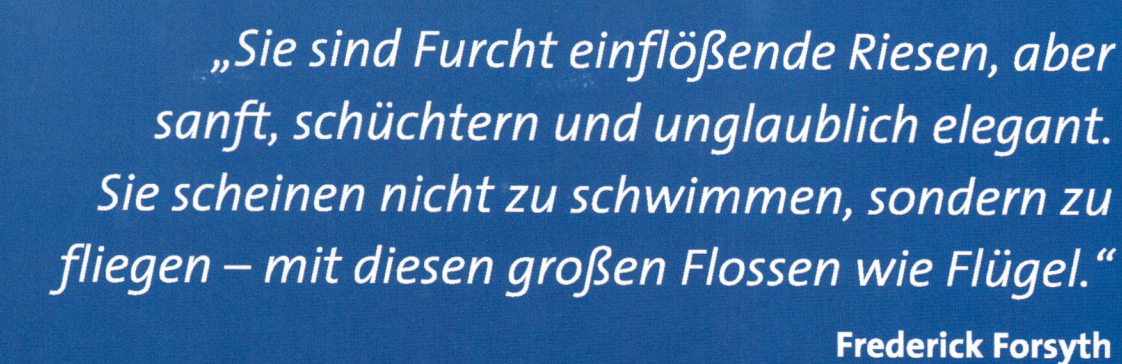

„Sie sind Furcht einflößende Riesen, aber sanft, schüchtern und unglaublich elegant. Sie scheinen nicht zu schwimmen, sondern zu fliegen – mit diesen großen Flossen wie Flügel."

Frederick Forsyth

↑ Ein Karibischer Riffhai zieht seine Runden.

Schützt die Haie!

Haie, jeder weiß es, haben einen Furcht einflößenden Ruf. Heute sollte aber jeder wissen, dass dieser Ruf unverdient ist – auch wenn er auf Jahrhunderte der Ignoranz und des Vorurteils gründet. Die eleganten Räuber unter Wasser zu treffen, kann eine aufregende Taucherfahrung sein. Ist die anfängliche Furcht erst einmal überwunden, suchen die meisten Taucher Haie. Wissen und Erfahrung sagen uns, dass Angriffe auf Taucher extrem selten sind. Trotzdem spüren die meisten den kleinen Adrenalinstoß, wenn wir diese Topräuber in ihrem Territorium beobachten.

Tatsächlich sind Haiattacken extrem selten. Nach dem ISAF (International Shark Attack File) gibt es im Schnitt drei oder vier menschliche Todesfälle durch unprovozierte Attacken weltweit, und selten mehr als zehn. Kommt es zu Angriffen, richten sie sich in der Regel gegen Surfer oder Schwimmer. Man hört praktisch nie, dass ein Hai einen Scuba-Taucher beißt. Zum Teil vielleicht, weil Luftblasen Haie argwöhnisch machen, weil sie nicht zu ihrer Welt gehören – außer bei defensiven Drohgebärden von Walen und Delphinen.

Die vereinzelten Attacken entstehen in der Regel irrtümlich: Der Hai verwechselt die Umrisse eines Schwimmers oder Surfers mit denen seiner normalen Beute, zum Beispiel mit einer Robbe. „Wenn du bedenkst, wie viele hunderte Millionen Menschen in den Meeren der Welt baden und wie wenige Haiattacken es jedes Jahr gibt", sagt Fabien Cousteau, „ wird klar, dass sie nicht geistlos sind, sondern alles in ihrer Macht stehende tun, um uns zu ‚vermeiden'."

Die Haifrage muss wirklich auf den Kopf gestellt werden. Die wirkliche Frage lautet nicht, wie viele Haie Menschen töten, sondern wie viele von Menschen getötet werden. Nach konservativer Schätzung werden über 100 Millionen Haie jährlich für Asiens Haifischflossen-Suppenindustrie geschlachtet. Dieses so genannte Hai-Finning ist besonders brutal: Die Flossen werden abgeschnitten, dann der Hai zurück ins Wasser geworfen, wo er verblutet oder untergeht. „Das weltweite Ausmaß von Hai-Finning ist horrend", sagt Jeremy Stafford-Deitsch, Gründer des Shark Trust. „Gewildert wird epidemisch, sogar in Schutzgebieten wie den Galapagos und Cocos Inseln."

Haitourismus, bei dem Taucher zahlen, um Haie zu sehen, ist ein Weg, um Haipopulationen zu schützen, weil er lebende Haie wirtschaftlich wertvoller macht als tote. In vielen Gegenden ist Haifüttern üblich geworden und garantiert Tauchern, verschiedene Arten sehen zu können. Einige Umweltschützer meinen, wir dürften nicht auf diese Weise das natürliche Gleichgewicht zerstören, aber Stafford-Deitsch hält das für an der Sache vorbeigehend:

> *Meine Meinung ist: Richtig ausgeführt kann Füttern für Haie immens wertvoll sein. Lokale Wirtschaften kommen durch diese Quelle zu nachhaltigen Einkommen, sie fangen an, schonender mit der Umwelt umzugehen, wenn sie daraus einigen Gewinn erzielen. Es leuchtet ein, dass es beim Füttern einige Regeln braucht. Ich bevorzuge jene Plätze, wo Haie und Taucher getrennt bleiben. Einige Fütterer rangeln mit den Haien, begrabschen sie, drehen sie herum usw. Ich glaube nicht, dass das ein besonders guter Umgang mit den Tieren ist. Leute regen sich sehr über das Haifüttern auf, dabei sollten sie sich über Hai-Finning Sorgen machen und über Sportfischer, die regelmäßig Haie töten. Den meisten Bedenken der Leute gegen Haifüttern kann leicht mit gesundem Menschenverstand entgegnet werden – oder durch Befolgen der Verhaltensregeln des Hai-Trusts.*

Am häufigsten entdecken Taucher Riffhaie. Größere Ozeanhaie, wie Weißspitzenhochseehai, Glatt-, Fuchs-, Blau- und Bogenstirnhammerhai, finden sich per definitionem weiter draußen in der Tiefe oder rund um isolierte Unterseegipfel. Die meisten Haie scheuen Taucher, aber wo sie sich in großen Schwärmen versammeln, kannst du manchmal näher kommen: Bei den Galapagos Inseln zum Beispiel sammeln sich große Gruppen von weiblichen Bogenstirnhammerhaien vor der Paarung. Sie suchen Putzerstationen am Riff auf, wo Schmetterlingsfische und Kaiserfische sie von Parasiten befreien.

Dem Weißen Hai begegnen

Ins Blaue hinauszuschauen und eine Schule Hammerhaie zu treffen (sehr begehrt, unter Tauchern als „Haitapete" bekannt) ist schon aufregend genug. Aber so nahe dran an einem Hai zu schwimmen, dass du wirklich seine einzelnen Zähne zählen kannst, ist ein völlig unvergessliches Erlebnis. Vor allem dann, wenn es sich bei dem infrage stehenden Exemplar um den ultimativen Räuber handelt, den Großen Weißen.

↑ Einige Haie schauen ganz unerwartet aus. Dieser winzige Korallenkatzenhai ruht am Meeresgrund.

Der Südafrikaner Mike Rutzen unterhält ein Haischau-Unternehmen vor der Kapküste, das einige außergewöhnliche Einblicke in das Verhalten der Großen Weißen gewonnen hat. Zum Beispiel kann er die Haie überreden, ihre Mäuler zu öffnen, nur so im Wasser hinter dem Boot abzuhängen und einfach ihre Nasen dran zu reiben. Freitauchen und sich mit ihnen im offenen Wasser zu beschäftigen, hat er zu einer Spezialität entwickelt. Das half, mit manchen Mythen Schluss zu machen. „Leute pflegten mir zu sagen, wenn du deinen Zeh ins Wasser hältst, wird ihn der Große Weiße sofort abbeißen. Aber das ist einfach nicht wahr." In der Erfahrung von Mike sind Große Weiße weit entfernt vom populären Bild der grausamen Killermaschine:

TROTZ DES ANGST EINFLÖSSENDEN ÄUSSEREN DES GROSSEN WEISSEN IST SEIN SCHLECHTER RUF UNVERDIENT. (BEIDE BILDER: ERIC CHENG)

„Mich beeindruckt, wie intelligent diese Tiere sind, dich im Wasser zu akzeptieren, deine Körpersprache zu lesen und dann mit dir auf sehr ruhige Art umzugehen."

Rutzen taucht mit Großen Weißen nur frei, wenn die Bedingungen absolut stimmen: mindestens acht bis zehn Meter Sichtweite, ruhige See und klarer Himmel, damit die Bootscrew beobachten kann, was unter Wasser geschieht. „Wir arbeiten nur mit Haien, die wir Spieler nennen – die also richtig relaxt um das Boot herum sind", sagt er. „Und wir machen alles sehr langsam. Du musst sie beobachten und wissen, was sie tun. Jedes Tier beobachtet jedes andere, sie beobachten dich, also musst du deinen Platz finden und dich einpassen, ohne das Gleichgewicht zu stören." Rutzen und seine Tauchbuddys machen Videos von allen Ausflügen, spielen sie immer wieder ab – auf der Suche nach jedem subtilen Hinweis auf das wahre Wesen der Haie.

Der Große Weiße hat immer schlechte Presse. Sogar Hans Hass, dessen große Unterwasser-Erfahrung generell sehr zuverlässige Beobachtungen lieferte, ging dem Mythos auf den Leim. Er glaubte, dieser Hai würde ganz andere angeborene Reaktionen besitzen, was erklärte, warum er „sich so mechanisch verhält und automatisch hinaufschwimmt, um sogar so etwas für ihn Fremdes anzugreifen wie den Menschen".[3] Steven Spielbergs Film „Der weiße Hai" nährte diesen Mythos und schuf weltweit eine Hai-Hysterie, da er die Großen Weißen als grausame und rachsüchtige Menschenfresser porträtierte. Das räumt heute auch Autor Peter Benchley selbst bedauernd ein. Heute sieht er sich als Anwalt zum Schutze der Haie. Mike Rutzen meint, dass die negative Publicity die positive Nebenwirkung hatte, das Profil der Art zu schärfen: „Zu unserem Glück sind die Großen Weißen extrem gute Botschafter für alle Haie, weil sie jeden interessieren."

„Große Weiße sind extrem gute Botschafter aller Haie, weil sich jeder für sie interessiert."
Mike Rutzen

Der trojanische Hai

Auch der Taucher Fabien Cousteau ist überzeugt, dass Große Weiße sowohl missverstanden werden, wie auch die Rolle des Champions der rund 400 anderen Haiarten da draußen spielen. Bei seinem letzten großen Projekt filmte er die Großen Weißen aus einem Mini-U-Boot mit dem Spitznamen Troy (Troja), einer perfekten Hainachbildung. Das anatomisch korrekte, vier Meter lange „nasse" U-Boot (im Innern Cousteau in voller Tauchausrüstung) kann fünf Knoten machen – schnell genug, um mit einem Hai mitzuhalten.

„Ich wählte Große Weiße erstens, weil sie sehr intelligent sind und ein sehr großes Gehirnvolumen besitzen, und zweitens weil sie sehr visuelle Kreaturen sind. Er erzählte auch, wie er immer seinen Kindheitstraum wahr machen wollte, zu dem ihn Tintins Buch „Le Trésor de Rackam le Rouge" inspirierte. Darin steuern der Held und sein Hund Snowy ein haiförmiges U-Boot. „Für mich war es das Tollste", gesteht er. Es hilft natürlich, ein Cousteau zu sein, wenn du dir so extravagante Kindheitsträume erfüllen willst – vor allem, wenn du die besten Ingenieure der Filmindustrie anrufen musst, damit sie dir helfen, eine Hightech-Replika mit Kunsthaut zu bauen, die gut genug ist, die Haie selbst zu täuschen.

„Es gab viel zu viele Haifilme", sagt Fabien, „aber ich suchte einen Ansatz des Diane Fossey/Jane Goodall-Typs: Ich wollte einer von ihnen werden. „Die echten, gefilmten Haie in Mexiko und Australien beantworteten seinen Kunsthai mit Anstarren, Kiemenblähen und anderen charakteristischen Kommunikationsformen. Fabien fand das ganze Unternehmen sehr erhellend: „Sie aus der Nähe zu studieren und ohne künstliche Stimulation – wie Köder, der ihr Verhalten ändert – zu beobachten, war ein echter Gewinn." Er spielte sogar mit der Idee, Hai-Pheromone (sexuelle Duftstoffe) ins Wasser zu lassen, um ihre Reaktion zu testen. Aber unglücklicherweise konnten sie nicht hergestellt werden. „Also kein Große-Weiße-Bumsen ...", räumt er ein. „Nicht dass ich da drin sein wollte. Denn wenn du das Paarungsverhalten von Haien kennst, weißt du, dass es kein sanfter Akt ist." Das mit Troy aufgezeichnete Haiverhalten ist nichtsdestoweniger phänomenal. Der Film „In The Mind of A Demon" ist seine klare Botschaft:

Große Weiße gehören zu den Bannerträgern des Ozeans. Sie erringen die größte Aufmerksamkeit. Also müssen wir fähig sein, das positiv zu nutzen – Menschen bewusst machen, was vor sich geht. Und ihnen hoffentlich ein bisschen Respekt nahe zu bringen, was diese Tiere tun – und für ihre entscheidend wichtige Rolle im Ökosystem unserer Meere.

Die Fahrt im Inneren eines „trojanischen Hais" ist eine Sache, der Ritt auf einem echten Großen Weißen eine völlig andere. Die konkurrierenden Cousteaus, scheint es, tun alles, um sich gegenseitig auszustechen. Dieses Mal war es Jean-Michel, der mit Andre Hartman, dem bekannten Experten für Große Weiße, in südafrikanische Gewässer sprang. „Um es kurz zu machen: Schnorcheln, der Griff nach der Rückenflosse eines vier Meter Großen Weißen und ein Ritt auf ihm. Es war ein sehr außergewöhnlicher Augenblick", erklärt Jean-Michel.

Ein Unfall mit Bullenhaien

Ein anderer Hai mit Furcht erregendem Ruf ist der Bullenhai. Und wieder warnt die herkömmliche Weisheit, ihn besser zu meiden. Einmal begleitete ich Jeremy Stafford-Deitsch auf einem Ausflug zu einer Gruppe Bullenhaie bei Walker's Cay auf den Bahamas, wo sie von Futterbrocken lebten, die Sportfischer für sie auswarfen. Nur wenige Fuß tief mit diesen beeindruckenden Lebewesen zu tauchen, war ein unglaubliches Erlebnis. Der größte, Bahama Mama genannt, war drei Meter lang. Ihre außerordentliche Anmut und Kraft überwältigte mich. „Sie haben nichts von dem, was Leute ihnen zuschreiben", sagt Stafford-Deitsch. „In ihr spezielles Repertoire von Beutestücken passt du nicht. Wenn überhaupt, halten sie dich für einen anderen Räuber." Ich war froh, das zu hören.

Walker's Cay geriet einige Zeit später in die Schlagzeilen, als ein Hai in das Bein von Eric Ritter biss, einen selbst ernannten Hai-Experten, der zu der Zeit für „Shark Week" des Discovery Channel filmte. Ritter, passionierter Advokat der Interaktion mit frei schwimmenden Haien, behauptete: Er könne Haiattacken durch Veränderung seines Herzschlags vorbeugen und sei aufgrund seines Expertenwissens um ihr Verhalten auch noch nie gebissen worden.

Als ich mit den Haien schwamm, warnte mich Stafford-Deitsch, einen langen Anzug zu tragen und Handschuhe. Ich legte sogar mein Unterwasser-Notizbuch zur Seite. Die weißen, hautähnlichen Seiten schienen die Haie neugierig zu machen. Ritter watete barfuß im schlammigen, brusttiefen Wasser, als der Unfall geschah: Ein Schiffshalter schnappte ein Stück Futter – ausgeworfen, um die Haie fortzulocken – und schwamm damit zwischen Ritters

Treffen mit freundlichen Monstern

→ HAIE GIBT ES SEIT
o MILLIONEN JAHREN.
(FOTO: ERIC CHENG)
KARIBISCHER RIFFHAI

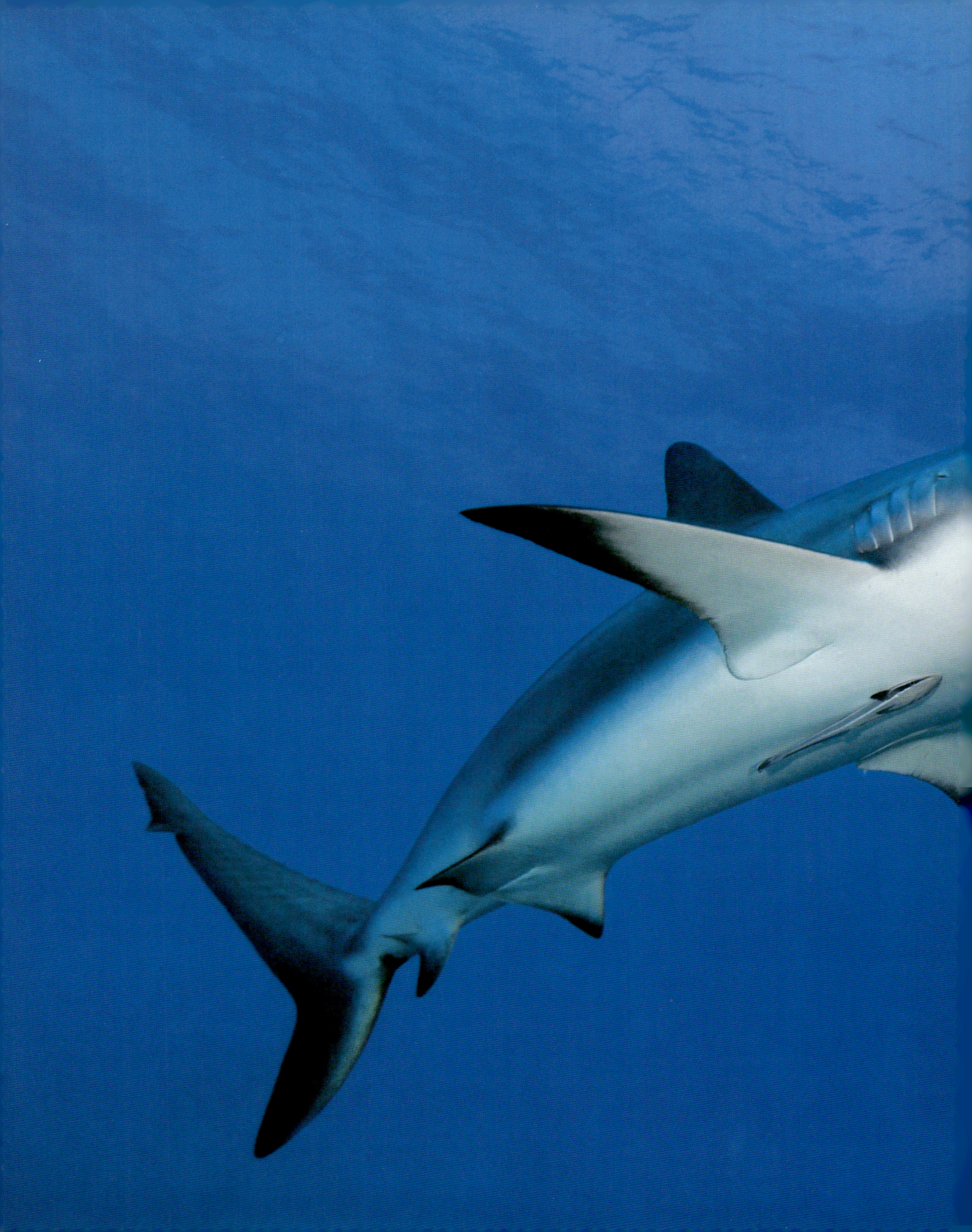

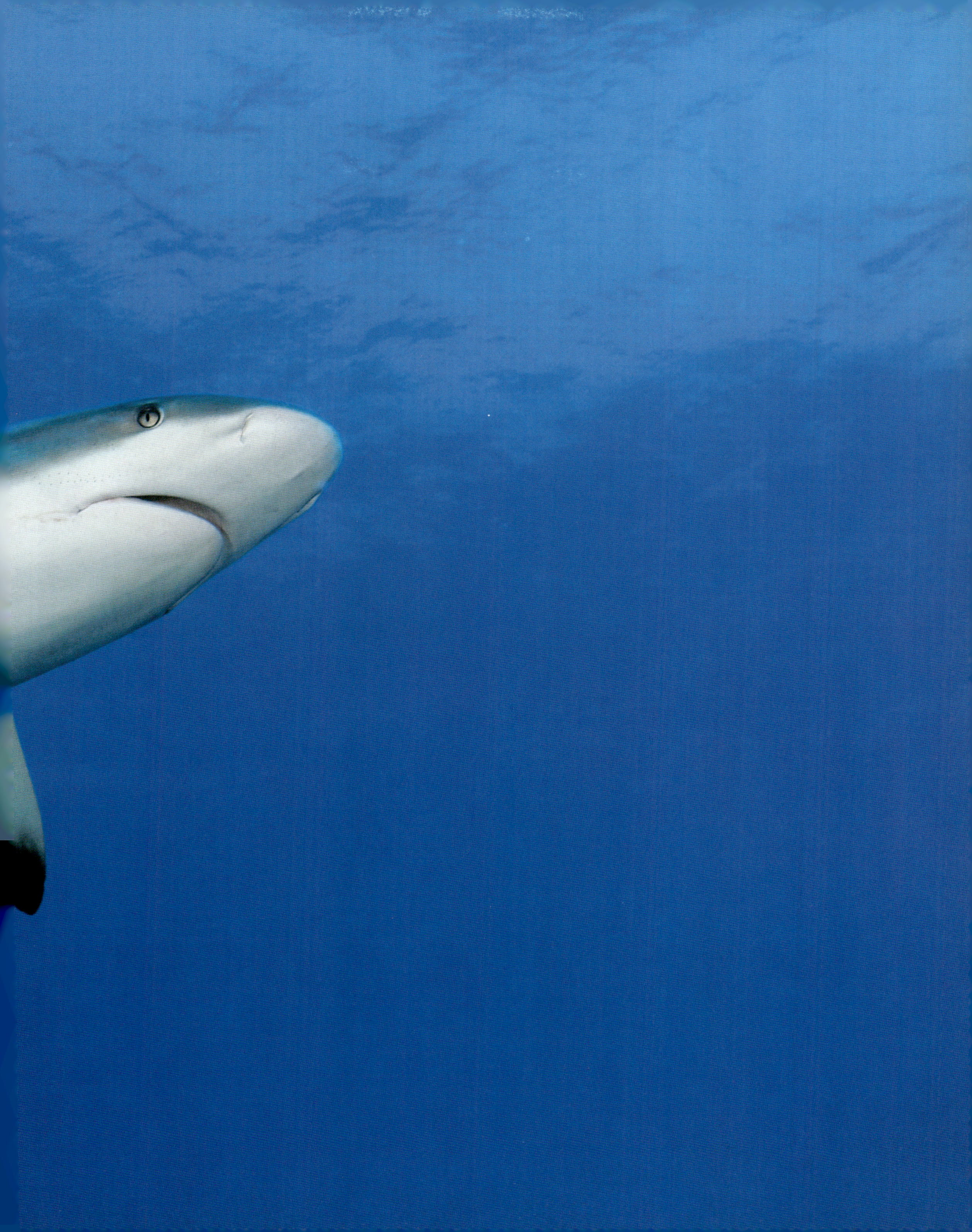

Beine. Ein weiblicher Bullenhai schnappte den Bissen weg und riss unglücklicherweise zugleich ein Stück aus seiner Wade. Der daraus folgende Film „Anatomy of a Shark Bite" trug nur noch mehr dazu bei, die Spezies zu dämonisieren. „Es ist die bedrückende Erkenntnis, die Eric uns präsentiert", notiert Cyber Divers News Network. „Stehst du unter hungrigen, makroräuberischen Haikumpeln, die Futter suchen, wirst du früher oder später gebissen."

Ritters Unfall kam zur bereits kontroversen Debatte über Haifüttern hinzu, die in Florida (nur einen Haiausflug von Walker's Cay entfernt) seit den späten 90ern tobte und im Januar 2002 zu einem staatsweiten Verbot des Fütterns von Wildtieren des Meeres durch Taucher führte.

Seitdem setzt sich der Niedergang fort: Der Hai, den es seit 380 Millionen Jahren gibt, wird in nie da gewesener Art und Weise abgeschlachtet. Ein aktueller Bericht zeigt, dass die Populationen des Großen Weißen, des Bogenstirnhammer- und des Fuchshais im Atlantik in den letzten 15 Jahren um 90 Prozent abgenommen haben, alle anderen Arten mit Ausnahme des Makohais um mehr als 50 Prozent. Der Hai Trust schätzt, dass einige früher vorherrschende Arten nun auf bloße zwei Prozent ihrer ursprünglichen Zahl reduziert wurden. Die Ausrottung der Topräuber könnte dem ganzen Ökosystem der Meere einen verheerende Schlag versetzen. Alle Taucher tragen daher ihr Stück Verantwortung im Werben um das Verständnis und für die Erhaltung dieser faszinierenden Lebewesen.

Gruselig, harmlos: Barrakudas

Barrakudas können unter Wasser Furcht erregend aussehen. Übertrieben fantasievolle Taucher bezeichnen die eleganten Räuber gern als bedrohend, scheußlich aussehend oder dreckig grinsend. Unerfahrene Taucher kann die Barrakuda-Angewohnheit leicht nervös machen, dicht aufzuschließen und sich im toten Winkel zu verbergen. Trotz der unfreundlichen großen, glitzernden Augen und des offenen Mauls mit zwei Reihen rasiermesserscharfer Zähne sind sie für Menschen meist harmlos.

Barrakudas stehlen schon mal Fische von Speerfischern und greifen gern glitzernde Dinge wie Tauchmesser an, die sie für silberfarbene Fische halten. Aber Taucher attackieren sie praktisch nie. Der letzte Todesfall durch eine Barrakuda-Attacke wurde 1957 vor der Küste von North Carolina, USA, verzeichnet.[4] Der Fisch verdankt den schlechten Ruf Fischern, die manchmal gebissen werden, wenn der Barrakuda in ihren Booten um sein Leben kämpft.

⬆ Ein grosser Barrakuda droht aus dem Dunkel.

Verstreut über tropische und subtropische Gewässer gibt es weitere 20 Arten von Barrakudas. Ihr größter, der Große Barrakuda, wird 1,5 Meter lang und bis 40 Kilogramm schwer. Ihn jagen nur Hai und Thunfisch. Einige Arten sind normalerweise Einzelgänger, andere treten in recht großen Ansammlungen über Riffen auf. Tagsüber ruhen sie und jagen nachts. Sie schlagen blitzschnell zu und packen mit ihren Zähnen so kraftvoll zu, dass sie ihre Beute manchmal zweiteilen. Aber sorge dich nicht um den, der dir folgt: Er ist einfach nur neugierig.

Furcht erregende Muränen

Wie Barrakudas haben Muränen einen Schrecken erregenden Ruf. Die offenen Mäuler und gefährlich aussehenden Zähne können sicher bedrohlich scheinen. Oft missinterpretieren Taucher das konstante Auf und Zu des Muränenmauls als Beißabsicht. In Wahrheit atmet der Aal nur. Mit dem Auf und Zu pumpt er Wasser über seine kleinen Kiemenschlitze. Cousteau erkannte die harm-

Treffen mit freundlichen Monstern | 175

↗ Die grosse Netzmuräne ist eine von 200 Muränenarten weltweit.

↑ EIN VERSCHLUNGENES PAAR MURÄNENAALE IM ROTEN MEER.

lose Wirklichkeit hinter dem schlechten Ruf schnell. „Die Muräne macht mit bösen Augen und scharfem Gebiss Propaganda", schrieb er. „Ach, sie ist so prosaisch wie du, ich und die Katze. Sie ist überzeugter Stubenhocker und möchte im täglichen Leben unbelästigt bleiben."[5]

200 Muränenarten weltweit sind durch ihre muskulösen, langen Körper leicht zu erkennen. Sie haben keine Schuppen, Schwanz-, Bauch- und Brustflossen, sondern bewegen stattdessen permanent ihre langen Rücken- und Afterflossen. Zurückgezogen verbringen sie den Tag normalerweise geschützt unter einer Felsbank oder in einem Spalt und kommen nachts zur Jagd raus.

Einer Muräne beim Nachttauchen zu folgen, lohnt stets. Sie überfallen ihre Beute aus dem Hinterhalt, umklammern sie mit dem kräftigen Kiefer und verschlucken sie im Ganzen. Ihre drei rasiererscharfen Zahnreihen (zwei unten, eine oben) brauchen laufend Reinigung. Fast immer sind Putzerfische oder -garnelen zu Gange.

Die wunderschönen Muränenmuster machen sie zu bevorzugten Objekten für Unterwasserfotografen. Die südafrikanischen Fotografinnen Annemarie und Danja Köhler glauben, dass die Aale eigene Persönlichkeiten besitzen und von sich aus regelmäßige Besucher an ihrem Aussehen und Benehmen erkennen können. „Wir haben keinen Zweifel", sagt Annemarie, „weil uns unsere Lieblinge zu oft unter Tauchgruppen ausgewählt haben, in denen die anderen Fremde waren." In „The Diver's Universe" beschreiben sie die Begegnung mit einer großen Muräne an einem Riff auf Mauritius:

Ohne jede besondere Ermunterung oder Einladung begann der Aal, uns auf das Riff zu folgen – aus welchem Grund auch immer. Wir machten keinen Lärm, wir beschlossen instinktiv, dem Aal die Führung zu überlassen. Ob er vielleicht von anderen gefüttert wurde, wussten wir nicht. Aber er schnüffelte und schubste nicht aufdringlich, wie das handgefütterte Tiere meist tun. Tag für Tag verlor der Aal seine Vorsicht mehr und mehr, und schwamm noch näher, bis er sich schließlich traute, in ekstatischen

↑ Ein gefährlicher Blauringkrake stösst seine Warnfarbe aus.

Schlangenlinien um unsere Körper herumzukurven. Seitdem schwamm unser Aalfreund jedes Mal fast an die Wasseroberfläche, sobald wir von unserem Verfolgungsboot ins Wasser rollten, inspizierte unsere Kameras, schlängelte sich mehrfach um uns herum und begleitete uns hinunter in die Tiefe.[6]

Zu Muränenattacken kommt es gelegentlich an Plätzen, wo Taucher ihre natürlichen Verhaltensmuster durch Füttern verändern. Die Aale sind sehr kurzsichtig und können eine Taucherhand leicht mit Futter verwechseln. 2005 verlor der britische Tourist Matt Butcher seinen Daumen an eine Muräne in Thailand. Er versuchte, sie mit Wurststücken zu füttern, und die Muräne fasste stattdessen seinen Daumen. „Als sie zubiss, kriegte ich meinen Daumen nicht mehr aus ihrem Maul", sagt Matt. „Sekunden später war mein Daumen ab. Die Muräne fraß ihn und schwamm weg." Normalerweise lassen Muränen los, wenn sie sich irren. Die meisten Verletzungen entstehen, wenn Taucher ihre Hände zurückziehen und ihre Haut an den Tierzähnen aufreißen.

Die intelligenten Kraken

Noch eine bemerkenswerte Kreatur ist der Krake. Jeder Taucher, der je einen unter Wasser erlebt hat, ist von seiner Intelligenz beeindruckt. Aber auch der Krake war lange Gegenstand grässlicher Gruselgeschichten – nicht zuletzt der von Victor Hugo:

Kein Schrecken gleicht dem plötzlichen Erscheinen des Teufelsfisches, der Medusa mit acht Armen. Die kalte Kreatur greift mit den Saugapparaten an. Das an vielen Punkten erzeugte Vakuum erdrückt das Opfer: kein Würgen oder Beißen, sondern unbeschreibliches Zerreißen. Das Monster klebt an ihm mit zahllosen versteckten Mäulern. Die Hydra verschlingt den Menschen, er wird eins mit ihr. Sie zieht dich zu ihr, gefesselt, gelähmt, kraftlos, fühlst du dich nach und nach in den grausigen Sack gesogen, in das Monster selbst.[7]

„Kein Horror gleicht dem plötzlichen Erscheinen des Teufelsfisches, der Medusa mit acht Armen."

Victor Hugo

Treffen mit freundlichen Monstern | 179

Kraken sind keine Fische, sondern gehören zu einer Klasse von Weichtieren, Cephalopoda genannt, die ein hoch entwickeltes Nervensystem und ein beachtlich gutes Sehvermögen besitzen. Wie Muränen sind sie Stubenhocker. Ihr Vorteil sind acht Arme, mit denen sie ihre Behausungen bauen. Dazu nehmen sie alles: alte Muscheln, Steine, Korallengeröll, bis sie sich sicher fühlen – manchmal hinten mit einem geheimen Notausgang.

Kraken sind beim Futterfinden sehr clever: Ob es in der Tarierwesten-Tasche des Tauchers versteckt ist oder in einem Schraubglas, das sie aufdrehen müssen. Normalerweise jagen sie nachts, spüren ihre Beute auf, halten sie mit den Fangarmen fest und fressen sie mit ihren kräftigen Papageienschnäbeln.

Kraken haben noch viele andere Tricks auf Lager. Da ihr Körper nur ein Restskelett enthält, können sie sich in jede Form verwandeln und sich durch die schmalsten Spalten quetschen, um Räubern zu entgehen. Sie stoßen schwarze Tinte aus, täuschen Feinde wie Muränen, Haie und andere große Fische – und entkommen. Besonders bekannt sind sie für ihre pulsierenden Farbwechsel – auch bei Paarungsritualen, wo sich ein Paar lange streichelt, bevor er mit einem modifizierten Arm Sperma in ihr ablegt.

In Wahrheit beginnen wir erst langsam herauszufinden, wie genial diese Lebewesen sind. Forscher haben erst kürzlich eine Indo-Malaysien-Art entdeckt, die Fische nachahmt. Dass Kraken ihre Hautfarben und -muster wechseln können, um eins mit ihrem Hintergrund zu werden, wussten wir seit langem. Aber Fische nachzuahmen, ist eine andere Fertigkeit. Dieser 30 bis 45 Zentimeter große, Mimic Octopus wurde in den verschlammten Buchten um Sulawesi, Bali und Papua Neu Guinea beobachtet, wie er regelmäßig Haltung, Farbe und Bewegung wechselt, um Feuerfisch, Flunder und Seeschlange zu imitieren. In der Gestalt von Gifttieren kann dieses erstaunliche Geschöpf im hellen Tageslicht Futter suchen.

Das komplexe Verhalten von Kraken animiert Taucher, ihnen Persönlichkeiten zu verleihen. In einer Serie des „Diver Magazine" mit dem Titel „Deine sonderbarsten Tauchgänge" erzählt Dan Blyth diese amüsante Geschichte eines „bewaffneten und gefährlichen" Kraken:

Den letzten Sommer arbeitete ich als Tauchführer auf den Kanarischen Inseln. Mit zwei erfahrenen Tauchern unterwegs stieß ich eines Tages auf einen Kraken in einer kleinen Festung aus Kieseln. Nur die Augen ragten über die Höhe. Ein Taucher bat um die Chance, einen Kraken frei schwimmen zu sehen. Also beschloss ich, beim Verlassen der Burg zu assistieren. Kraken kehren bei minimaler Störung gleich in den Bau zurück. Ich hatte es hundert Mal getan, meist kamen sie in ein, zwei Minuten wieder. Ich drehte mein Tauchmesser um und fing an, den Sand vor dem Kraken leicht aufzuwühlen. Das reicht meistens. Ziemlich schnell merkte ich, dass ich seine Größe ernsthaft unterschätzt hatte. Denn ein enormer Fangarm schlug aus dem Bau, schlang sich um mein Handgelenk und packte das Messer, bevor ich zucken konnte. Dann gab uns der Krake eine exzellente Vorstellung seiner Blasiertheit: Er legte das Messer vor sich, saß da und schaute mich geduldig an. [8]

⇑⇑ Ein Krake findet Schutz in einem ausgedienten Bierglas.
⇑ Ein Mimic Octopus gibt eine gute Vorstellung als Flunder.

⇐ Ein Krake gräbt im Sand nach Futter.

↗ EIN KALMAR UNTERSUCHT EINEN TAUCHER-FINGER.

„*Den karibischen Kalmar imitieren wir durch Handausstrecken und Fingerbewegen: so wie sie ihre Fangarme und Fühler benutzen.*"

Guy Chaumette

↑ EIN KRAKE FINDET EIN HEIM IN EINER LEEREN MUSCHEL.

Es kostete Blyth „endlose" zehn Minuten, dem Kraken das Messer abzuluchsen. Geschickt mit Werkzeug, wie Kraken sind, können wir nur ahnen, was hätte passieren können!

Bedrohliche Riesenbarsche

Zackenbarsche hält man nicht für Monster. Die meisten Taucher sehen sie wohl eher als lieblich statt gefährlich (siehe Seite 145). In Australien berichtet Sciencefiction-Guru und Tauchpionier Arthur C. Clarke anderes, als er 1954 und 1955 etwa 18 Monate lang das Große Barriereriff entlangzog. In „The Coast of Coral" schreibt er vom Tauchen mit seinem Partner Mike und einem Dritten: Zurück an die Oberfläche flüchteten sie, als sie sich in einen Bereich, bekannt für seine Riesenbarsche, verirrt hatten. „Das", so Clarke, „war eine raue Ecke, in der eines der gefährlichsten Meerestiere, der Riesenzackenbarsch, gern zuschlägt."

Und dass angeblich Großbarsche mit einem meterbreiten Kiefer Arme und Beine abgebissen und Taucher auch schon halbiert hätten. Ob Arthur einem Schauermärchen zum Opfer fiel? Wer weiß. Auch wenn Zackenbarsche sesshaft sind und bedrohlich aussehen, gibt es keine bestätigten Berichte von halbierten Tauchern. Ein Barsch am berühmten Tauchplatz Cod Hole soll einen Schnorchler unter Wasser gezogen und ertränkt haben. 2002 griff ein sehr aggressiver Zackenbarsch, der im Wrack der Yongala vor Townsville, Queensland, hauste, zwei Taucher an und nahm den ganzen Kopf des einen in sein Maul. Die Marine Park Authority befand, der 80 Jahre alte, zwei Meter lange Zackenbarsch müsse krank oder verletzt gewesen sein.

Zum größten Teil aber stellen Geschichten von Seeungeheuern einfach nur eine Projektion unserer eigenen Angst vor dem harmlosen Meeresleben dar. Cousteau realisierte als einer der ersten, wie sich die Dämonisierung von Meerestieren als reine Einbildung erwies, sobald wir uns wirklich unter Wasser begaben. „Die Bösewichter der Meeresmythen sind Haie, Kraken, Meeraale, Muränen, Stachelrochen, Mantas, Tintenfische und Barrakudas", schrieb er. „Wir trafen alle außer dem Riesen-Tintenfisch, der außerhalb unserer Tiefenreichweite lebt. Außer dem Hai, der uns immer noch Rätsel aufgibt, erschienen uns alle erwähnten Monster als völlig harmlose Gesellschaft."[10]

Fröhliche Robben und Delphine

Wir Landsäugetiere mögen ja stolz auf unsere Fortschritte sein, das Unterwasserreich durch Scuba-Tauchen zu erobern. Aber mit den echten Meeressäugetieren, die sich dazu natürlich entwickelt haben, mit Robben und Delphinen, können wir in keiner Weise konkurrieren.

Robben genießen es, sich mit Schnorchlern und Tauchern zu vergnügen, Kunststücke zu machen, Luftblasen blubbern zu lassen und überhaupt sich bei jeder kleinsten Gelegenheit wie losgelassene Lümmel aufzuführen. Während sie an Land Menschen gegenüber scheu sind, werden sie unter Wasser viel zutraulicher. Als wollten sie mit ihren Künsten angeben. Die 35 existierenden Arten der Erde werden in zwei Gruppen eingeteilt: in Ohrenrobben wie die Kap Pelzrobbe, die uns auch als Seelöwe bekannt ist; in Ohrlose oder Echte Robben wie unsere Kegelrobbe. Viele leben in gemäßigten Regionen oder an den Polen,

→ EIN ZACKENBARSCH

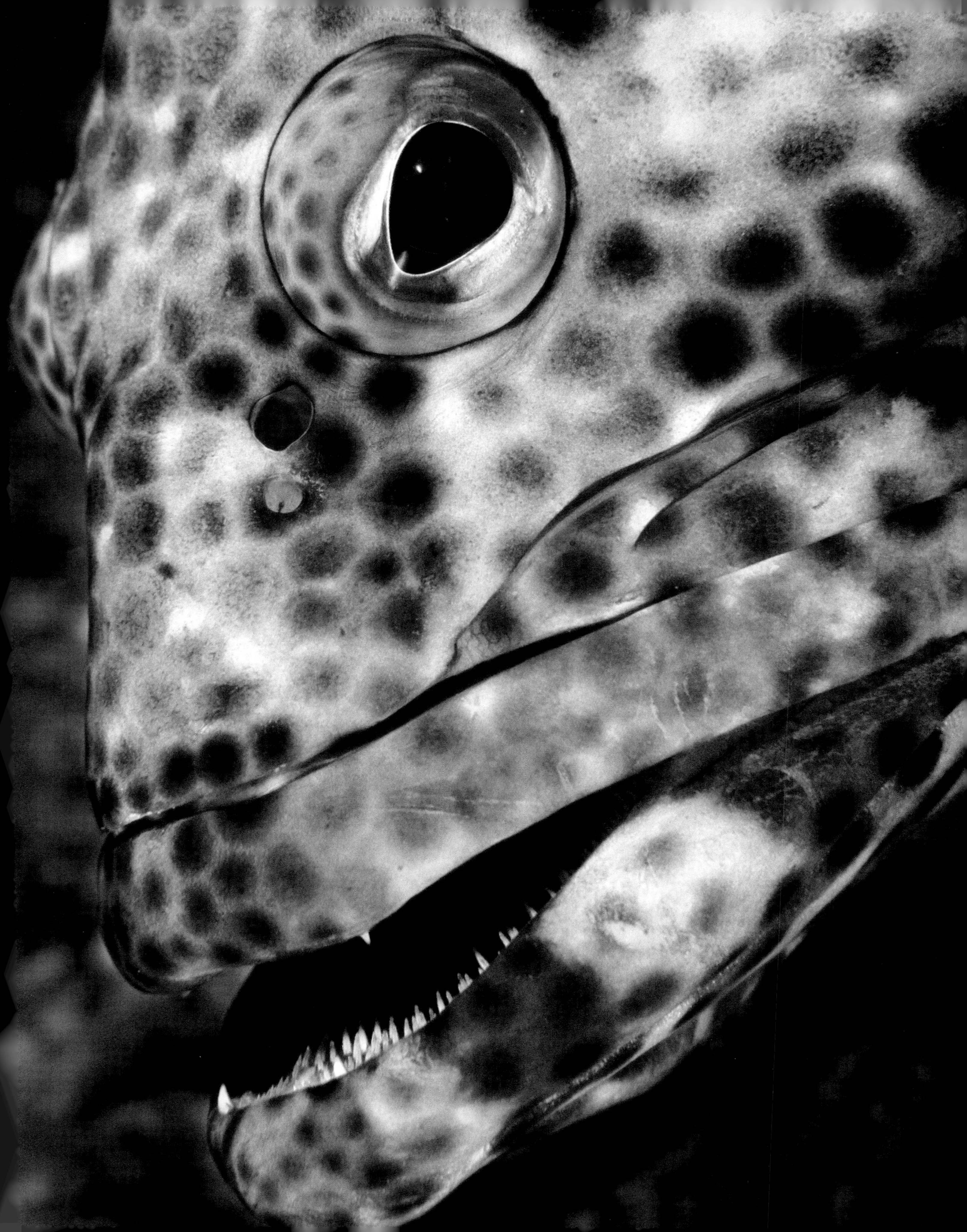

⊕ GROSSER TUEMMLER

weshalb wir sie an Riffen kaum antreffen. Aber es gibt trotzdem viele Tauchziele, wo du dich mit diesen Tieren beschäftigen kannst: Großbritannien, Neuseeland, die Galapagos, Südaustralien, die Kapküste Südafrikas und die amerikanische Westküste gehören dazu.

Robben wird schnell langweilig. Für ihre Aufmerksamkeit wirst du irgendetwas Interessantes tun müssen: Purzelbäume schlagen, sich einfach hinsetzen und mit den Schwimmflossen winken, das kann alles funktionieren. Ihre natürliche Neugier und Verspieltheit dürften schnell erwachen.

An Geschwindigkeit und Wendigkeit im Wasser übertreffen Delphine Robben sogar noch. Aber sie sind viel weniger zugänglich und mögen – anders als Robben – keine lauten, Luftblasen blubbernden Scuba-Taucher. Immerhin lieben diese intelligenten und neugierigen Säugetiere Boote – oder besser gesagt: das Reiten auf ihren Bugwellen. Daher kannst du sie am ehesten von einem Tauchboot ausmachen. Unter Wasser hörst du ihr verschiedenartiges Schnalzen und Pfeifen. Selten wirst du von ihnen selbst mehr als einen flüchtigen Blick erhaschen. Ich sehe mich bei einem Sicherheitsstopp in Baja, Kalifornien, im Blauen herumhängen, als eine Gruppe Delphine vorbeisauste. Zu kurz, um die Kamera zu zücken. Mehr Glück hatte meine Freundin und Tauchpartnerin Jo Dowle bei der folgenden Begegnung mit Delphinen im Roten Meer:

Beim Bootstauchen bei Hurghada blieben wir auf einem Sandfleck neben dem Riff, statt zu ihm runterzutauchen. Gerade im Wasser, tauchten die Delphine auf: mindestens zehn. Wir strichen den Tauchplan und tollten mit ihnen eine gute halbe Stunde einfach nur herum. Ich erinnere mich an jede Menge Augenkontakte – es war das Schönste auf Erden.

Am ehesten trifft man wilde Delphine beim Schnorcheln. Auf der Großen Bahama Bank vor der Küste Biminis kommt eine Gruppe wilder Fleckendelphine jeden Tag zum Spielen mit Schnorchlern. Leute, die nur an der Oberfläche bleiben, ignorieren sie. Für ihr Interesse musst du dich anstrengen. Je dämlicher du wirkst, desto mehr mögen sie es: Freitauchen, Handstände, ulkige Geräusche, Purzelbäume sind gute Tricks. Delphine lieben Spiele: Ob mit Menschen herumtollen, mit einem Stück Seegras blödeln oder hinter einem Scooter (DPV) hersausen – sie sind für jeden Spaß zu haben. Manchmal scheint es, sie wollten ihre Überlegenheit in diesem Element zur Schau stellen.

↗ Ein Schwarm Südlicher Stachelrochen macht Eindruck.

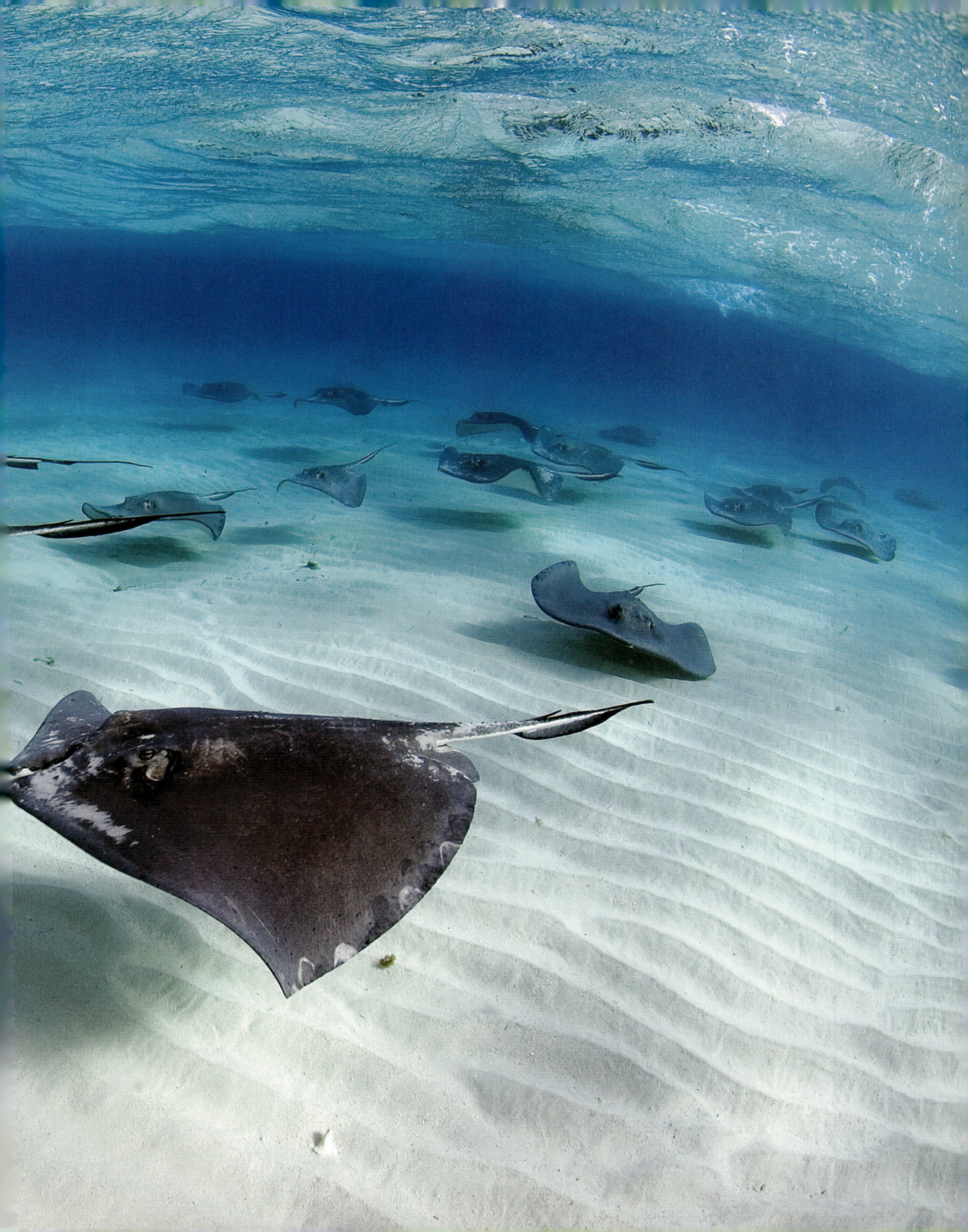

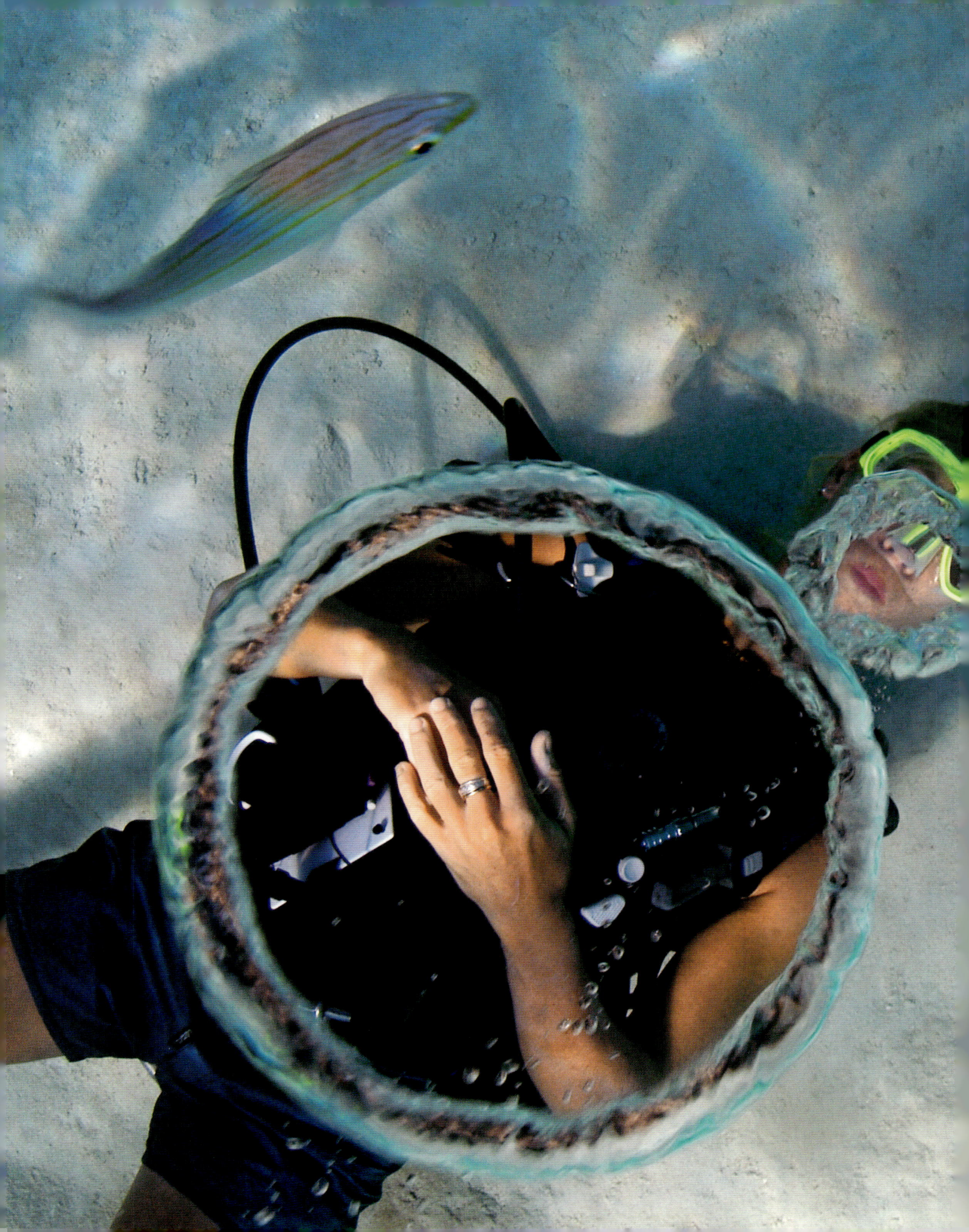

Die Seele der Meere

„*So wie das Leben im Meer begann, so beginnt das Leben von uns allen in einem Miniatur-Ozean ... von den kiemenatmenden Bewohnern der Wasserwelt bis zu den Kreaturen, die an Land leben können.*"

Rachel Carson

DAS LEBEN IM WASSER BEGANN AUF DER ERDE VOR 3,5 MILLIARDEN JAHREN, ALS MIKRO-ORGANISMEN, EINZELLIGE BAKTERIEN ODER ERSTE ALGEN IN DEN URZEITLICHEN OZEANEN ZU WACHSEN BEGANNEN. 500 MILLIONEN JAHRE SPÄTER LERNTEN EINIGE DIESER ZELLEN ENERGIE AUS SONNENLICHT AUFZUNEHMEN UND WURDEN ZU PFLANZEN. ANDERE ORGANISMEN, OHNE DIE FÄHIGKEIT DER PHOTOSYNTHESE, WUCHSEN DURCH DAS FRESSEN VON PFLANZEN. AUS DEN EINZELLIGEN ANFÄNGEN WURDEN QUALLEN, SCHWÄMME, WÜRMER, SEEGRAS, KORALLEN UND ANDERES MEERESLEBEN.

Während sich das Leben im Ozean über Millionen von Jahren weiterentwickelte, gab es an Land lange nichts. Im Kambrium, vor 500 Millionen Jahren dominierten wirbellose Wesen wie Korallen, Gliederfüßer und Seelilien. Die frühesten Wirbeltiere – simple Fische mit Panzerplatten – traten auf. Erste primitive Pflanzen und Pilze siedelten an Land, gefolgt von den ersten luftatmenden Gliederfüßern 50 Millionen Jahre später: Spinnen, Milben und Tausendfüßler. Im Devon, als Insekten und Amphibien entstanden, gab es die ersten Haie in den Meeren.

In den Ewigkeiten der langsamen Entwicklung von Amphibien, Reptilien und schließlich Säugetieren lässt sich jedes Leben stets auf das Meer zurückführen – ein chemisches Erbe, das uns bis heute mit unseren Anfängen im Wasser verbindet. Menschliches Blut fließt mit fast gleichen Anteilen Natrium, Kalzium und Kalium wie Meerwasser, während über 70 Prozent des Körpers eines Erwachsenen aus Sauerstoff und Wasserstoff besteht – kombiniert zu jener einzigartigen Substanz: Wasser. „Als sie das Wasser verließen, nahmen die Tiere, die das Landleben begannen, ein Stück Meer in ihren Körpern mit", erklärt Rachel Carson in „The Sea Around Us". „Ein Erbe, das sie an ihre Kinder weitergaben und das auch heute jedes Landtier mit seiner Herkunft aus dem Meeresaltertum verbindet." Diese Reise vom Ozean an Land, glaubte Carson, wiederholen wir alle in unserem Leben:

So wie das Leben im Meer begann, so beginnt das Leben von uns allen in einem Miniatur-Ozean im Schoß unserer Mutter. Wir wiederholen in unserer embryonischen Entwicklung die Stufen, in denen sich unsere Gattung entwickelte: von den kiemenatmenden Bewohnern der Wasserwelt bis zu den Kreaturen, die an Land leben können.[1]

Zur Zeit der ersten Dinosaurier, im frühen Trias, fingen Landtiere an, ins Meer zurückzukehren: Reptilien zuerst. Ihre Nachkommen können wir noch immer sehen: Schildkröten mit schützenden Schalen haben ihr Aussehen in mehr als 200 Millionen Jahren wenig verändert. Mit dem Verschwinden der Dinosaurier am Ende der Kreidezeit, vor 65 Millionen Jahren, breiteten sich Säugetiere aus. Bald entstanden die ersten richtigen Meeressäugetiere: die Wale. Vor 25 Millionen Jahren wimmelten die Meere von Säugetieren: von Delphinen, Seekühen und Robben.

Bei diesem Erbe ist es kein Wunder, dass Wasser in den großen spirituellen Traditionen eine so große Rolle spielt. „Durch Wasser geben wir allem Leben", sagt der Koran in Vers 21:30, wo er die Regeln des Waschens und Eintauchens (ghusl) bei rituellen Anlässen regelt. Während des Festes Kumbh Mela nehmen bis zehn Millionen Hindus am rituellen Bad und der spirituellen Reinigung in Allahabad teil, wo die heiligen Wasser des Ganges und des Jumna zusammentreffen. Im Christentum symbolisiert die Taufe mit Wasser den Eintritt in die Religionsgemeinschaft, im Judentum ist die Mikvah ein wichtiges Reinigungsritual.

Der Mensch als Wasseraffe?

Schöpfungsmythen anderer Kulturen sehen den Ozean als Mutter allen Lebens und alle Erdwesen als seine Kinder. Von diesem Glauben zur Idee, dass Menschen tatsächlich eine aquatische Phase in ihrer Geschichte hatten, ist kein gewaltiger Sprung: zur Theorie des Wasseraffen.

Erste Gedanken zu dieser bizarren Theorie kamen dem Meeresbiologen Sir Alister Hardy nach seiner Antarktis-Exkursion 1929. Die komplette Theorie veröffentlichte er erst 1960 im „Scientist": „War der Mensch früher dem Wasser verbundener?" Angesichts der glatten Haut und des subkutanen Fetts von Walen und Robben sah er mehr Ähnlichkeiten zwischen ihnen und der menschlichen Physiologie als zwischen Menschen und den behaarten Affen. Aus Angst, sein wissenschaftliches Standing durch Veröffentlichung seiner bizarren Idee zu gefährden, schwieg Hardy 30 Jahre lang und publizierte seine Vorstellungen erst, als der britische Sub-Aqua Club ihn zu einer Konferenz in Brighton bat. Sollte er gedacht haben,

Die Seele der Meere | 191

→
IST DAS EINTRETEN
IN DIE OZEANE
DIE UNBEWUSSTE
SEHNSUCHT
NACH UNSEREN
EVOLUTIONÄREN
WURZELN?

„Tauchen ist auch eine innere Erfahrung, weil die Außenwelt, in welcher Form auch immer, ein Spiegelbild deiner Innenwelt ist."

seine extravaganten Gedanken vor einem Häufchen Taucher blieben unbemerkt, irrte er: Ein Aufschrei ging durch die Boulevardpresse und der „New Scientist" lud Hardy ein, sich zu erklären. Das tat er in einem Artikel am 17. März 1960: „Meine These lautet, dass ein Seitenzweig primitiver Affen durch Konkurrenz vom Leben in den Bäumen zur Futtersuche an den Küsten und zur Jagd auf Krebse, Seeigel usw. im Flachwasser gezwungen wurde. Ich stelle mir diesen Vorgang in den wärmeren Teilen der Welt vor, in den tropischen Meeren, wo Menschen relativ lange im Wasser bleiben konnten – also mehrere Stunden an einem Stück."[2]

Ginge es nach Hardy, hätten Menschen mit dem Futtersuchen im seichten Wasser angefangen, dann gelernt, mit den Händen Fische zu fangen und zum Seebett zu tauchen, um Krebse und Muscheln zu sammeln. Auch wenn sie zum Schlafen und Trinken ans Ufer zurückkehren mussten, hätten diese Wasseraffen wenigstens ihre halbe Zeit im Meer verbracht und langsam gelernt, aufrecht zu stehen, weil das Wasser ihr Gewicht verringerte.

Dass Babys von Geburt an schwimmen können, bestätigte Hardy noch in unserer aquatischen Vergangenheit: „Zeigt der Trend zur Aqualunge nicht auf den latenten Drang des Menschen, unter Wasser zu schwimmen?" Er meinte, selbst Körperhaare dienten diesem Zweck: „Unsere Körperform hat die Schönheit eines gut geformten Bootes. Der Mensch ist wirklich stromlinienförmig."[3]

Hardys Ideen wurden damals überall verlacht, was die amerikanische Schriftstellerin Elaine Morgan nicht daran hinderte, sie 1970 aufzunehmen und in mehreren Büchern populär zu machen, zum Beispiel in „The Descent of Woman" und „The Aquatic Ape Hypothesis: Most Credible Theory of Human Evolution".

Zurück ins Meer

Die Idee des Wasseraffen ist reizvoll, nur hält sie der wissenschaftlichen Prüfung leider nicht stand. Behaart zu sein, ist kein zwingendes Hindernis im Wasser, sondern würde helfen, Wärme zu speichern: Otter, Biber und Pelzrobben haben alle ihr Fell behalten und schwimmen viel besser als wir. Wir sind auch nicht von einer Fettschicht bedeckt wie Wale und Robben. Wir haben nur Fettablagerungen, die meist unserem sitzenden Lebensstil entsprechen. Obwohl Menschen schwimmen lernen können (Babys im Wasser von sich aus), ist es keine angeborene Fähigkeit, sondern muss erlernt werden. Sogar Elefanten, die ihre Rüssel als Schnorchel nutzen, sind bessere Schwimmer als wir. Faktisch können die meisten anderen Erdsäugetiere instinktiv schwimmen. Sie schwimmen horizontal, die Nasenlöcher aus dem Wasser, wir Menschen vertikal, die Nasenlöcher unter Wasser – eine viel unpraktischere Haltung.

„Stammten wir wirklich von Wasseraffen ab", so Trevor Norton in „Underwater to Get Out of the Rain", „warum sind wir dann nicht mit den Essenzen eines Tauchtieres ausgestattet: einer wasserdichten Haut, die nicht nach zehn Minuten Bad runzelt, mit effektiver Isolierung, einem Körper mit viel Masse und wenig Oberfläche und Augen, die unter Wasser sehen?"[4]

Als anderes Beweisstück der Theorie vom Wasseraffen diente der so genannte Säugetier-Tauchreflex: Geraten Säugetiere unter Wasser, nimmt bei den meisten die Herzfrequenz und der Blutfluss in die Extremitäten ab. Allerdings funktioniert der Reflex nur in kaltem Wasser, weshalb er wahrscheinlich mehr ein Überlebensmechanismus gegen Unterkühlung ist als alles andere.

Obwohl von Schimpansen und Gorillas bekannt ist, dass sie gelegentlich aufrecht durch Sümpfe und Flüsse waten, scheint der einzige genuine Wasseraffe der zu sein, der in Scuba-Ausrüstung taucht. Aber selbst ohne eine Sumpfperiode in unserer Evolution lässt uns das starke Gefühl nicht los, Teil des Ozeans zu sein. Oft können wir im Wasser so entspannt sein als kehrten wir dahin zurück, wo wir herkamen – eine Wahrnehmung, die Osha Gray Davidson in seinem Buch „The Enchanted Braid" bildhaft wachruft:

Ich treibe am Riffrand. Der Tag weicht der Nacht. Ein vollendeter lebender Kreis zarter Hirschkorallen unter mir. Die winzigen Gelatine-Tentakel kommen zum Nachtmahl langsam aus einer Kolonie, exakt so groß wie ich. Drehte ich den Kopf, könnte ich blasse Sterne über mir aufgehen sehen wie die Polypen unten im tropischen Zwielicht. Statt mich in der exotischen Welt fremd zu fühlen, erfüllt mich die umgekehrte Empfindung: Ich bin hier ebenso vollständig wie unerklärbar zu Hause, als gehörte ich genauso hierher wie Fische, Seegurken und Korallen. Es kam mir vor, all diese Jahre an Land wären ein Ausflug in die Fremde gewesen – jetzt kehrte ich heim ans Riff. Was steckt hinter so irrationalen und doch so starken Gefühlen? Alles, was ich in diesem Moment wusste, war: Ich möchte nicht zurück an Land – nie mehr.[5]

Ⓒ EIN BALL VON BUCKELSCHNAPPERN.

↑ DAS MEER KANN EIN SPIRITUELLES MILIEU SEIN.

Spirituelles Scuba-Tauchen

Das Gefühl der Rückkehr ins Meer, der Berufung auf unser Wassererbe, hat einen neuen Ansatz beim Scuba-Tauchen geschaffen, der die Spiritualität unter Wasser besonders herausstellt. Es wurde Zen-Tauchen genannt – Spiritual Scuba, Aquatic Yoga, Yoga Scuba oder Yoga Diving – und hat auch zu weit entfernten Kurse inspiriert: in Ägypten, Mexiko, in der Türkei und in der Karibik. Erste Kurse fanden am Roten Meer im Resort Dahab statt, etwas mehr als 100 Kilometer nördlich von Sharm-el-Sheikh auf der ägyptischen Halbinsel Sinai. Hier lehrt die in Amerika geborene Tauchlehrerin Monica Farrell Yoga-Tauchen. Monica arbeitet seit 1998 am Roten Meer als Ausbilderin von fortgeschrittenen Berufstauchern – mit über 3.000 Tauchgängen an ihrem Tauchgurt. Wichtig: Sie studierte in Indien Yoga. „Ich begann in meinen Tauchklassen Yoga-Techniken zu erproben", sagt sie. „Sofort merkte ich, wie die Asanas (Yoga-Übungen) der generellen Fitness ebenso halfen wie dem Erlernen der verschiedenen Techniken, die du im Tauchkurs lernen musst." Auch fiel ihr auf, wie Atemübungen den Stresslevel von Tauchern senkten, unabhängig von der Taucherfahrung. Schüler, die nur die grundlegendsten Yoga-Techniken praktizierten, fühlten sich im Wasser sicherer und hatten sichtlich mehr vom Tauchen.

So wurde Yoga-Tauchen geboren, wo die Kombination von zwei Fertigkeiten deutlich macht, dass ein körperliches Erlebnis – wie Asana-Übungen oder Tauchen – immer auch ein seelisches werden kann. „Nach meiner Erfahrung lässt sich deine Fähigkeit steigern, den Moment festzuhalten – das Blau, die Farbe, den Fisch, das Gefühl des Gleitens, deine eigene Atmung, diese Erfahrung des Hier und Jetzt", erklärt Monica, und fügt an, dass „Tauchen ein Fenster in ein erweitertes Bewusstsein öffnen kann". Ob du frei tauchst, schnorchelst oder mit Pressluft tauchst, die Kernidee bleibt die gleiche: Außerhalb deiner normalen Umgebung sein, kann deinen Geist befreien und dir die Verbindung mit deinem inneren Selbst möglich machen. „Du kannst das Ich weglegen", sagt Monica, „egal ob das Ich ein Arzt, ein Reisender oder sonst was ist. Ohne das Ich bist du niemand. Da ist nur Meer, Licht und Wasser."

Ein weiterer wichtiger Aspekt: Yoga und Meditation kennen keinen Wettkampf. Das führt zu sehr sicherem Tauchen: Es gibt kein Hinterherhecheln nach Rekorden. Das ist die Antithese zur Mentalität, gesehene Arten abzuhaken. „Für mich sollte es beim Tauchen weniger um ein bestimmtes Ziel gehen", sagt sie, „sondern um Entspannung und ganzheitlichen Einbezug ins

Kann es sein, fragt Davidson, dass wir eine genetische Erinnerung an unsere amphibischen Ahnen aufbewahren? Hans Hass hatte keinen Zweifel, dass der „Fischmensch" eine Anzahl von externen Organen entwickelt hat, die ihm erlaubten, ins Meer zurückzukehren: „Ich entwickelte eine Tauchausrüstung, die uns zu fischähnlichen Wesen machte. Überall rüsteten sich Leute mit Tauchflossen aus, setzten Tauchbrillen auf und erkundeten den Seegrund, die einstige Heimat. Als künstlicher Fisch kehrte der Mensch ins Meer zurück."[6]

Die Seele der Meere | 195

➔ Tauchen kann ein Fenster zum erweiterten Bewusstsein öffnen.

Tauchen Ultimativ

„Durch Wasser geben wir allem Leben."

Koran, Vers 21:30

⬅ Gleiten im Hier und Jetzt ist eine meditative Erfahrung.
➡ Der Puls des Lebens schlägt in Ebbe und Flut der Meere.

Wasserleben." Sie unterstreicht diesen Ansatz auf dem Weg zur Meditation:

Da du schwerelos in einer schoßähnlichen Umgebung gleitest, dich ganz von selbst auf dein Atmen konzentrierst, entspannt sich auch dein Gemüt automatisch. Auf diese Weise lernst du den Kern von Meditation kennen, ohne ihn zu suchen. Je mehr dir bewusst wird, wie gering der Effekt sein mag, desto mehr wird es wirken. Unter Wasser bist du ganz und gar in der Gegenwart, weil alle sonstigen Sorgen um deine Familie, deinen Job, deine Beziehung und was sonst noch weit genug entfernt sind. Im Hier und Jetzt zu sein und dieses Ruhigerwerden der Seele sind genau die Dinge, worum es bei Zen und bei Meditation eigentlich geht.

Als ich mich vor einem Tauchgang mit Monica im Schatten einer Palme an der Küste von Dahab in eine Yoga Asana vertiefte, war ich ganz auf das Kommende ausgerichtet. Ich fühlte mich besser vorbereitet, als ich schließlich mein Zeug anlegte. Und im Wasser wurde der ganze Tauchgang ein sehr entspanntes Erlebnis. Meine Freundin, die in London lebende Fotografin Henrietta Van den Bergh, machte den Kurs etliche Tage später. Er machte sie ausgeglichener und entspannter unter Wasser. „Ich gewann ein feineres Verständnis der Tauchumgebung und tauchte auf viel ruhigere Weise", sagt sie. Runterzuschalten, beschreibt sie, brachte ihr den Rhythmus des Riffs näher und ließ sie schwer zu findende und getarnte Kreaturen wie den Krötenfisch ausmachen, die ihr früher verborgen blieben. Es gab noch einen anderen Gewinn. „Meine Tauchtechnik verbesserte sich", ergänzt sie, „was sogar mein Tauchbuddy bemerkte!"

Die Seele der Meere | 197

„Leben an Land ist Exil."

Hans Hass

↑ Der Tausch von Wassser gegen Luft gibt Zeit zur Reflexion.
← Glück bedeutet, schwerelos im warmen Meer zu treiben.

Tauchen ohne jede Ablenkung

Du musst spiritueller New-Ager sein, um die Vorteile des sehr entspannten Tauchens zu genießen. Viele Taucher praktizieren diese Art schon, ohne etwas von Asana zu wissen. Die besten Taucher sind bereits in einem Zen-Zustand: ruhig, kontrolliert und auf das Erlebnis zentriert. Yoga-Tauchen will deine Hier-und-Jetzt-Quote steigern, vom linearen Ansatz – zum Beispiel einer fixen Route ums Riff – zum ganzheitlichen Verstehen des Meeres bewegen.

Versuche es selbst. Such dir einen Platz am Seebett, zu dem du schnell zurückkehren kannst. Hier kannst du beobachten, was rund um dich geschieht, oder meditieren. Das Seebett wird zum Unterwasser-Tempel oder -Schrein. Bald wirst du relaxen und deinen Fokus auf dein Inneres richten.

Viele Taucher zögern, die Erfahrung der spirituellen Seite des Unterwasserseins zuzugeben – auch wenn sie vage merken, dass sie da etwas Tieferes berührt als sie an ihrem Tiefenmesser ablesen können. „Ich denke, eine Menge Taucher macht es recht nervös, diese Gedanken zu entdecken oder zu akzeptieren", sagt Tim Ecott, „weil es ein wenig zu poetisch und ein bisschen zu persönlich ist."

Vielen in warmen Gewässern trainierten Tauchern scheint Tauchen in kühleren Meeren nicht besonders verlockend. Louise Trewavas allerdings, Kolumnistin des „Diver", findet genau die dort herrschenden Bedingungen – wie die schlechte Sicht – anziehend, welche die meisten Leute fern halten würden. „Leute denken, oh, das ist kein sehr attraktiver Platz zum Tauchen", sagt sie. „Tatsächlich aber ist das Fehlen jeder Ablenkung der Kick. Gehst du tauchen, erfüllt das dein ganzes Tun, erfasst den ganzen Körper und du denkst an nichts anderes. Das ist sehr therapeutisch: Wie eine Pause von allen Ängsten und Sorgen, die in deinem Kopf herumschwirren."

So wie Tauchen dem Thriller-Autor Frederick Forsyth als Fluchtpunkt dient. Er beschreibt es als Betreten einer Unterwasser-Kathedrale, wo Leere und Stille herrschen. „Stille ist etwas, das in unserer Welt fast aufgehört hat, zu existieren", nimmt er für sich in Anspruch. „Der größte Teil unseres Lebens kennt keinen Moment ohne Geräusch.

Aber hier unten ist es völlig still, dein Atem und Herzschlag ausgenommen. Hier gibt es keine Computer, Handys, Telefone, Autos, Jets, Lärm – nur völlige Stille."

Vielleicht gibt die einzigartige Kombination, in der total anderen Umgebung inmitten der wunderschönen, wilden Meereswelt zu schwimmen, dem Tauchen eine spirituelle Dimension, der wenige andere Aktivitäten nahe kommen. „Nie vergesse ich das Tauchen bei Sipadan, wo ich riesige Säulen von Fischen sah – fast wie Tempelsäulen", sagt der Schriftsteller Anthony Horowitz. „Für mich war es wirklich der Moment: ‚Und Gott schuf den Fisch.' Eigentlich bin ich nicht von dieser Sorte, aber nie kam ich dem Spirituellen näher: Einem Empfinden vollkommener Erfüllung – und so sehr mit diesem Planeten eins zu sein."

Mind, Body and Spirit

Alex und ich sind dieses Mal an Deck eines kleinen Tagesbootes vor dem West End von Grand Cayman. Wir tauchen mit Meeresprofis. Bevor wir auch nur daran denken dürfen, ins Wasser zu gehen, wärmen wir uns mit vorsichtigen Streckübungen auf. Wenigstens versuchen wir es, denn an Deck ist nicht viel Platz neben der vielen Ausrüstung. Aber Ausbilder Steve Schultz lässt uns nicht abschlaffen. Er hat eine Reihe von Streckübungen für Taucher speziell für den begrenzten Raum auf einem Tagesboot zusammengestellt. „Strecken hilft, den Körper vorzubereiten, vor dem Tauchgang zu lockern und Zerrungen durch das Heben von Tauchgeräten oder ähnlichem zu vermeiden", sagt Steve. Er weist darauf hin, dass viele Muskeln beim Tauchen, nicht aber im Alltag benutzt werden. Deshalb sind sie oft fest und kalt und leicht zu verletzen. Was erklärt, warum Taucher schnell über Rückenschmerzen, Beinkrämpfe, verspannte Nackenmuskeln usw. klagen.

Unsere Streckübungen sind Teil des Kurses „Mind, Body and Spirit diving" (MBS). Diese PADI-Ausbildung vereint Schultz' Erfahrungen mit transzendentaler Meditation, Kampfsport und anderen Disziplinen. Er lehrte sie schon auf den Caymans, Turks & Caicos, Bonaire und an Bord der Belize Aggressor. „Bei meinen Erfahrungen als Taucher fand ich bald Wege, fast bei jedem Tauchen ins Reich des Momentanen einzutreten", sagt Steve. Auf der Suche nach diesem Wohlgefühl erkundete er auch Yoga, Hypnose und Sporttraining. Während er Scuba-Tauchen unterrichtete, alarmierte ihn die hohe Abbruchquote unter neuen Tauchern. Sie schienen den Zustand echten Wohlgefühls und Glücks irgendwie nie zu erreichen. Also entwickelte er

↑ Monica Farrell praktiziert Yoga-Asanas am Roten Meer.

ein System, das dem ganzen Prozess ruhige Disziplin und spirituellen Schwung hinzufügte, um jeden Tauchgang zu einer intensiveren Erfahrung zu machen.

Zu den Techniken des MBS-Scuba gehören Meditation, Atmen, Visualisierung, Yoga- und Streckübungen. Diese Übungen helfen, den Luftverbrauch zu senken, das Wohlbehagen zu steigern und den Umgang mit dem Meeresleben zu verbessern. Der Prozess kann dein Tauchen erneuern, behauptet Schultz, indem es zu etwas Persönlicherem und Spirituellen wird: „Du kannst deinen Spaß erhöhen und hast die Chance, religiöse und mystische Erfahrungen kennen zu lernen, die nur durch deinen Glauben und deine Vorstellungskraft begrenzt sind."

Wie Monica Farrell meint Steve Schultz, dass wir zu sehr im aufgabenorientierten Tauchen gefangen sind. Der wahre Geist von MBS sei die Fähigkeit, mit Freude und ohne ein Ziel zu tauchen. Manchmal sei ein passiver Tauchgang – ohne Fotos zu schießen oder Fischen hinterherzujagen – genau das, was der Körper braucht und der Arzt empfiehlt. „Immer einmal wieder", resümiert er, „solltest du dich zurücklehnen und einfach nur tauchen, um zu tauchen."

Ängste überwinden helfen

Visualisierung gehört zum Kern des MBS-Kurses. Das wichtigste Ziel ist, eine positive Einstellung zu bekommen: durch die Vorstellung des Erfolgserlebnisses beim Tauchgang. Das kann dir beim Umgang mit Aufgaben helfen, die dich nerven, zum Beispiel beim Ausblasen der Tauchmaske. So schafft Schultz bei der Arbeit mit Schülern Entspannung. Die Probleme verschwinden, Angst und Aufregung legen sich. Zur Veranschaulichung zerlegt er die Aufgaben in individuelle Schritte. Das erleichtert den Kursteilnehmern die Mitarbeit und nimmt ihnen Ängste und Sorgen. Lob und Bestätigung helfen überdies, den Glauben an den problemlosen Tauchgang zu stärken.

Diese Methoden wirken auch bei der Vermittlung von speziellen Fertigkeiten wie der Unterwasserfotografie oder der Wrackerkundung. „Selbst Trainer und Weltklasse-Athleten verbessern so laut Schultz ihre Fähigkeiten. Nicht mit dem üblichen Frontalunterricht, sondern mit diesen indirekten Techniken bestärkt der Lehrer seine Kursteilnehmer, sich ihr Können selbst zu erarbeiten: Tauchbrille abnehmen, erstes Tieftauchen,

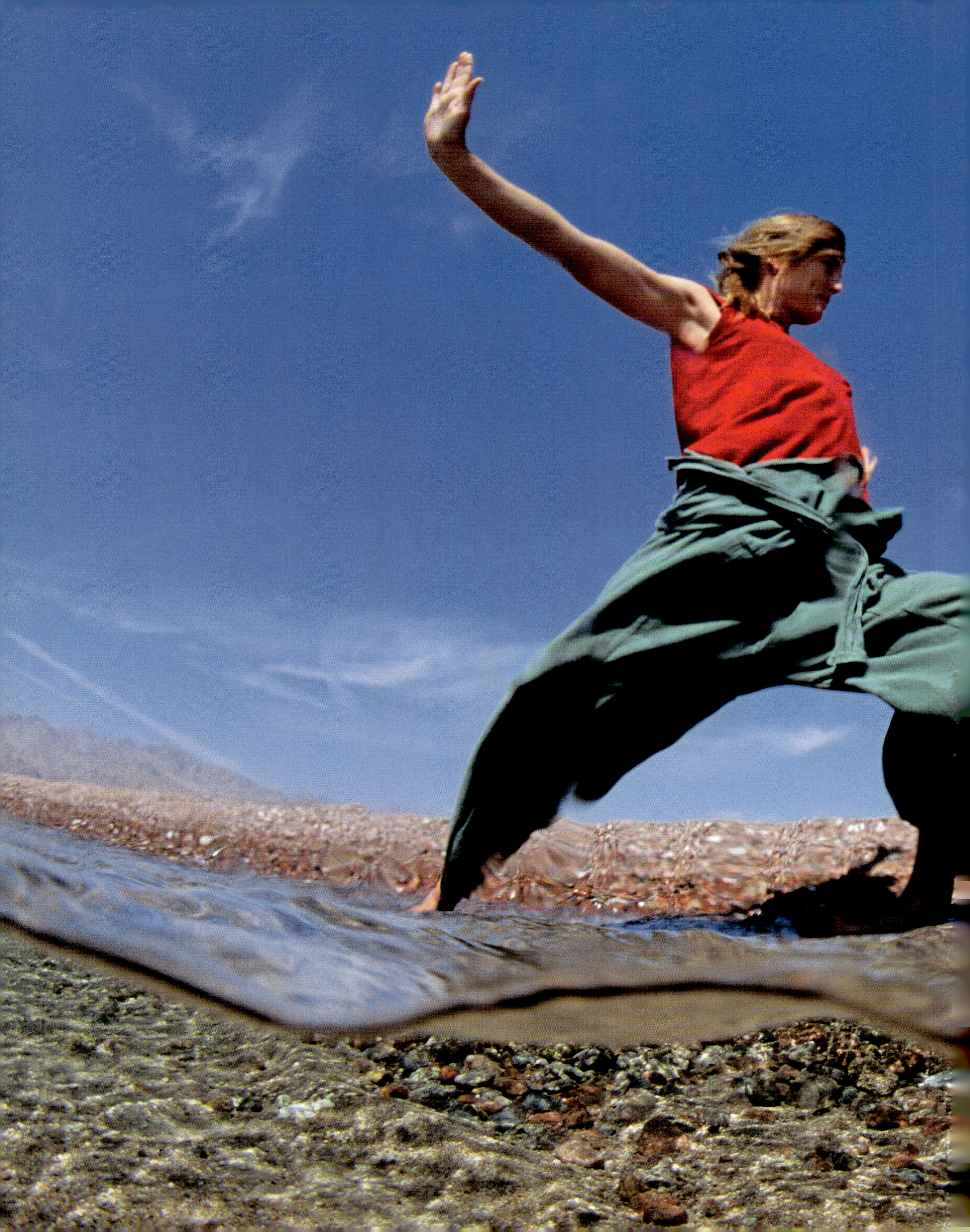

„*Meditation gibt dem Taucher einen kühlen Kopf und befreit ihn vom Druck zur Spitzenleistung.*"
Steve Schultz

↑ YOGA HILFT DIR VOR DEM TAUCHEN BEIM ENTSPANNEN UND LOCKERN.

erstes Nachttauchen usw. Einmal hatte ich eine Taucherin, die Angst hatte, Fische zu sehen", erinnert er sich. „Wir konnten ihr mit unserem System darüber hinweghelfen."

Neuro-Linguistic-Programming (NLP) ist eine weitere Technik, Ängste und Phobien unter Wasser und beim Tauchen zu bekämpfen. Bei dieser Methode werden automatische Reaktionen und unwillkommene Gefühle durch bestärkende Gedanken ersetzt. NLP-Experte Brendan O'Brien will damit Nerven beruhigen, Ängste besiegen und Tauchern helfen, ihre Probleme zu bewältigen. Für Anfänger erweist sich das als besonders hilfreich, weil ihre ganz natürlichen Ängste von Ausbildern oft noch unabsichtlich verstärkt werden. „Es ist das Unnatürlichste auf Erden", sagt O'Brien. „Steck dieses Ding in den Mund, deinen Kopf unter Wasser und atme durch das Ding – es verstößt gegen alle unsere natürlichen Instinkte." Der Versuch, einem Anfänger zu erzählen, es gibt nichts zu

„Und Gott schuf den Fisch ... Ich bin keiner von ihnen, aber nichts brachte mich dem Spirituellen näher als Tauchen."

Anthony Horowitz

Nicht nur Anfänger können von NLP-Techniken profitieren. „Wenn du Tieftauchen im kalten Wasser planst oder ein anderes wirklich herausforderndes Vorhaben", sagt O'Brien, „dann wird es dir sehr helfen, das Unternehmen vorher im Einzelnen durchzugehen, es dir Stück für Stück vorzustellen." Experten nennen es DIR (Do It Right, mach es richtig) oder Techno-Tauchen. Tauchpläne werden an Land sorgfältig durchgearbeitet, bevor es ins Wasser geht. Wie in Kapitel 3 beschrieben, empfehlen einige Tauchschulen das sorgfältige Veranschaulichen des bevorstehenden Tauchgangs, um Tauchen sicherer zu machen.

MBS-Tauchen setzt Meditation ein, um einen ruhigen Gemütszustand herbeizuführen. Es ermöglicht dir, kompliziertes Werkzeug oder Phobien in den Griff zu bekommen. „Meditation sorgt beim Taucher für einen kühleren Kopf und hilft, sein Verhaltensmuster vom Druck zur Spitzenleistung zu befreien", sagt Steve Schultz. Und behauptet, Fische können den Unterschied spüren:

In einem höheren Bewusstseinszustand ändert sich manches: ruhigeres Atmen, langsamerer Herzschlag, niedrigerer Blutdruck, verstärkte Alphawellenmuster im Gehirn und weniger Muskelspannung. Einiges davon können Fische mit Augen und Seitenlinien-Sensororganen wahrnehmen. Wirkst du entspannt und kontrolliert, sieht dich der Fisch weniger als Bedrohung und nähert sich mehr.

Schultz geht es vor allem darum, im Tauchgang den Punkt zu erreichen, wo du das Draußen hinter dir lässt und dich tiefer mit der Umgebung verbindest. „Je intensiver meine Verbindung zur Unterwasser-Umwelt", sagte er mir, „desto stärker das spirituelle Erlebnis."

befürchten, erklärt O'Brien, kann das genaue Gegenteil bewirken. „Alles dreht sich um die Vorstellungskraft", sagt er. „Jemandem zu sagen, ‚nimm's leicht, nur keine Sorge', ist in Wahrheit eine Einladung, sich erst recht Gedanken zu machen."

Stattdessen sollten Ausbilder ihr Augenmerk auf simple Erfolgsstrategien richten: Frage sie auf dem Weg zum Pool, was sie gut können. „Sobald du an Dinge denkst, die du dir zutraust", sagt O'Brien, „öffnest du dich."

Steve Schultz meditiert mit einer Tauchpartnerin unter Wasser auf den Cayman Islands.

„Die Idee ist, Tauchen in etwas viel Persönlicheres und Spirituelles zu verwandeln."
Steve Schultz

Den Spieltrieb kultivieren

Wie Steve Schultz bedauert Monica Farrell, dass Ausbilder oft nicht mit Anfänger-Phobien umgehen können. Deshalb nähert sie sich dem Problem aus einer etwas anderen Perspektive. Nach Yoga als Relax-Hilfe geht Farrell mit ihren Schülern ins Meer, um möglichst viel zu „spielen" – sagen wir zum Beispiel mit ihren Tauchmasken und Tarierwesten.

Jede Art von Prüfung und Test, die man besteht oder nicht, kann warten, bis die Schüler ihre Aufgaben wirklich beherrschen. „Wenn du mit der Einstellung herangehst, dass es einfach ein schönes Spiel ist", sagt sie, „werden sich deine Fähigkeiten von selbst fortentwickeln."

In diesem Ansatz sieht Farrell einen entscheidenden Aspekt von Zen-Tauchen: Wie wichtig es nämlich ist, seinen Spieltrieb zu kultivieren. Unterwassermanöver auszuführen, wie verkehrt herum Schwimmen und Saltos schlagen, sind ein guter Anfang.

Das renommierte „Scuba Diving Magazin" brachte eine Titelstory mit dem Titel „137 Wege, unter Wasser zu spielen" heraus. Es schloss Ideen und Techniken ein, wie man unter Wasser küsst (plane es vorher, damit die Atemregler synchron sind), wie man in 30 Meter Tiefe trinkt (Getränkebehälter vorher gut schütteln, öffnen, dran saugen und dabei den Behälter pressen) und sogar, wie man nackt taucht. Für das letztere zitierte es Frank Lombino vom Nautical Nudists Dive Club in Land O'Lakes, Florida. Der wies eindringlich darauf hin, dass die Leute nicht nur gern Nackttauchen lernen wollen, sondern dass vor allem die Bedingungen dafür stimmen müssen: „Du kannst dich verdammt leicht verletzen! Und zwar mehr an den Korallen als durch Fische. Du solltest zum Beispiel nicht um eine Feuerkoralle herumschwimmen!"

Unter Wasser herumzuspielen ist ein guter Weg, Selbstvertrauen und Wasserfertigkeiten zu verbessern. Kinder tun es von sich aus. Kürzlich ging ich mit meinen zwei Söhnen Luke und Oscar unter Wasser, während sie im Roten Meer in einem Freiwasserkurs tauchen lernten. Ich kam mir vor wie ein alter, plumper Meeressäuger, als ich langsam und ruhig unter ihnen schwamm, während sie ausgelassen im Flachriff herumtollten, wie ein Paar Babyrobben auf der Jagd nach Fisch.

Übrigens: Mit Musik unter Wasser zu spielen, ist eine tolle Erfahrung. Nimm zum Beispiel einen wasserdichten MP3-Player und tauche zu Händels „Wassermusik". Oder du nimmst am jährlichen Lower Keys Underwater Music Festival vor Big Pine Key, Florida, teil, wenn über 600 Taucher nach unten gehen – mit Instrumenten von Gitarren bis zu Posaunen, um mit den Fischen zu tanzen.

← Der Druck im Tiefwasser hält ein aufgeschlagenes Ei zusammen.

→ Spazieren gehen statt Flossentauchen.

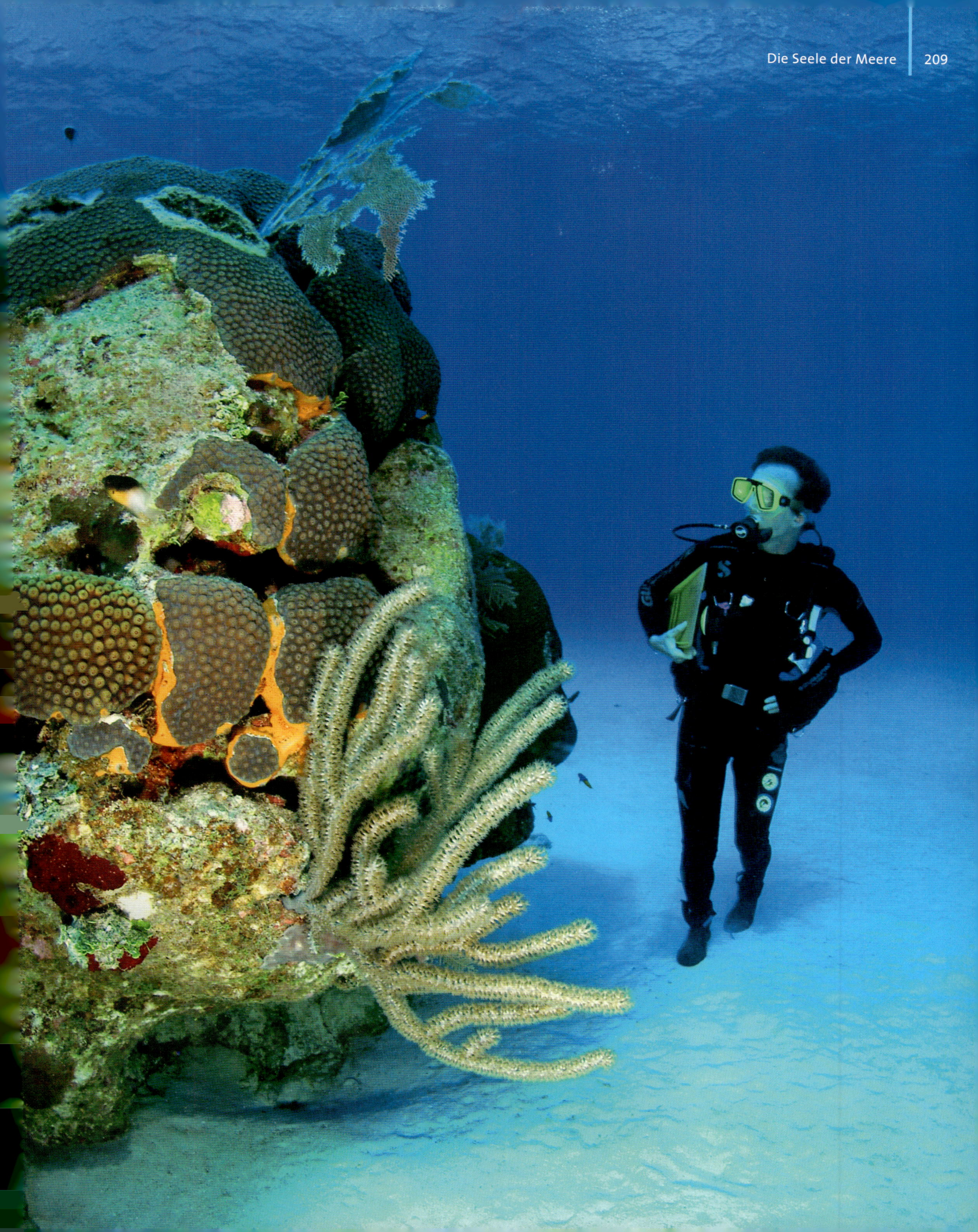

Ein Spaziergang anderer Art

Es gibt Wege, die Perspektive zu wechseln, andere Einblicke in die Tauchwelt zu bekommen und neue Erfahrungen zu machen. Einer ist, Schwimmflossen auszuziehen und zu Fuß zu gehen. Ja! Versuch doch mal einen Untersee-Spaziergang. Warum nicht? Was tun wir immer? Schwimmen, schwimmen, schwimmen. Such dir einen schönen großen Sandflecken oder eine Lagunenumgebung, zieh die Schwimmflossen aus, pack sie unter den Arm und zieh los. Wir nennen es aus gutem Grund Mondspaziergang, weil du am Seebett herumspringst wie ein Astronaut auf dem Mond. Probiere Hocksprünge und lass das wahre Gefühl der Schwerelosigkeit an dich heran.

Mondspazieren ist für Übergewichtige am einfachsten. Normalgewichtige haben meistens ein bisschen zu viel Schwung und das Risiko eines unkontrollierten Aufstiegs. Die meisten sicheren Taucher haben es nach ein, zwei Schritten raus. Vermeide aber steiles Gelände und starke Strömungen. Frage im Zweifel deinen Tauchführer und versuche es unter seiner Anleitung.

Die Schwimmflossen abzulegen, kann sehr befreiend sein. Sie wieder anzuziehen, ist umgekehrt genauso aufschlussreich. Du lernst neu schätzen, wie wunderbar effizient Tauchflossen unter Wasser als Antrieb sind. Umschalten von Schwimmen auf Gehen und umgekehrt steigert das Gespür für Bewegungsarten im Wasser und die Kraft des Flossenschwimmens – eine gute Übung in Zen-Tauchen.

Ein direkter Vorteil des Gehens am Seebett ist die intensivierte Kontrolle über deine Bewegungen: Wie und wo du deine Schritte setzt und wie schnell du anhalten kannst. Deine Schwimmbewegungen erzeugen einen Vortrieb, der schnelles Anhalten schwierig macht, wenn du etwas Interessantes erspähst. Im Gegensatz dazu kannst du beim Gehen im Nu stehen bleiben. Die Lebewesen um dich herum werden sich weniger fürchten, weil du kein schnaufendes, aufgeblasenes und Sand aufwühlendes Monster bist. Atme nur ruhig und beobachte, was sich direkt vor deinem Gesicht tut. Auf den Knien ist diese Warteposition leichter. Das geht auch mitsamt Tauchflossen. Du musst nicht auf die Flossen achten, brauchst weniger Platz – und verbreitest weniger Unruhe.

◉ Folge deinem Spieltrieb unter Wasser.
◉ Mach einen „Mondspaziergang" mit deinem Partner.

Sieht das Ganze ein wenig doof aus? Vermutlich ja. Vorbeikommende Taucher dürften in ihre Regs (Atemregler) glucksen. Lass sie! Ich wette, sie probieren es selbst, sobald keiner zuschaut. In Dahab tauchte ich mit einer zufälligen Begleiterin, die nichts von Zen-Tauchen wusste. Der Tauchgang verlief ganz normal, bis ich einen Sandfleck fand, nicht widerstehen konnte, die Flossen unter den Arm klemmte und ein paar Purzelbäume schlug. Sie folgte mir prompt und hüpfte wie ein Astronaut herum. „Gott, was für ein großer Spaß", sagte sie, zurück an der Oberfläche. „Erst dachte ich, du bist übergeschnappt – aber dann wollte ich das auch!"

Am einfachsten klemmst du die Flossen unter den Arm, so hast du sie jederzeit zur Hand. Gib sie deinem Partner oder Führer, lege sie unter einen Stein (Vorsicht: nichts zerstören!) oder nimm ein Flossennetz mit runter und ein Zusatzgewicht zur Sicherung. Ein Flossenbeutel lässt sich mit einem Karabiner an der Weste festmachen oder an der Ankerleine. Du wirst dich wundern, wie effektiv normales Brustschwimmen in Scuba-Ausrüstung ohne Tauchflossen ist – die beste Bewegungsart, wenn du nicht gehst oder herumhüpfst.

„Sieht es ein bisschen doof aus? Vermutlich ja. Andere Taucher dürften in ihre Atemregler glucksen. Lass sie! Ich wette, sie probieren es selbst, sobald keiner zuschaut."

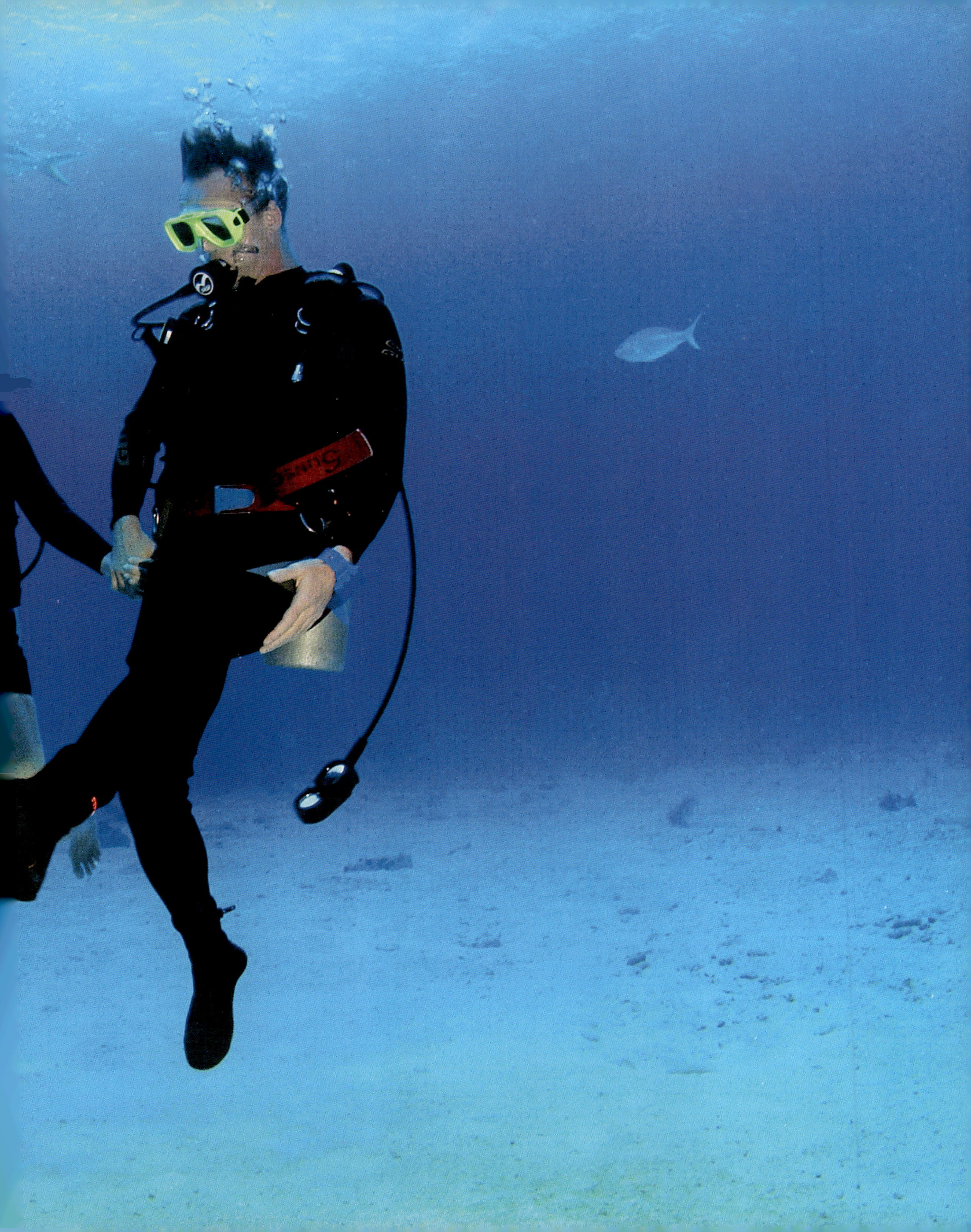

↑ Das Yin und Yang des Ozeans.

Verspieltheit kann subversiv sein und unsere Sicht der Dinge ändern. Der deutsche Taucher Hermann Gruhl beschreibt, was beim Eistauchen in einem zugefrorenen See geschah, als er sich dem Spaß hingab, ohne Bleigurt rauf- und runterzuspringen: „Ich gab Kamera und Bleigurt in der Außenwelt ab und lief unter der Eisoberfläche kopfüber auf dem Eis hin und her – vom starken Auftrieb nach oben gedrückt", schrieb er. „Mit ein wenig Übung lernst du, vertikal mit dem Kopf nach unten auf dem Eis in großen Sprüngen hin- und herzulaufen. Ich inspirierte die anderen, und bald hüpften und rutschten alle – es war der reine Spaß."[7]

Ein gründlicher Wandel

Sich unter Wasser aufzuhalten bedeutet oft, die eigenen Einstellungen grundlegend zu verändern. Hans Hass brachte es paradoxerweise dazu, zehn Jahre nicht mehr zu tauchen: „Meine vielen Jahre des Tauchens bewirkten eine Art Bewusstseinsänderung. Unter Wasser hast du eine ungeahnte Freiheit, die an Land nicht möglich ist. Da unten gewinnst du einen Abstand zu der Welt der Menschen, der so woanders nur höchst selten zu erreichen ist." Dieser Abstand veranlasste ihn, zehn Jahre lang die Evolution des Menschen zu studieren. In dieser Zeit verkaufte er sein geliebtes Schiff Xarifa und stürzte sich in Politik, Ökonomie und Recht. „Dazu kam es, weil ich in Wahrheit nach wie vor unter Wasser blieb", erklärte Hass. „Unsere Wasserheimat, der Ausgangspunkt aller Entwicklung, blieb immer vor meinen Augen und zwang mich sozusagen zu einer anderen und ungewöhnlichen Sicht der Dinge."[8]

Ob wir uns mit unserem inneren Selbst verbinden oder nur über die scheinbare Unendlichkeit der Ozeane grübeln – eine Rückkehr ins Meer belebt die Erinnerung und weckt in uns den Ursprung des Lebens. Rachel Carson: „Da Menschen nicht fähig sind, ins Meer zurückzukehren wie Robben und Wale, nutzten sie Genie und Verstand, zum Meer mental zurückzukehren." Die Menschheitssuche in den Meeren sei die Suche nach „einer längst verlorenen Welt, aber einer, die in den tiefsten Tiefen des Unterbewusstseins nie verloren gegangen ist". „Rasen wir durch Metropolen und Städte", fürchtet Carson, „geht verloren, dass wir auf einem Wasserplaneten leben." Aber auf einer langen Ozeanreise, mit den Sternen und der See als einziger Gesellschaft, erkennen wir, „dass unsere Welt eine Wasserwelt ist, ein Planet, beherrscht und bedeckt von einer Hülle, in der Kontinente nur flüchtige Störungen von Land an der Oberfläche der allumfassenden See sind".[9]

Die Seele der Meere

Unter Wasser zu sein, ist eine höchst sinnliche Erfahrung.

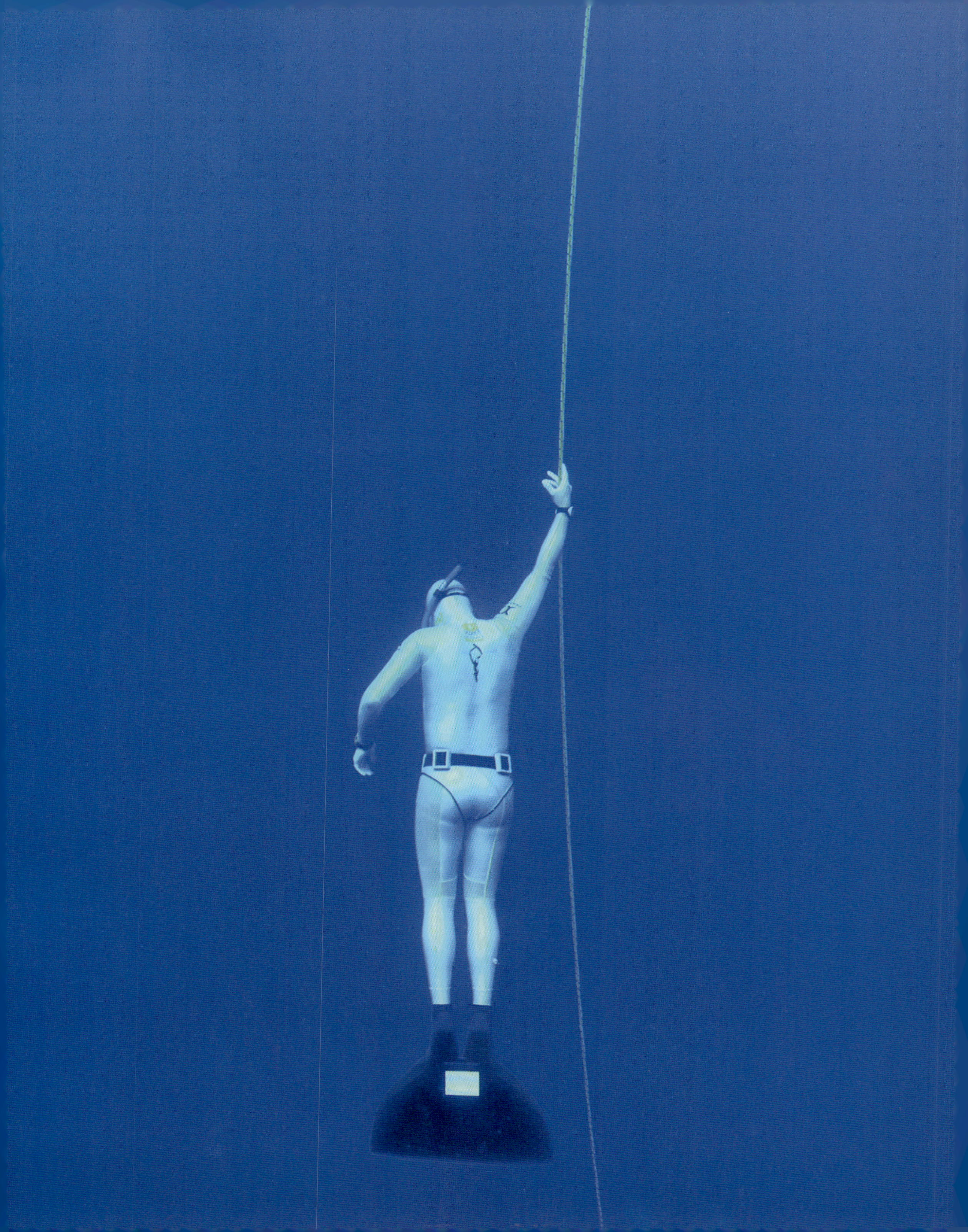

Die Kunst des
Freitauchens

"Sie bringen es zu einer hohen Kunst, zur Sensation, den Geist zu befreien – durch Versunkensein im Wasser."

Tim Ecott

Ein Freitaucher kehrt zur Oberfläche zurück.

Die Kunst des Freitauchens

EIN LEICHTER WELLENSCHLAG MACHT DIE KONZENTRATION AUF MEIN PRANAYAMA-ATMEN SCHWER – ZEHN SEKUNDEN EINATMEN, ZWEI HALTEN, FÜNF SEKUNDEN AUSATMEN, DREI HALTEN – GEDACHT, UM DEN HERZSCHLAG VOR DEM ABSTIEG ZU EINEM FREITAUCHGANG ZU SENKEN. EIN HAUFEN NEUGIERIGER ZUSCHAUER HAT SICH AM ENDE DER MOLE VERSAMMELT. SIE FRAGEN SICH, WAS DIE ZWEI DA TUN (AUSBILDER ANDY LAURIE UND ICH), DIE IN DER DÜNUNG DES ROTEN MEERES AUF- UND ABNICKEN. SIE WERDEN ENTTÄUSCHT SEIN: APNOETAUCHEN IST FÜR ZUSCHAUER NICHT BESONDERS INTERESSANT. EINE MINUTE TREIBT EINER AN DER OBERFLÄCHE, DIE NÄCHSTE IST ER VERSCHWUNDEN – NUR, UM EIN PAAR MINUTEN SPÄTER WIEDER AUFZUTAUCHEN. ENDE DER GESCHICHTE. ANDERS NATÜRLICH FÜR DIE FREITAUCHER. FÜR SIE BEDEUTEN DIESE WENIGEN MINUTEN ALLES: EIN GROSSES UNTERWASSER-ABENTEUER VON KÖNNEN UND MUT UND FÜR VIELE AUCH EINE REISE ZU SICH SELBST.

Meine vier Minuten Pranayama sind dran. Ich bin bereit. Ich atme dreimal laut aus, einmal tief ein und gebe Andy ein Zeichen. Die Atemübung ist zu Ende, wir tauchen kopfunter ab und beginnen, abzusteigen. Ich hangle mich langsam und gleichmäßig die Leine hinunter. Als Scuba-Taucher gehörte der Tempokontrast zu den Dingen, die mich während des zweitägigen Freitaucherkurses bei NoTanx Freediving überraschten. Du schwimmst nicht rasend schnell zu deinem Ziel runter. Alles geschieht sehr langsam und bedächtig, um Sauerstoff zu sparen. Überrascht war ich auch, wie schwer richtiges Kopfunterabtauchen fällt. Wir sind dies zwar ansatzweise gewohnt, strecken die Beine in die Luft, um beim Schnorcheln runterzugehen. Die Freitauchtechnik ist jedoch viel präziser: Nur ein Bein anheben und dann runtergleiten. Ich gebe zu, es brauchte eine Menge Poolstunden, bevor ich es richtig konnte. Man darf nur ein kleines Gekräusel hinterlassen, keine Flutwelle.

Weiter im Abstieg passieren Andy und ich zehn Meter ... 15 Meter ... und erreichen das Seebett schließlich kurz vor 20 Metern. Ich lasse das Seil los und schwimme kurz um das Riff herum, bevor mein Lungendruck anfängt, Warnsignale zu senden. Ich greife nach dem Seil und beginne zu klettern. Beherrschung und minimale Kraftanstrengung sind am Umkehrpunkt entscheidend, hatte Andy mich gewarnt – um Sauerstoff zu sparen und den Puls niedrig zu halten. Es gab noch mehr überraschende Instruktionen für den Aufstieg: nicht ausatmen. „Du brauchst alle Luft, die du kriegen kannst", hatte Andy gesagt. Nicht raufschauen, das kann den Blutfluss im Gehirn stoppen und zu einem Flachwasser-Blackout führen. Und am Schluss nicht schneller werden. Vor allem aber: keine Panik!

Andys Instruktionen gingen mir durch den Kopf, ich versuchte, entspannt zu bleiben und nicht an die verbleibenden 15 Meter zu denken. Um Kraft zu sparen, stellte ich bei zehn Metern die Bewegungen ein und ließ mich vom natürlichen Auftrieb tragen. Dann tauchte ich auf, richtete die Augen auf den Horizont und holte mehrmals tief Luft. Andy folgte mir den ganzen Weg und wartete auf mein Okay, bevor wir beide relaxten. Er wusste, die meisten Freitauch-Unfälle passieren auf den wenigen letzten Metern.

Tiefer gehen

Der Kurs mit Andy ging weiter. Gemeinsam arbeiteten wir einige der 17 grundlegenden Sicherheitsregeln des Freitauchens ab: nie allein, kein Frei- nach Scuba-Tauchen, nie die eigenen Grenzen überschreiten. Ich lernte den Unterschied zwischen dem Atmen mit Zwerchfell- und Zwischenrippenmuskel, wie Chemorezeptoren dem Körper sagen, wenn sein Sauerstoffpegel zu niedrig ist, wie man auf Signale eines Verlustes an motorischer Kontrolle unter Wasser achtet. Und ich begann, mehr über die fremde und intensive Welt der Freitaucher zu lernen.

Freitauchen aus wirtschaftlichen Gründen – auf der Suche nach Perlen, Schwämmen, Krebsen oder anderem – kennt man seit Jahrhunderten. Zu Homers Zeit verwendete man schwere Gewichte, um 30 oder 35 Meter tief Schwämme vom Seebett zu pflücken. Schwammtauchen gibt es im Mittelmeer und in der Karibik noch immer. Im Pazifik tauchte man überall nach Perlen, Muscheln und anderen wertvollen Dingen – lange vor der geschriebenen Geschichte. In Korea und Japan sammelten weibliche Taucher, genannt Ama, genießbare Seegräser und Muscheln aus 20 Meter und mehr Tiefe. Die Idee des Freitauchens als Freizeitsport kam erst richtig in den 60er-Jahren auf. Als frühe Schnorchler ihre Speerfischer-

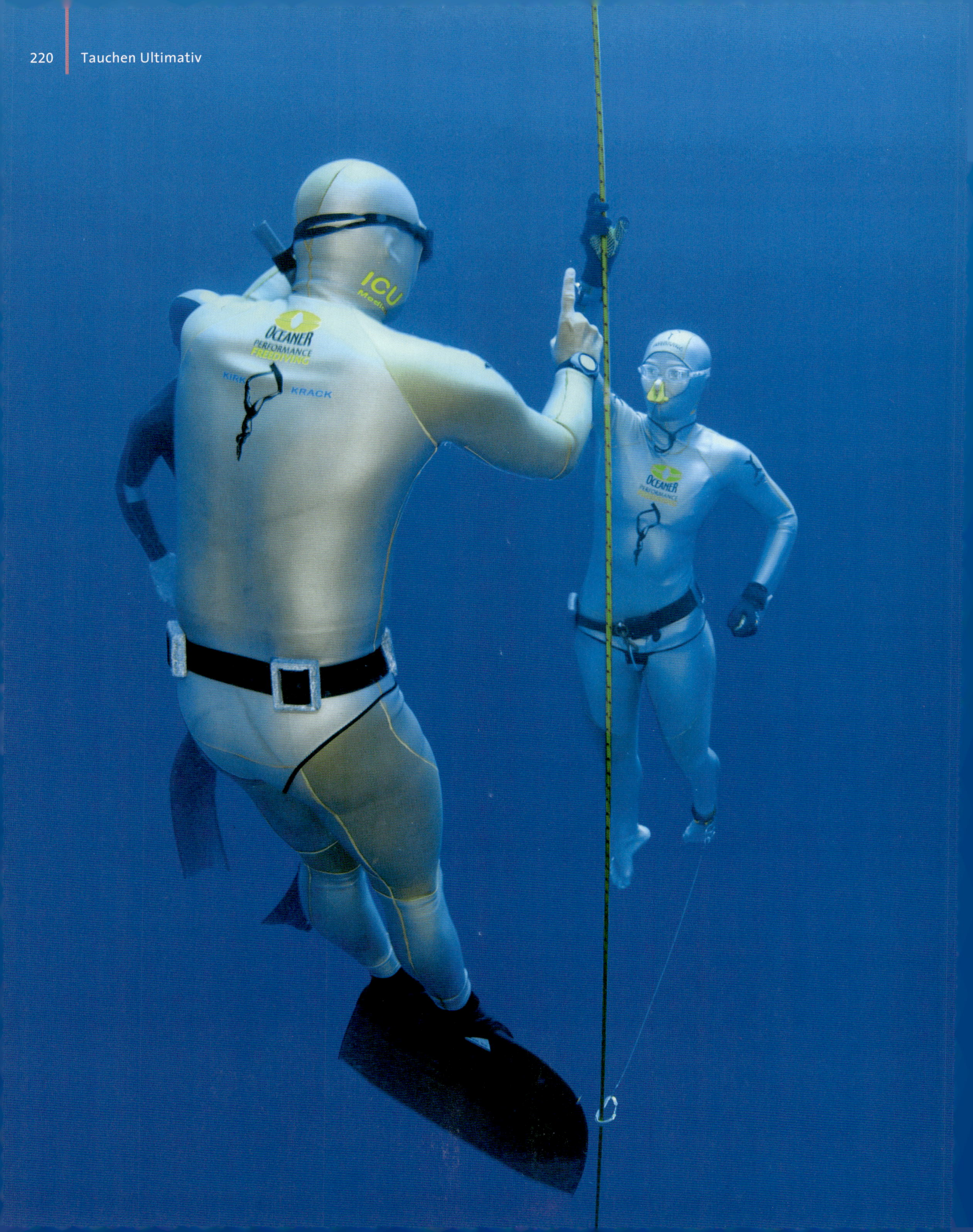
ICU
OCEANER
PERFORMANCE
FREEDIVING
KIRK
KRACK

„Im Vergleich zu Scuba-Tauchern gleiten wir ruhig und unbeschwert mit sanften Bewegungen durch das Wasser."

Kirk Krack

Künste in Kalifornien und Südfrankreich schärften, wählte eine andere Sorte Taucher einen weiteren Weg in die Unterwasserwelt: Zuerst hielt man sich einfach an etwas Schwerem fest und sank so weit wie möglich. Heute sind die Techniken fortgeschrittener: Freitauchen hat sich zum Wettkampfsport mit raffinierter Ausrüstung, hoch entwickeltem Sponsoring und herausragenden internationalen Stars entwickelt.

Der erste wirklich gefeierte Freitaucher war der Weltmeister von 1974, Jacques Mayol. Zusammen mit Enzo Maiorca aus Italien und Bob Croft aus Amerika veränderte Mayol unser Bild vom Leistungsvermögen des menschlichen Körpers. Dann knackte er die 100-Meter-Marke im Jahr 1976. Dabei verwendete er auf dem Weg nach unten einen mechanischen Schlitten und rauf einen Ballon. Das Rennen um die bessere Ausgangsposition zwischen Mayol und Maiorca machte Luc Bessons Spielfilm „Le Grand Bleu" 1988 unsterblich. Der Film errang Kultstatus unter Freitauchern und ist eine kinematographische Hymne an ihre Besessenheit. Er enthüllte auch die bitteren Rivalitäten zwischen konkurrierenden Tauchern. Und zementierte die symbolhaften Verbindungen zwischen Delphinen und Freitauchern, an die Freitaucher gern glauben. Am Film-Ende schwimmt seine fiktive Figur Jacques mit einem Delphin zusammen weg und lässt die Luft atmenden Säugetiere hinter sich zurück. Mayol selbst schrieb sogar ein Buch mit dem Titel „Homo Delphinus".

Die Rekordbrecher

„Delphine sind das, was wir sein möchten", sagt Andy, während ich in einem Klassenzimmer Apnea (Atemstillstand) zu Beginn meines Freitaucherkurses übe. Das aufgestaute Kohlendioxid in meiner Lunge sagt mir: atme! Aber der Trick ist, nicht auf den Körper zu achten. Konzentriere dich stattdessen auf ein Gedicht, ein Lied oder irgendetwas anderes, als deine Lunge dir erzählt. Später gehen wir zu Apnoe im Pool über, und es kommt mir irgendwie viel leichter vor. Meine Apnoezeit steigt stetig in dem Maße, in dem ich lerne, meine Körpersignale zu ignorieren und in einen anderen, beherrschteren Zustand überzugehen.

Während der 80er-Jahre wurde die Freitaucherwelt im Sturm erobert, als der Italiener Umberto Pellazzari die Szene betrat und anfing, die bisherigen Rekorde zu brechen. 1988 markierte er seinen ersten Weltrekord: Erstaunliche fünf Minuten und 33 Sekunden hielt er den Atem an. Bald schlug ihn der Franzose Philippe Goasse mit 5:50, die Umberto 1990 mit 6:03 überbot. Ein anderer Franzose, Michael Bader, erhöhte den Rekord auf sechs Minuten und 40 Sekunden. Also legte Umberto die Latte wieder höher: Er übersprang die Sieben-Minuten-Marke.

Am Ende der Dekade hielt Pellazzari alle Rekorde einschließlich einer Tiefe von 150 Metern in der Kategorie „No Limits". Aber im Freitauchen gilt eines: Es kommt immer einer nach dir und treibt die Grenzen des Möglichen immer noch weiter voran. Der charismatische Kubaner Francisco „Pipin" Ferreras und seine Partnerin Audrey Mestre stellten Pellazzaris Bestmarke in den Schatten. Mestre tauchte im Juni 2000 vor La Palma auf den Kanaren mit 125 Metern einen neuen Frauenweltrekord. Aber sie wurde von der glamourösen Tanya Streeter überboten, die den „No Limits"-Rekord 2003 mit einem Abstieg auf 160 Meter einstellte – und damit auch den Männerrekord. Im Jahr darauf wurde Tanya vom französischen Freitaucher Loic Leferme verdrängt, dem 171 Meter im Oktober 2004 gelangen.

Niemand hielt weitere Rekorde für möglich, da verblüffte Patrick Musimu, der in Kinshasa in Zaire geboren wurde und jetzt in Belgien lebt, die Freitaucherwelt: Am 30. Juni 2005 tauchte er vor Hurghada im Roten Meer 209 Meter tief. Dieser unglaubliche Triumph gelang ihm mit der speziellen Technik, Ohrtrompeten und Nebenhöhlen beim Abstieg mit Seewasser zu fluten, statt den Druckausgleich mit dem Valsalva-Manöver zu erreichen, bei dem man mit zugehaltener Nase Luft in die Eustachische Röhre presst.

⊙ KIRK KRACK BEGLEITET MANDY-RAE CRUICKSHANK BEI DER RÜCKKEHR VON IHREM WELTREKORD IM FREITAUCHEN IN 74 METERN TIEFE.

"Gar nichts ist unmöglich", sagte Patrick nach der Rückkehr. "Die einzigen Grenzen stecken in dir selbst." Musimus Tauchgang wurde unglücklicherweise nicht als offizieller Rekord bewertet, weil keine Beobachter des offiziellen Dachverbandes AIDA (the Association for the International Development of Apnea) anwesend waren. Musimu verbrachte auch einige Zeit in einer Dekompressionskammer wegen des Verdachts auf Druckkrankheit. Musimus Ausgleichstechnik war nur ein Teil eines komplexen Trainingsprogramms zur Vorbereitung seines Körpers auf den Tauchgang. "In diesen Tiefen", merkte er an, "geschieht etwas für den menschlichen Organismus sehr Fremdes." Und nicht nur eine körperliche Empfindung: "Ich fand da unten Frieden", setzte er hinzu. "Ich fühlte mich durch die Erfahrung tief in mir gesegnet."

Reise nach innen

Freitaucher fassen ihre Erlebnisse oft in Worte wie: "das Erreichen innerer Tiefen" oder "eine Reise in spirituelle Dimensionen". Viele erwähnen den Säugetier-Reflex, den Anfang des Lebens im Meer und die These vom Wasseraffen (siehe Kapitel 6, "Die Seele der Meere"), wenn sie die Claims ihrer transzendentalen Verbindung mit unserer tiefen blauen Welt abstecken. Diese Überzeugung machte Freitaucher bis vor kurzem zu einem leichten Ziel des Spotts von Scuba-Tauchern. "Freitaucher sind manchmal noch weniger bereit als normale Taucher, über diese Seite des Tauchens zu diskutieren", sagt Tim Ecott, "weil es unglaublich einfach ist, sie auf den Arm zu nehmen, wenn sie ihr lyrisches Schmalz über den Zen des Inneren absondern." Aber er konzidiert, dass Freitaucher sich letztlich mit Meditationstechniken in den richtigen Zustand des verlangsamten Atmens versetzen: dass Top-Freitaucher echte Experten sind, ja sogar Yogis:

> Sie bringen es zu einer hohen Kunst, zur Sensation, den Geist zu befreien – durch Versunkensein im Wasser. Einige von ihnen sind an Rekorden interessiert, aber in Wahrheit ist es die mentale Seite des Freitauchens, die die Leute wirklich dazu treibt, eine höhere Ebene zu erreichen.

Ecott sieht das Problem so: "Du kannst nicht verstehen, worum es geht, bevor du Freitauchen nicht selbst erlebt hast. Dann aber rutschst du leicht selbst in ihre merkwürdig abgehobenen Formulierungen."

Ich kann nicht sagen, dass ich von meinen Tauchgängen mit irgendwelchen bleibenden Eindrücken zurückkehrte, außer der tiefen Dankbarkeit, wieder an der Oberfläche Luft atmen zu können. Aber viele andere konstatierten eine grundlegende Bewusstseinsveränderung. Zu ihnen zählt Renden Sullivan, der in maltesischen Gewässern von Chris Cardona vom dortigen Nationalteam trainiert wurde. Ihm widerfuhr auf einem seiner tiefsten Tauchgänge eine dramatische, bewusstseinsverändernde Erfahrung, die er sich zunächst nicht erklären konnte. Später jedoch stellte sich heraus, dass eine Hand voll anderer Freitaucher das Gleiche erlebt hatten. Das Empfinden der Einheit von Zeit und Raum schien Renden den mentalen Zuständen in mystischen und religiösen Traditionen am nächsten zu kommen – besonders in der buddhistischen Idee Sartoris. Zuerst führte er es auf Hypoxia (Sauerstoffmangel) zurück. Aber dann verstand er, dass es Selbstvertiefung war. Athleten spüren sie auf dem Höhepunkt ihrer Leistung. "Es war eine der intensivsten Erfahrungen meines Lebens", sagt Renden. Die Folge war der Film "The Greater Meaning of Water".

Musimu bestätigt: "Dein Körper beginnt mit dir in einer Weise zu reden, wie er das außerhalb des Wassers nie tut. Du fängst an, alles zu spüren: den Herzschlag, die Kontraktion der kleinsten Muskeln in Beinen, Armen und Zehen." Er beschreibt jede Empfindung als "verstärkt", beeilt sich aber zu ergänzen, dass er beim Hinunter keinen Schmerz fühlt: "Je tiefer du gehst, desto tiefer beginnst du, dein Inneres zu spüren."

Als das zum ersten Mal geschah, erlebte Musimu das Empfinden von Paralyse. Er musste seine Finger krümmen, um sich der Kontrolle über seinen Körper zu versichern. "Normalerweise fühlt sich dein Körper völlig anders an, wenn du tief freitauchst", erzählte er mir. "Aber dieses Mal war es völlig anders, ich war nur noch Verstand." Er erinnert sich, wie sein ursprüngliches Vorhaben, aufzuzeichnen, jede Bedeutung verlor, als er tiefer und tiefer ging. Bei der Rückkehr ins Boot war er jedes Mal unfähig, sich verständlich zu machen. "Die zwei, drei Minuten, die ich da unten verbrachte, fühlten sich wie Stunden an", erzählte er. "Es war, als wäre ich in einer anderen Dimension. Als hätte ich das Paradies berührt, mit den Göttern geflirtet. Ein unvergesslicher Augenblick."

⊕ DER MEHRFACHE WELTREKORDHALTER MARTIN STEPANEK BEIM TAUCHGANG MIT DEM SCHLITTEN

Die Kunst des Freitauchens | 223

⬆ Ein Freitaucher bereitet sich an der Oberfläche akribisch auf den Tauchgang vor. Als Lohn winkt eine unvergessliche Erfahrung.

↑ Freitaucher bereiten sich auf einem Tauchboot vor.
← Scuba-Taucher können von Freitauchern viel lernen.

Das eigene Ich spüren

Frankreichs Rekordbrecher Loic Leferme vergleicht sein Freitauchen mit dem „Komponieren von Elementen". Mit Freiklettern begann Lefermes Sportkarriere. Später erst wechselte er zum Freitauchen: in der Bucht von Villefranche-sur-Mer, einem pittoresken Mittelmeerhafen östlich von Nizza. „Mein Freitauchen begann genauso wie mein Freiklettern", erinnert er sich, „nämlich sehr einfach." Leferme beschreibt den kraftvollen Kontakt des Freikletterns mit der Natur und den Elementen und sieht Freitauchen als natürliche Ergänzung zur Unterwasserwelt. „Den Elementen ganz nah zu sein, ist mir sehr wichtig, deshalb bin ich Freitaucher", sagt er. Er vergleicht Freitauchen mit einer Kampfkunst, bei der du den natürlichen Bewegungsablauf der Elemente benutzt. Alles andere, ist Leferme überzeugt, heißt verlieren – das Wasser bricht dich. „Du musst dahin, wo das Wasser hinwill", sagt er. „Bin ich nicht biegsam und gehe ins Wasser, spüre ich den Druck. Bin ich aber flexibel, dehne die Lunge und den Körper, kann ich tiefer gehen."

Der kanadische Freitaucher Kirk Krack und Manager des Performance Freediving Teams bestätigt, dass Flexibilität der Schlüssel ist. „Vergiss alles, was du über das Unterwassersein weißt, und begreife, dass das Beste, was du tun kannst, relaxen ist", sagt er:

Wasser ist ein großes, mächtiges Medium. Stellst du dich gegen das Wasser, besiegt es dich. Gehst du hinunter und das Wasser drückt auf deine Lunge, kannst du nichts dagegen tun. Du musst wie ein weicher Schwamm sein, dich entspannen, den Brustkorb eindrücken lassen und nicht dagegen kämpfen. Aber am wichtigsten ist: Ohren auf, halte dein Tempo und habe nicht zu hohe Erwartungen.

Die Attraktivität des Apnoe-Tauchens liegt auch in der Chance, sich aus den sterilen Zwängen des modernen Alltags zu befreien, so Leferme. „Die Leute wollen ihr Ich durch die Elemente spüren", sagt er. „Die Elemente sind sehr mächtig, deshalb bist du beim Freitauchen den grundlegenden Dingen wie Leben, Tod, Angst und Kälte ganz nahe." Durch Freitauchen, so Leferme, kannst du dich besser kennen lernen und ein stärkeres Band mit dir selbst knüpfen als Scuba-Tauchen es je schafft. Loic Leferme begann sein Training beim großen Freitaucher Claude Chapuis, dem Gründer von AIDA. „Ich machte mit dem Tiefer und Tiefer einfach weiter, bis wir plötzlich merkten, wir sind so tief wie der Weltrekord", sagt er. Willst du also für einen Weltrekord trainieren, empfiehlt er, denke am besten an etwas anderes. Sonst wird die See dich „in den Hintern treten".

Verschiedene Disziplinen

„Loics Ansatz unterscheidet sich von anderen sehr", sagt Marcus Greatwood von NoTanx Freediving. Er trainierte mit Leferme und Chapuis in Nizza. „Er setzt auf das Relaxtsein unter Wasser. Spaß geht vor Tiefe und Zeit. Der übliche Weg ist, sich Ziele zu setzen und sich zu ihnen vorzukämpfen", sagt er, „während der Weg dorthin im Spaß am Selbsttraining und den Zielen als Nebenprodukt besteht." NoTanx Freediving verfolgt in seinem Training die gleiche Philosophie. „Der Prozess dauert länger, aber entspricht meiner Idee vom Freitauchen an und für sich viel mehr", sagt Marcus. „Wir treiben uns nie an, wir verwenden keine Computer, weil auch Tiefe nicht zählt. Kommst du rauf und lächelst", sagt er, „dann war es ein guter Tauchgang." Dieser Ansatz reduziert auch die Wahrscheinlichkeit des gefürchteten Flachwasser-Blackouts – der schlimmsten Gefahr für Freitaucher.

Der größte Teil des Sport-Freitauchens ähnelt der Constant Weight genannten Weise: An eine Leine, die am Seebett verankert ist, rauf- und runterschwimmen. Free Immersion bedeutet etwa das Gleiche – nur ohne Tauchflossen: Einfach mit den Händen am Seil entlanghangeln. Dann gibt es Static Apnea: So lange wie möglich den Atem anhalten (deshalb wird Freitauchen oft Apnoe-Tauchen genannt – vom griechischen Wort Apnea, für Atemwunsch). Der Weltrekord steht bei fast neun Minuten. Dynamic Apnea findet meist im Pool statt: Möglichst weit unter Wasser schwimmen ohne zu atmen.

Taucher nach oben oder zieht sich an der Leine hoch. Auch wenn das außergewöhnliches Können im Atemanhalten und Ausgleichen verlangt, stellt No-Limits-Tauchen die größten Anforderungen an den menschlichen Körper. Dabei steigt der Freitaucher mit einem schweren Schlitten ab, der eine Luftflasche und einen großen Ballon enthält. Am Tiefenziel füllt der Taucher den Ballon mit der Luft aus der Flasche und lässt sich von ihm hochtragen. Das Aufstiegstempo kann bis zu drei bis vier Meter pro Sekunde betragen. Also existiert immer das Risiko der Kompressionskrankheit. Um diese Gefahr zu senken, lässt der Taucher den Ballon meist bei 20 bis 30 Metern fahren und steigt die restliche Strecke aus eigener Kraft auf. Dass dies die riskanteste Form des Freitauchens ist, wurde durch den tragischen Tod von Audrey Mestre bei ihrem Weltrekordversuch im Oktober 2002 deutlich.

Wer nur zum Vergnügen freitaucht, braucht keine Ausrüstung außer Tauchbrille, Schnorchel und Tauchflossen. Real gibt es wahrscheinlich mehr Freizeit-Freitaucher auf der Welt als Scuba-Taucher, weil Schnorcheln zum Freitauchen wird, sobald du unter die Oberfläche gehst. Zugegebenermaßen hat der Tourist, der ruhig über einem Flachriff schwimmt, wenig Ähnlichkeit mit den schlanken, robbenähnlichen Wesen im Silberwasseranzug, die bei Freitaucher-Weltmeisterschaften in fantastische Tiefen absteigen. Aber grundsätzlich befinden sich die beiden an den beiden Enden desselben Spektrums. Ernsthafte Freitaucher greifen allerdings zur verfeinerten Ausrüstung wie kleinere Tauchbrillen und Karbonfaser-Tauchflossen. Und viele tauchen immer ohne Schnorchel.

Unterschiedliches Bewusstsein

Was können Scuba-Taucher von Freitauchern lernen? Kirk Krack glaubt, dass man durch Freitauchen ein größeres Wasserbewusstein gewinnen kann. „Im Vergleich zu Scuba-Tauchern gleiten wir ruhig und unbeschwert mit sanften Bewegungen durch das Wasser", sagt er. Natürlich bewegen sich Freitaucher unbeschwert von voluminöser Scuba-Ausrüstung anders. „Es gibt definitiv ein Gefühl von Freiheit – nicht nur wegen der Ausrüstung, sondern auch beim Bewegungsstil im Wasser", fügt Kirk hinzu. Er emp-

„*Delphine sind das,
was wir alle sein möchten.*"

Andy Laurie

← Freitaucher im Abstieg.

Verstehe es als Crosstraining zu Scuba. Es schärft den Sinn für Wasserbewusstsein und Effizienz. Im Zentrum stehen Energiesparen und Entspannung. Du hast nur begrenzt Sauerstoff, nutze ihn also effizient. Sparsam mit Beinschlag und Körperbewegungen zu sein, ist sehr wichtig. Die Atemübungen helfen auch, mit dem Sauerstoff gut hauszuhalten.

Tanya Streeters Botschaft lautet ähnlich: „Es wird dich zu einem viel sichereren und bewussteren Scuba-Taucher machen. Du wirst wahrscheinlich viel weniger Luft verbrauchen als vorher." Mandy-Rae Cruickshank ist ähnlicher Ansicht: „Ich hatte beim Scuba-Tauchen keinen schlechten Luftverbrauch. Aber mit den neuen Atemtechniken für das Freitauchen änderte sich mein Luftverbrauch erheblich. Ich komme jetzt dreimal länger mit einer Luftflasche aus als all die anderen."

Cruickshank hielt den Frauenrekord in Constant Weight, bis ihn die Russin Natalia Molchanova im September 2005 bei der ersten Einzel-Weltmeisterschaft im Freitauchen in Villefranche mit 80 Metern überbot. PADI-Kursleiterin Mandy-Rae lehrt in Vancouver in Britisch Columbia und sagt, Freitauchen hätte ihre Fähigkeit zur Entspannung beim Scuba-Tauchen stark verbessert: „Kannst du 30 bis 40 Meter freitauchen und gehst wieder zu Scuba über, denkst du plötzlich, dass es nicht mehr sehr tief ist. Du kannst mit dir selbst umgehen. Selbst wenn deine ganze Ausrüstung versagt, weißt du, wie du wieder hinaufkommst."

Natur-Begegnungen

Scuba-Taucher akzeptieren die Vorteile des Freitauchens bei Luftverbrauch und Sicherheit. Dass Freitaucher dem Meeresleben nahe kommen, bezweifeln sie aber. Denn selbst die besten Freitaucher der Welt müssen nach wenigen Minuten an die Oberfläche. Freitaucher scheinen ständig unter Bewegungszwang zu stehen und deshalb keinen Blick für ihre Umgebung zu haben. Marcus Greatwood sieht das anders: Er beschreibt zum Beispiel, wie beim Freitauchen im Roten Meer ein Drachenkopf nur wenige Zentimeter vor seiner Tauchbrille zu jagen begann. „Direkt vor mir fraß er einen Fisch", erinnert er sich. „Das würdest du mit Scuba nicht sehen, auch nicht mit einem Kreislaufgerät."

Die Kunst des Freitauchens | 233

↑ Einfaches Schnorcheln hilft, die Vorteile des Freitauchens zu erleben.

↑ Bem Freitauchen kann man sich scheuen Kreaturen leichter nähern.

Genauso sieht auch Mandy-Rae Cruickshank beim Freitauchen den Vorteil des Naturkontakts: „Es stimmt, dass du da unten nur ein paar Minuten hast, bevor du wieder raufmusst, also unter Wasser keine großen Untersuchungen anstellen kannst. Andererseits gibt es eine Menge Tiere, die dich mit Scuba nicht an sich heranlassen, wohl aber bei angehaltenem Atem." Sie beschreibt, wie die Hafenrobben in Vancouver auf die Freitaucher am Ende ihrer Leine warteten: „Du gehst 20 oder 30 Meter runter, und da sitzen sie einfach", sagt Mandy. „Sie sind sehr neugierige Wesen und warten im Grunde nur, um zu spielen." Sie schildert, wie Schildkröten in der Karibik dich neben sich herschwimmen lassen, während die Luftblasen eines Scuba-Tauchers sie bald vertreiben würden. „Auf Aruba fand ich mich auf dem Weg nach oben mitten unter 100 Papageienfischen. Hätte ich ausgeatmet, wären sie auseinander gestoben. Da ich die Luft anhielt, kam ich mitten in den Schwarm."

„Immer wieder finde ich mich mitten im Nirgendwo mit wunderschönen Tieren tauchen und merke, wie sich meine Freitaucher-Trainingsstunden bezahlt machen."

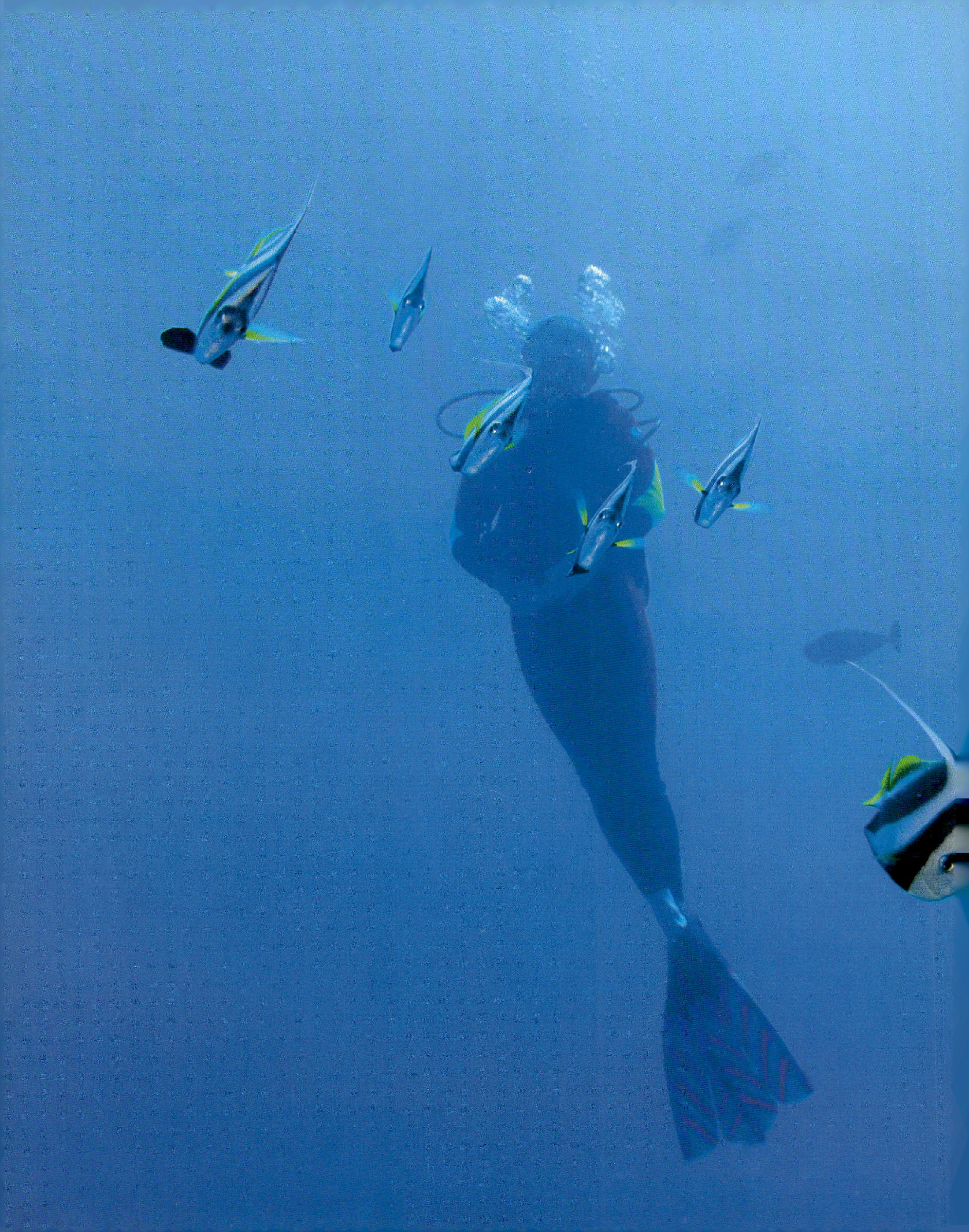

„Auf Aruba fand ich mich einmal auf dem Weg nach oben mitten unter 100 Papageienfischen. Hätte ich ausgeatmet, wären sie auseinander gestoben. Da ich die Luft anhielt, kam ich mitten in den Schwarm."

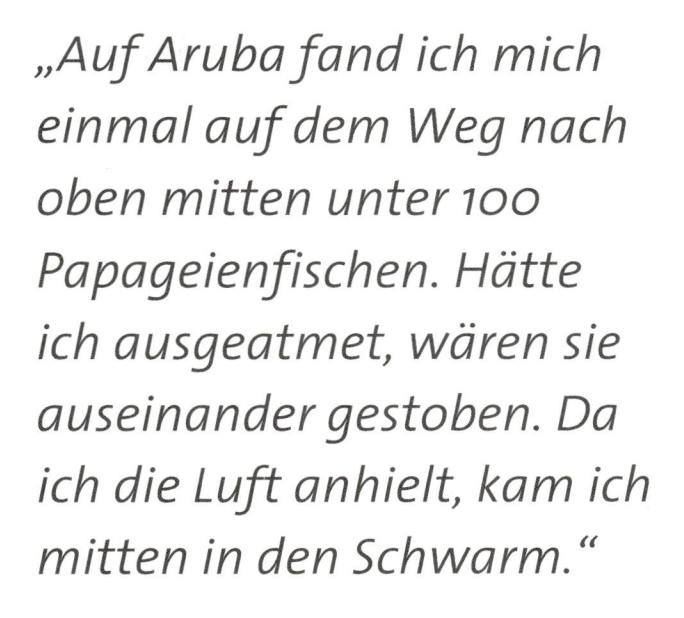

Mandy-Rae Cruickshank

◀ EIN AUSATMENDER TAUCHER VERJAGT WIMPELFISCHE.

Tauchen Ultimativ

↑ Ein grosser Schwarm Doppelfleckschnapper zieht in der Strömung vorbei.

Tanya Streeter, die zehn Freitaucher-Weltrekorde hält, hat kürzlich eine Karriere als Fernsehmoderatorin begonnen – in erster Linie für die BBC. Ihr Interesse gilt jetzt Naturbegegnungen. Sie findet diese neue Herausforderung genauso befriedigend wie ihre alten Wettkampfzeiten. Auf den Galapagos-Inseln, wo sie mit Pinguinen, Meeresleguanen, Schildkröten und Walrossen tauchte, erlebte sie viele dieser Tiere als überraschend freundlich und ohne jede Scheu, weil sie nie von Menschen angegriffen oder gejagt wurden.

Für die BBC tauchte Tanya auf den Malediven frei mit Walhaien und Mantas. Für diese Unternehmen hielt sie sich wie Alex und ich an Bord der Sea Spirit auf. Und auf den Silverbanks, einem Gebiet vor der Küste der Türken- und Caicos-Inseln, gelang es ihr sogar, mit Walen zu tauchen, für die diese Gegend berühmt ist. „Das ist etwas, woran ich mich niemals gewöhnen werde", sagt sie. „Sich direkt neben einem Buckelwal schwimmen zu sehen, ist ein außergewöhnlich großes Privileg – und ein absolut ergreifendes."

Für Begegnungen mit Walen und Walhaien gibt es meist Regeln, um sicherzustellen, dass die Tiere nicht gestört werden. Scuba-Tauchen ist daher selten erlaubt. Das sind genau solche Situationen, für die die Ausbildung als Freitaucher sich richtig lohnen kann. „Hast du einmal bestimmte Fähigkeiten im Freitauchen erreicht, kommst du zu besseren Begegnungen", sagt Tanya. „Bist du mit Meeressäugern im Wasser, kannst du sowohl deine Bewegungen besser kontrollieren, als auch etwas länger unten bleiben. So wird deine Begegnung viel schöner."

Wie die meisten Wettkampf-Freitaucher unterwirft sich Tanya vor Aufzeichnungsversuchen einer strikten Trainingsdisziplin. Nun scheint sie neu zu punkten:

Immer wieder finde ich mich mitten im Nirgendwo mit wunderschönen Tieren tauchen und merke, wie sich meine Trainingsstunden bezahlt machen. Ich denke kein zweites Mal an einen Weltrekord, aber drei, vier und fünf Mal an die Möglichkeit, mit diesen Tieren zu tauchen. Das macht alles wett.

Die Kunst des Freitauchens

EINE GRUPPE FREITAUCHER KEHRT VOM TAUCHGANG HEIM.

↑ Vieles beim Freitauchen Gelernte lässt sich beim Schnorcheln anwenden.
→ Ein Freitaucher an der Oberfläche.

Die Zukunft des Freitauchens

Im Freitauchen stecken alle möglichen Widersprüche: Ohne Scuba-Ausrüstung kannst du dich unter Wasser elegant bewegen, aber nicht so lange, wie du möchtest. Wettkampftaucher behaupten, von der blauen Tiefe angezogen zu werden, machen ihre Abstiege aber mit geschlossenen Augen, sehen also nichts. Andere Freitaucher bekennen sich zur Erforschung des eigenen Ichs, merken aber, dass sie ihren Tiefenmesser dabei bewusster wahrnehmen als sich selbst. Viele Freitaucher halten sich für Delphine, aber wenige kümmert das Meeresleben.

Die Wahrheit ist, dass Freitauchen wie Scuba-Tauchen alle möglichen Leute aus allen möglichen Gründen anzieht: von Schnorchlern, die tiefer nach Fischen suchen wollen, bis zu Yogi-Brüdern auf der Abkürzung ins Nirwana. Wie Scuba-Tauchen wird es sich weiter ausbreiten, gerade weil es so vielen verschiedenen Ansprüchen gerecht wird.

Der 29 Jahre alte Venezolaner Carlos Coste schaffte bei der Freitauch-Weltmeisterschaft 2005 im Einzel mit konstantem Gewicht (nur der Mann und seine Tauchflossen) 105 Meter. Das war die Tiefe, die Jacques Mayol 1983 erreichte – jedoch mit einem Schlitten. Musimu hat inzwischen die 200-Meter-Marke mit einem Schlitten überschritten. Jedes Jahr gibt es neue Rekorde. Die anhaltende Entwicklung des Freitauchens hat sicher weitere Überraschungen auf Lager. So wie das Training in Tauchresorts vermehrt angeboten wird, wählen auch immer mehr Leute Freitauchen als Ergänzung zum Scuba-Tauchen und Schnorcheln – und machen es unter den Tauchern populär. Freitauchen wird schon verbreitet als Weg praktiziert, der Natur des Meereslebens näher zu kommen. Es wird weiter zunehmen, wo mehr Meeresparks entstehen, die zu solchen Begegnungen einladen.

Am Schluss meines Freitaucherkurses wusste ich, dass ich wiederkommen würde. Und sei es nur, um dieses Gefühl ohne Ausrüstung im Wasser zu spüren – in einer intensiven Verbindung mit den Elementen. Vielleicht hilft uns am Ende Freitauchen dabei, zu verstehen, was Jacques Cousteau meinte, als er behauptete, dass „der Mensch unter Wasser zum Erzengel wird".

Das Schicksal der Meere

„Die Welt von heute als Ergebnis unseres Denkens hat Probleme,
die mit diesem Denken nicht gelöst werden können."

Albert Einstein

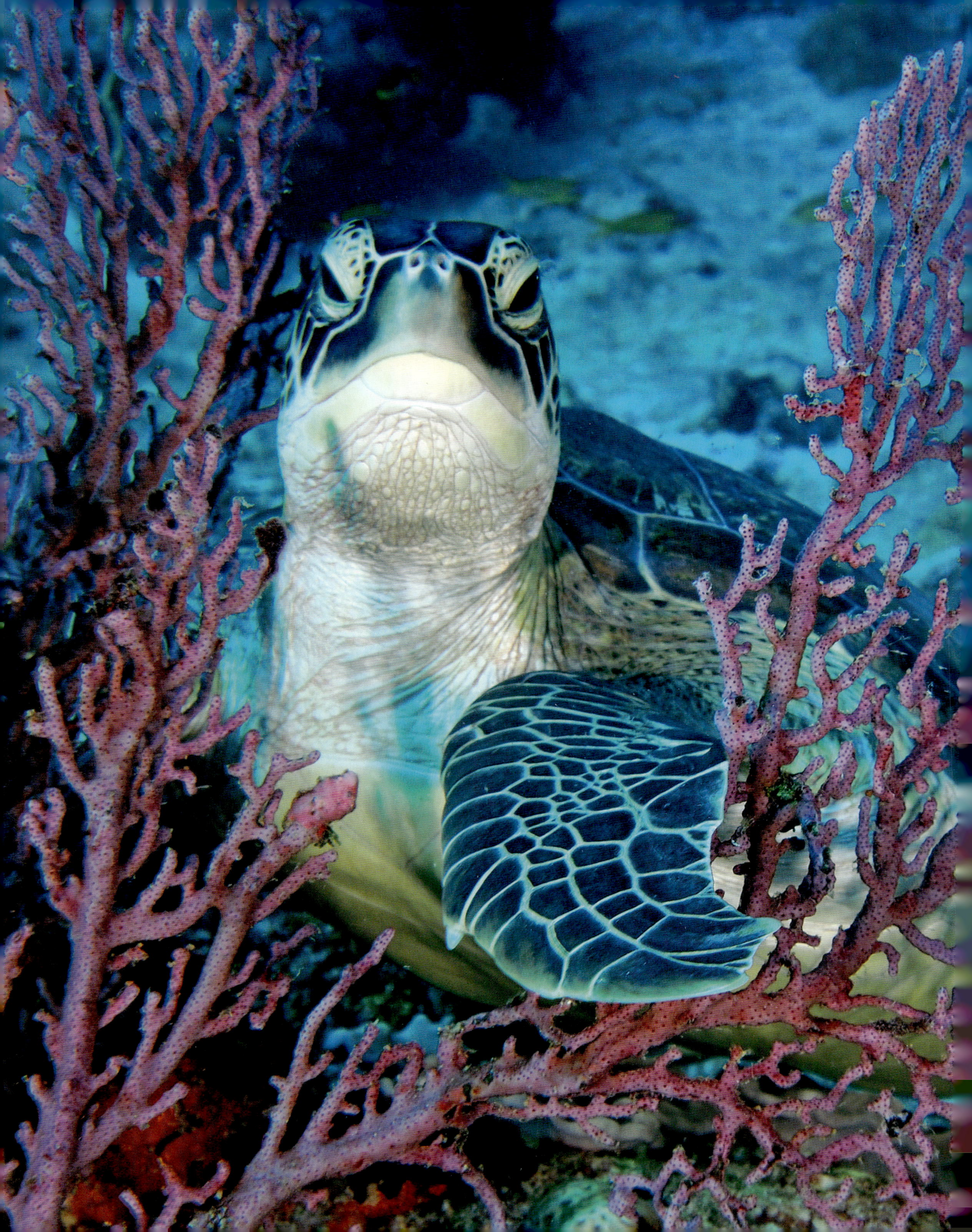

IN EINER WERFT IM HAFEN VON LA ROCHELLE AN DER FRANZÖSISCHEN ATLANTIKKÜSTE, GLEICH HINTER DEM MARINE-MUSEUM, LIEGT EIN ROSTENDER SCHIFFSRUMPF. ZERBROCHENE LEITERN, ZERSPRUNGENE BULLAUGEN, FLATTERNDE SEGELFETZEN UND SPLITTERNDER ANSTRICH SIND DAS TRAURIGE ZEUGNIS EINES EINST STOLZEN SCHIFFES, DAS MILLIONEN FERNSEHZUSCHAUERN VERTRAUT WAR: DIE *CALYPSO*, FÜR JAHRZEHNTE COUSTEAUS FLAGGSCHIFF. DER ROBUSTE, UMGEBAUTE MINENRÄUMER BEWÄHRTE SICH IM DIENST RUND UM DEN BLAUEN PLANETEN. IN EINEM RECHTSSTREIT ZWISCHEN COUSTEAUS ERBEN GEFANGEN, ROTTET DAS SCHIFF SANFT VOR SICH HIN.

Aber in der Werft ereignet sich Seltsames. Während ich im Licht des Nachmittags über das Gerümpel klettere, das über das Deck der Calypso verstreut liegt – alte Werkbänke, ausgemusterte Luftflaschen, rostende Motoren usw. – zieht eine ständige Prozession von Leuten den Kai herunter, um einen Blick auf das Schiff zu werfen. Es gibt keine Wegweiser, sicher nichts in Touristenkarten, nicht einmal einen Namen am Schiff – und doch wissen alle, was es ist.

Cousteaus Vermächtnis ist gewaltig. Auch nach seinem Tod bleibt er der bekannteste Taucher der Welt. Der Einfluss seines Werkes auf die heutige Agenda der Meeresforscher bleibt nachhaltig. Seine große Gabe zur Selbstdarstellung schuf ein wachsendes Interesse am Tauchen und inspirierte eine ganze Generation zur Entdeckung der Unterwasserwelt. Diese Generation teilt seine tiefe Sorge um das wechselhafte Schicksal unserer Ozeane.

Wir wissen wenig über die Ozeane der früheren Zeit, selbst über die letzten zwei Jahrhunderte kaum etwas. Wahrscheinlich war ihre Fauna damals reich an vielem, das heute so selten ist. Zu Zeiten Roms wimmelte das Mittelmeer nur so vor Mönchsrobben. Die meisten wurden durch den kommerziellen Fang im 17. Jahrhundert ausgerottet. Heute sind nur noch hundert dieser stark bedrohten Tiere übrig. Zehntausende Seeottern besiedelten einst die Küste Kaliforniens, bis sie wegen ihrer Pelze fast alle getötet wurden. Im letzten Jahrhundert dezimierte der kommerzielle Walfang erhebliche Bestände aller großen Walarten. Heute sterben Delphine en masse in Fischernetzen, Haie werden aus geschäftlicher Habgier zu Millionen geschlachtet. Inzwischen fangen wir Marlin, Thunfisch und Kabeljau in solchen Massen, dass viele Arten der Ausrottung nahe sind: Forscher schätzen, dass wir 90 Prozent der größeren Meeresarten bereits verloren haben.

⬅ DIE MEERESSCHILDKRÖTEN SIND BEDROHT ODER GEFÄHRDET.
➡➡ KORALLENRIFFE SIND WELTWEIT GEFÄHRDET.

Das Schicksal der Grünen Meeresschildkröte illustriert, wie wir in den letzten 500 Jahren die Ökosysteme der Meere zerstört haben. Als Kolumbus durch die Karibik segelte, so wird berichtet, mussten seine Schiffe einen ganzen Tag ankern, um einen Zug wandernder Schildkröten vorbeizulassen. Dem Biologen an der Scripps Institution of Oceanography in San Diego, Dr. Jeremy Jackson, zufolge dürften sie einst die Karibik zu mehr als 35 Millionen durchstreift haben – bis Menschen Appetit auf sie bekamen. Leider verwandelte sie ihr Panzer – sonst guter Schutz gegen andere Räuber – in Büchsenfleisch. Die Seeleute führten die Meeresreptilien als Frischfleischreserve wochenlang auf ihren Schiffen mit. Nur wenige hunderttausend Grüne Meeresschildkröten blieben in der Karibik übrig. Alle sieben weltweiten Arten sind bedroht.

Ein anderer großer Pflanzenfresser, den es zu Kolumbus' Zeiten in der Karibik in großen Zahlen gab, ist die Westindische Seekuh. Heute existiert die seltene Kreatur nur noch in wenigen isolierten Gruppen. Noch schlimmer war das Schicksal der verwandten Stellers Seekuh: Im 18. Jahrhundert vergingen nur 30 Jahre zwischen Entdeckung und vollständiger Ausrottung dieser Riesenseekuh.

Riffe in Gefahr

Über den anhaltenden Niedergang des Meereslebens gibt es unzählige Geschichten. In den 60er-Jahren tauchte Arthur C. Clarke zwischen riesigen Schwärmen von Fischen. „Sie drängten sich so eng um uns", schrieb er, „dass wir außer einer dichten Wand von Schuppen nichts sehen konnten und sie buchstäblich durchstoßen mussten."[1] Im selben Jahrzehnt befand sich Sylvia Earle auf einer Expedition im Indischen Ozean. „Wo immer wir tauchten", erinnert sie sich, „trafen wir auf neugierige und angstlose Fische, eine jungfräuliche See – die Quintessenz von Millionen Jahren Geschichte, die diesem Moment vorausgegangen waren."[2]

„Korallenriffe stehen nur für ein Prozent der Wasseroberfläche, aber ihr Wert als ökonomische Ressource ist unschätzbar."

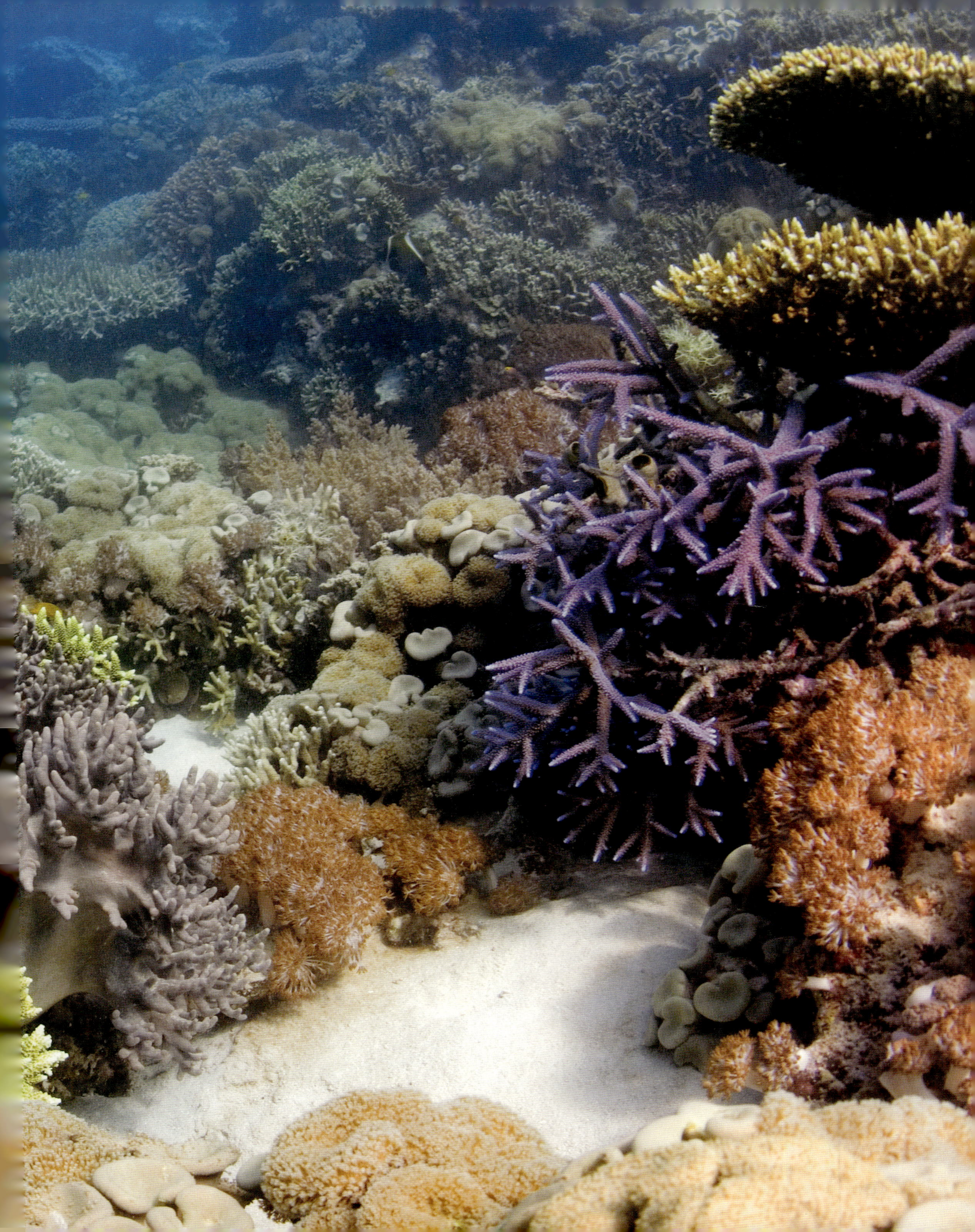

Heute hört man Taucher regelmäßig über den Mangel an Fischen klagen. „Als ich in den 60ern das erste Mal in Puerto Rico tauchte", erzählt Alina Szmant, „lebten überall riesige Barrakudas, grüne Muränen und Hummer. Schwärme von Schnappern und Zackenbarschen versteckten sich unter den Überhängen. Geh jetzt hin, alles ist fort." In den 30 Jahren seiner Arbeit unter Wasser hat auch Fotograf Jeff Rotman große Veränderungen notiert. „Ich habe sie vor meinen Augen schwinden sehen", sagt er. „Wir haben so viele Bestände dezimiert und wissen, dass viele nicht in ausreichenden Mengen zurückkehren."

Korallenriffe sind durch den Menschen besonders verletzbar. Riff-Fischen ist eine wichtige Proteinquelle für Küstenbewohner in den Tropen. Überfischen und zerstörendes Fischen schädigt diese Quelle langfristig und nachhaltig. Meeresforscher sehen 36 Prozent aller Riffe schon unter Überfischung leiden. Destruktives Fischen, das Fischlebensräume zerstört, ist weit verbreitet: 56 Prozent der Riffe in Südostasien sind in Gefahr. Die zwei schädlichsten Methoden sind Dynamitfischen (in Südostasien, Ozeanien und Ostafrika weit verbreitet) und Giftfischen: Mit Bleichlauge oder Natriumzyanid wird der Fisch gelähmt, um ihn leichter zu fangen. Die Folge: Es tötet auch die Korallen.

Unkontrollierter Küstenausbau ist eine weitere Gefahr für Riffe. Flughäfen, Hotels, Anlegeplätze und andere Tourismus-Infrastrukturen können dramatische Schäden verursachen. Einhergehende Sedimentbildung, Abwässer und Industrieansiedlung verstärken den Niedergang. Hinzu kommt, dass Korallen, Weichtiere und Fische oft als Souvenir und für den Aquarienhandel gesammelt werden, was zusätzlichen Schaden anrichtet.

Eine viel größere Bedrohung stellt indes die globale Erwärmung des Klimas dar. Als Folge wird ein Anstieg der Meeresspiegel um 15 bis 110 Zentimeter während des nächsten Jahrhunderts erwartet. Das ist schneller als das vertikale Korallenwachstum. Korallen werden tiefer liegen, weniger Sonnenlicht erhalten, langsamer wachsen – und ihre Wirkung als Küstenschutz zum Großteil einbüßen.

Korallen reagieren auf Temperaturwechsel sehr empfindlich. Erwärmt sich das Wasser, werfen ihre Polypen, gestresst von Hitze und ultravioletten Strahlen, die symbiotischen Algen aus, die in ihrem Gewebe leben. Das lässt Korallen weiß, gar gebleicht aussehen. Passiert dies nur für kurze Zeit, können sich Korallen erholen, nicht aber, wenn dieser Zustand zu lange anhält. Eine Bleichepidemie in den 90ern tötete in diesem Jahrzehnt mehr Korallen als alle anderen Ursachen zusammen. Steigt die Wassertemperatur weiter, verschlimmert sich das Problem.

Einer Gefahr sahen sich Riffe immer ausgesetzt: regelmäßigen Stürmen und Orkanen. Diese könnten sich durch die globale Erwärmung noch verschärfen. Forscher am Australian Institute of Marine Science entdeckten, dass der Orkan Ingrid, der Australiens Ostküste im März 2005 traf, zehn Prozent des Großen Barriere-Riffs beschädigt hat. Die 80 Riffe, die unter den Folgen des Orkans litten, dürften Jahrzehnte zur Erholung brauchen, warnten die Wissenschaftler. Tropische Stürme haben ihre zerstörerische Kraft in den letzten 30 Jahren der Erwärmung der Wasseroberfläche verdoppelt. Die Verwüstungen durch Orkane im Golf von Mexiko 2005 könnte ein Vorgeschmack auf kommende Katastrophen sein.

Korallen müssen auch natürliche Störungen wie Krankheiten und Attacken von Raubfischen verkraften (den gierigen Dornenkronen Seestern eingeschlossen). Alex erklärt, dass Riffe damit sonst gut zurecht kommen, sich aber schwerer tun, wenn menschliche Störungen des Systems hinzukommen. „Die Probleme beginnen, wenn sich unterschiedliche Faktoren addieren", erläutert er. „Ein schon durch Abfälle gestresstes Riff wird zum Beispiel mit einem Hurrikan weniger gut fertig." Und Riffen, die bereits der Überfischung, Vermüllung und dem Tourismus ausgesetzt sind, kann der Klimawechsel den Rest geben.

Riffe schützen vor Tsunamis

Korallenriffe stehen nur für ein Prozent der Wasserfläche, aber ihr Wert als ökonomische Ressource ist immens. Eine Studie beziffert den Jahreswirtschaftswert der Riffe für Tourismus, Fischerei und Küstenschutz weltweit auf rund 375 Milliarden US-Dollar.[3]

Die Rolle der Korallenriffe als Schutz von Küstenlinien gegen Stürme und Wellen zeigte im Dezember 2004 der verheerende Tsunami im Indischen Ozean mehr als deutlich. Auf den Malediven, befand der WWF (World Wide Fund For Nature), „wären die Zerstörungen des Tsunami ohne die Entscheidung der Behörden, Korallenriffe zu schützen, noch viel schlimmer gewesen. Sie puffern nämlich die Inseln gegen die offene See ab". Umgekehrt zeigten amerikanische und sri-lankische Forscher, dass der illegale Riffabbau im Südwesten Sri Lankas zu viel größeren Schäden und wesentlich mehr Todesfällen geführt hat als

➔ DER TAUCHTOURISMUS BRINGT DEN RIFFEN SIGNIFIKANTEN WIRTSCHAFTLICHEN WERT.
➔➔ RIFFE BIETEN KLEINSTEN WUNDERWERKEN WIE DIESEM FEILENFISCH WERTVOLLEN WOHNRAUM.

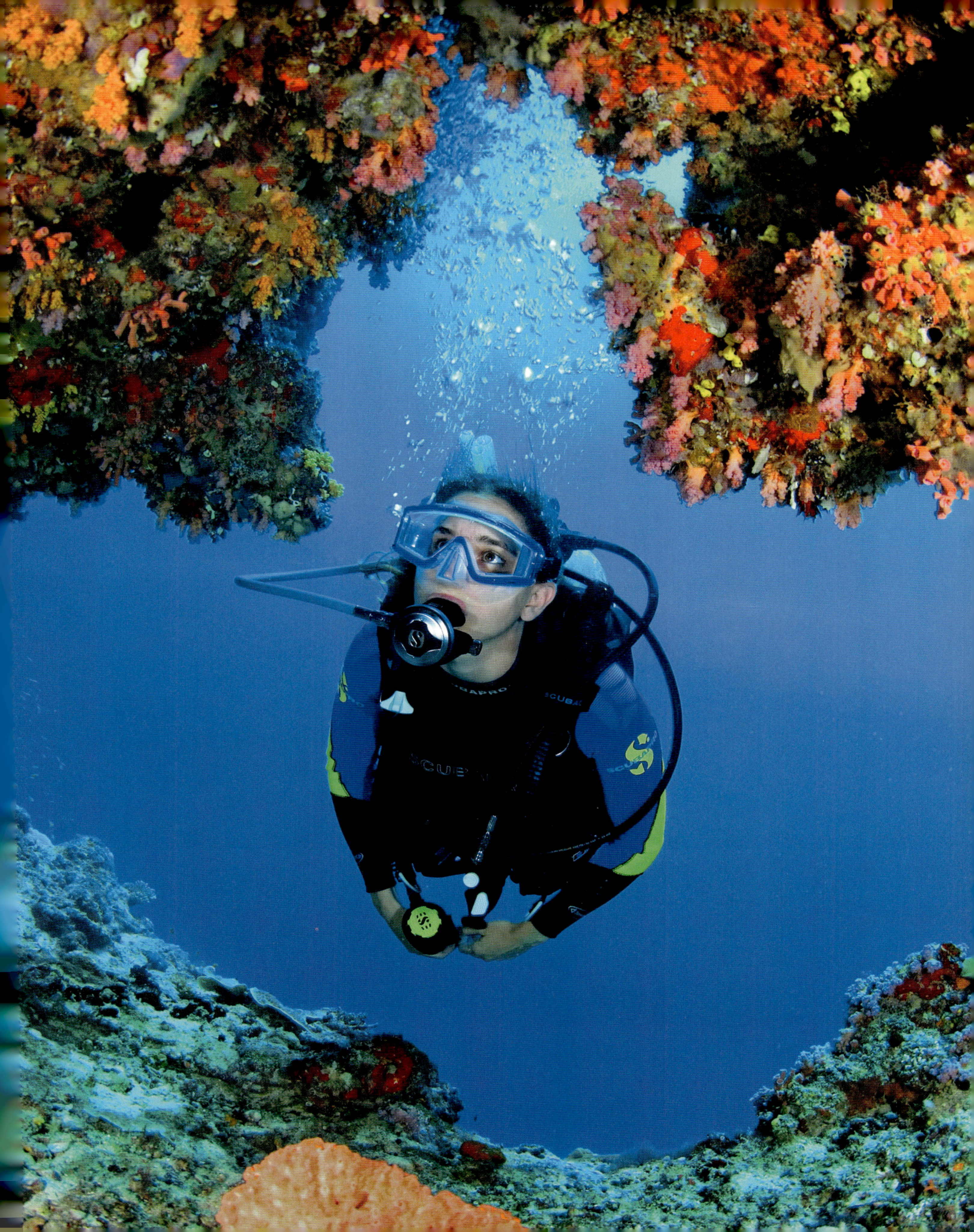

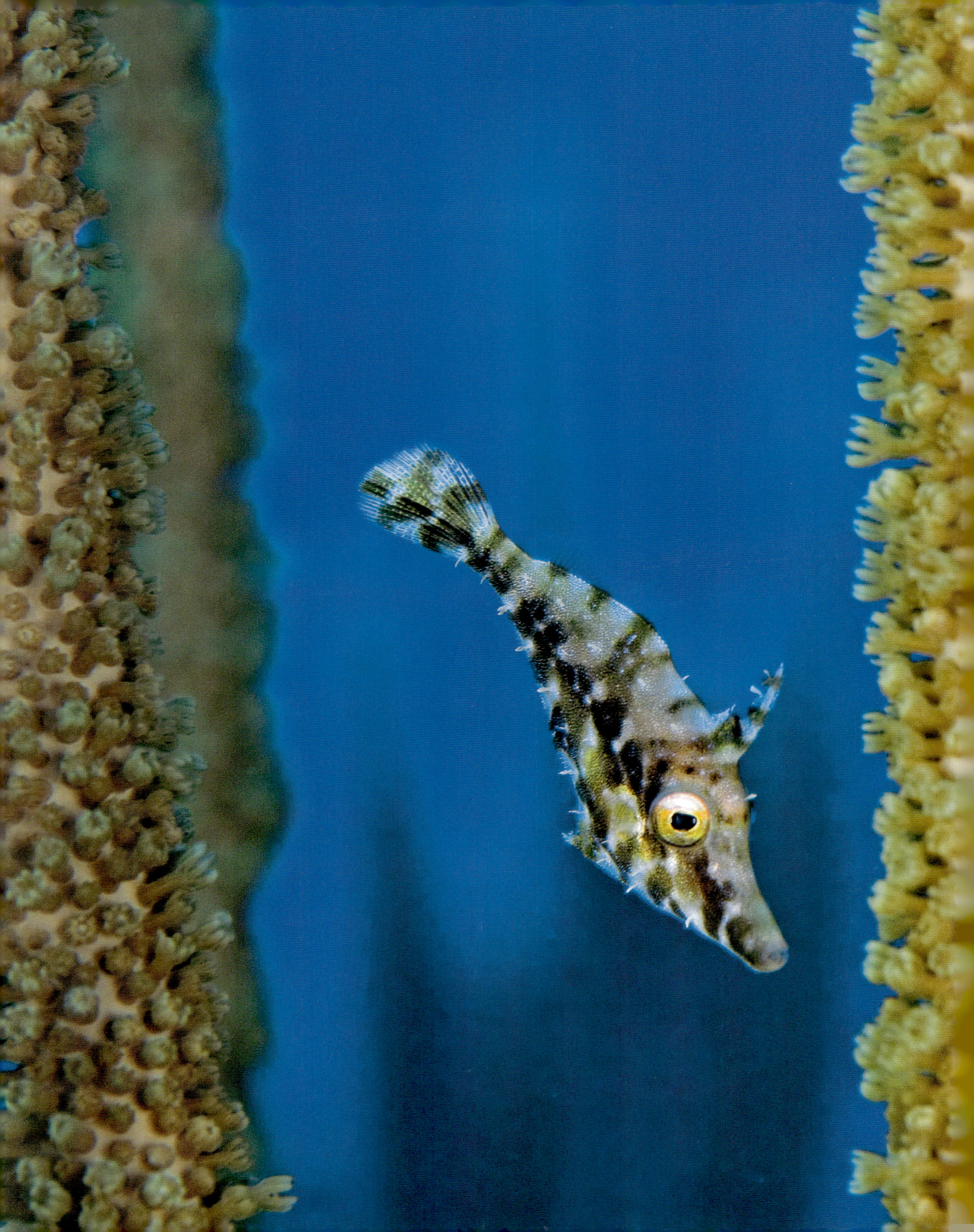

„*Bei der Entdeckung dieses fantastischen Reiches können wir nicht anders, als von der Schönheit und Verletzlichkeit seines vielfältigen Lebens erfasst zu werden.*"

Fabien Cousteau

MEERESPARKS
SCHÜTZEN DIE
ARTENVIELFALT.

in den Gegenden mit intakten Riffen. Global, schätzt der WWF, ersparen Riffe dem Küstenschutz neun Milliarden US-Dollar. Riffe bergen für die Menschheit noch mehr Nutzen. Weil so viele Riffbewohner sich durch Gifte schützen, stellen sie eine wertvolle Quelle auf der Suche nach neuen Medikamenten dar. In den USA untersucht das National Cancer Institute gegenwärtig das Potenzial von rund 50 Verbindungen, die aus Meeresorganismen gewonnen wurden, um so verschiedene Krankheiten wie Leukämie, Lungenkrebs und Alzheimer zu behandeln. Aus dem Gift der Kegelschnecke wird zurzeit ein Schmerzmittel entwickelt. Es ist 50-mal stärker als Morphium, macht aber nicht süchtig.

Leider hat der Niedergang der Korallenriffe nun weltweit ein kritisches Stadium erreicht. Als Präsident der Ocean Futures Society hat sich Jean-Michel Cousteau – wie sein Vater – ein Leben lang für Umwelt-Kampagnen eingesetzt. Auch er sieht die Riffe in Gefahr: „Korallenriffe sterben sehr schnell. In den letzten 20 Jahren sind 25 bis 30 Prozent der Korallenriffe abgestorben. Ändert sich nichts, werden es bald bis zu 60 Prozent sein." Cousteau befürchtet, dass wir auf zwei große Probleme zulaufen: erstens beim Küstenschutz gegen Tsunamis und Hurrikane, und zweitens bei den wirtschaftlichen Folgen des Verlustes von so wichtigen Quellen für die Entwicklungsländer.

Helft, die Riffe zu schützen!

Werden die Riffe überleben? Wir wissen es noch nicht. Es gibt Anhaltspunkte, dass gebleichte Korallen, die sich wieder erholt haben, widerstandsfähiger werden, und dass einige Arten gegen Klimawechsel und Ausbleichen weniger empfindlich sind als andere. Hirsch- und Elchkorallen wachsen inzwischen vor der Küste von Fort Lauderdale in Florida – und damit viel nördlicher als früher. Aufs Ganze gesehen, könnten sich Riffe vielleicht eher anpassen, als völlig zu verschwinden.

Die Einrichtung von Meeresparks und maritimen Naturschutzgebieten sind erste Schritte, um lokale und regionale Einflüsse auf Riffe zu verringern. Gutes Management und sorgfältige Planung können die Artenvielfalt schützen und helfen, eine nachhaltige Grundlage zum Nutzen aller zu schaffen. Weltweit gibt es um die 660 Meeresnaturschutzgebiete mit Korallenriffen und 685 mit Mangrovenwäldern. Gute Praxisbeispiele gibt es genug: von Gemeinschaftsprojekten für Meeresreservate auf den Philippinen bis zum riesigen und viel anspruchsvolleren Great Barrier Reef Marine Park. Der Tauchtourismus eignet sich als maßgeblicher Faktor in Meeresparks, weil er den Schutzgebieten wirtschaftlichen Wert verleiht und lokal für Arbeitsplätze sorgt. Die Tourismuseinnahmen auf Hawaii betragen 5,4 Millionen US-Dollar auf den Quadratkilometer Korallenriff. Taucher und Schnorchler sind meist bereit, für Besuche in ursprünglichen Riffen Sonderpreise zu bezahlen – wichtige Einnahmen für den Parkbetrieb.

Als Taucher kannst du deinen Teil zur Unterstützung von Meeresparks beitragen und den Regeln für Besucher folgen. Zu den von Tauchern und Schnorchlern verursachten Schäden zählen das Aufwühlen des Bodens und das Losbrechen von Korallen. Meist kommt es dazu durch mangelndes Tariervermögen, auch durch achtloses Paddeln mit den Tauchflossen und Stehen auf dem Riff – am häufigsten durch Tauchanfänger und Unterwasserfotografen. Du kannst Schäden vermeiden, wenn du ein paar wenige Vorsichtsmaßnahmen beachtest: Gegenstände sicher befestigen, stets in tarierter Lage sein, keine Korallen berühren, Eintritts- und Ausgangspunkte sorgfältig wählen, Tauchflossen immer unter Kontrolle halten und im Wasser immer schön langsam und umsichtig bewegen.

Überlege auch, mit welchem Unternehmen du tauchst. Wähle eines, dessen Boote vorhandene Liegeplätze aufsuchen und Müll korrekt entsorgen. Mache es dir unter Wasser zur Gewohnheit, liegen gebliebenen Abfall einzusammeln – z. B. ältere Gegenstände wie Glasflaschen, die schon eingewachsen sind, aber auch speziell Plastikbeutel. Ebenso ist unser Verhalten an Land sehr wichtig. Wähle umweltbewusste Hotels oder Resorts, die Abfall recyceln und verantwortungsvoll damit umgehen. Überlege, was du isst und trinkst. Entscheide dich besser für lokale Waren als exotische Importe, die beim Transport tausende von Kilometer zurücklegen mussten. Speise in einheimischen Restaurants, kaufe beim heimischen Kunsthandwerk und spende, wenn möglich, an Entwicklungsfonds dortiger Gemeinschaften. Du kannst auch am Ende deines Aufenthalts etwas dort zurücklassen: ein gebrauchtes Stück Tauchausrüstung, ein Bestimmungsbuch für Riffe etc. Lokale Tauchführer werden es zu schätzen wissen.

Taucher können auch helfen, indem sie bei Riff-Logbüchern mitwirken. So sammeln sie wertvolle Informationen für wissenschaftliche Berichte und reichern ihr eigenes Wissen vom Meeresleben an: Das Programm „ReefCheck" ist am bekanntesten (siehe Anhang). Mit einem Wort: Helft die Riffe zu schützen und diese wunderbare Welt für uns alle zu erhalten!

Klimawandel durch Fliegen

Auch die Art und Weise, wie wir zu Tauchresorts reisen, hat ihre Wirkung. Ein Hin- und Rückflug von London auf die Malediven zum Beispiel hinterlässt 2,3 Tonnen Kohlendioxyd pro Passagier in der Atmosphäre. Indem wir also auf die Malediven fliegen, helfen wir, sie zu versenken. Ein anderes Beispiel: Ein Hin- und Rückflug von Chicago nach Brisbane sorgt für vier Tonnen in die Luft geblasenes Kohlendioxyd – wohlgemerkt auch hier pro Passagier. Wir töten Korallenriffe gerade dadurch, dass wir in unseren Ferien zu ihnen fliegen. Wir lieben sie buchstäblich zu Tode.

Das Problem wird durch die Popularität von Billigfluglinien in Europa verschärft. Heute sitzen in jedem Moment über Europa rund 400.000 Flugpassagiere über den Wolken. Billig ist dabei das falsche Wort: Der Preis ist hoch und wir werden ihn alle bezahlen – ob wir fliegen oder nicht. Allein die Treibhausgase von allen Flügen von Großbritannien aus verdoppelten sich in den letzten 13 Jahren auf 40 Millionen Tonnen jährlich.

Als Passagiere können wir helfen, unsere Flüge zu kompensieren: Indem wir zu Programmen alternativer Energien beitragen – wie denen der Carbon Neutral Company und von Climate Care (siehe Anhang). Ein Baum absorbiert etwa eine Tonne CO_2 jährlich. Für einen Flug von Großbritannien zum Roten Meer und zurück müsstest du die Anpflanzung mindestens eines Baumes bezahlen. Ob das allerdings wirklich genug ist oder nur eine Geldstrafe für unsere Umweltverschmutzung, bleibt offen.

Wir müssen unsere ökologische Verantwortung bedenken, wenn wir wirklich etwas ändern wollen, meint Samantha Pollard, Direktorin der Marine Conservation Society. „Ich bin genauso schuldig wie die anderen, weil ich Billigflugangebote wahrnehme", gesteht sie. „Ich bin mir dessen bewusst und bin sicher, dass Tauchern der Zusammenhang zwischen Fliegen, Klimawandel und der Zukunft von Korallenriffen immer klarer wird." Sie glaubt, dass wir diese Fragen alle ernsthaft bedenken müssen: „Die Leute müssen vielleicht anfangen, weniger zu reisen. Und fliegst du nicht, kompensiere dies lieber nicht durch mehrere tausend Kilometer in deinem Auto." Zudem zahlen Fluggesellschaften keine Steuern und Gebühren auf ihren Spritverbrauch. „Ungeachtet ihrer Jammerei über steigende Ölpreise", sagt Tony Wheeler, Herausgeber des „Lonely Planet", „kriegen Fluggesellschaften eine Freikarte fürs Benzin." Ein wahrer Ökotourist, sagt man, würde nie fliegen.

Taucher sind Botschafter

Ich fragte viele Leute, die an diesem Buch mitwirkten, welche Aktionen sie sich von Tauchern überall auf der Welt wünschen, um für unsere Ozeane und Riffe eine nachhaltige Zukunft zu sichern. Das war keine methodische Untersuchung oder exakte politische Analyse, aber eine interessante Momentaufnahme. Fast alle Gesprächspartner schrieben Tauchern eine besondere Botschafter-Rolle zu. Die Meere sind in Gefahr, weiß der Journalist John Bantin:

Was ungesehen bleibt, bedeutet den meisten Menschen nichts. Taucher sind als winzige Minderheit Zeugen der Wunder der Unterwasserwelt und verstehen ihre Bedeutung für die Gesundheit unseres Planeten. Wir brauchen jene, die tauchen, damit sie alle anderen permanent daran erinnern, dass die Ozeane nicht ohne einen ungeheuren Preis geplündert werden können und keine Müllkippe für unseren Abfall sind. Die Gesundheit der Meere ist der Indikator für die Zukunft unseres Planeten.

Shark-Trust-Gründer Jeremy Stafford-Deitsch denkt ähnlich. Er meint, Taucher sollten sich als Botschafter der Meere verstehen, die der breiten Öffentlichkeit „die Tatsachen der Unterwasserwelt" erklären und „die krummen, kurzsichtigen und destruktiven Praktiken der Berufsfischer aufdecken". Auch Autor Tim Ecott wünscht sich von Tauchern mehr Engagement:

Unter Wasser sehen wir, was die meisten auf der Erde nie aus erster Hand sehen werden. Ich glaube, wir schulden der Wasserwelt Dankbarkeit. Taucher müssen laut über ihre Liebe zur Meereswelt sprechen und Entscheidungen treffen, die sie respektieren: Nachhaltig produziertes Seafood essen, weniger natürliche Grundlagen verschwenden – und den Nichttauchern erklären, warum ihr Verhalten die Meereswelt beeinflusst. Der kommerzielle Fischfang ist oft sehr zerstörerisch und verschwenderisch. Für ein Verbot des Fischens von bedrohten Arten zu werben, ist entscheidend. Konsumentenmacht kann dabei eine wunderbare Sache sein, besonders durch das, was du nicht kaufst.

➔ STRIKTE SCHUTZPOLITIK HAT DEN CAYMAN INSELN EINE BOOMENDE WIRTSCHAFT BESCHERT: DEN MEERESTOURISMUS.

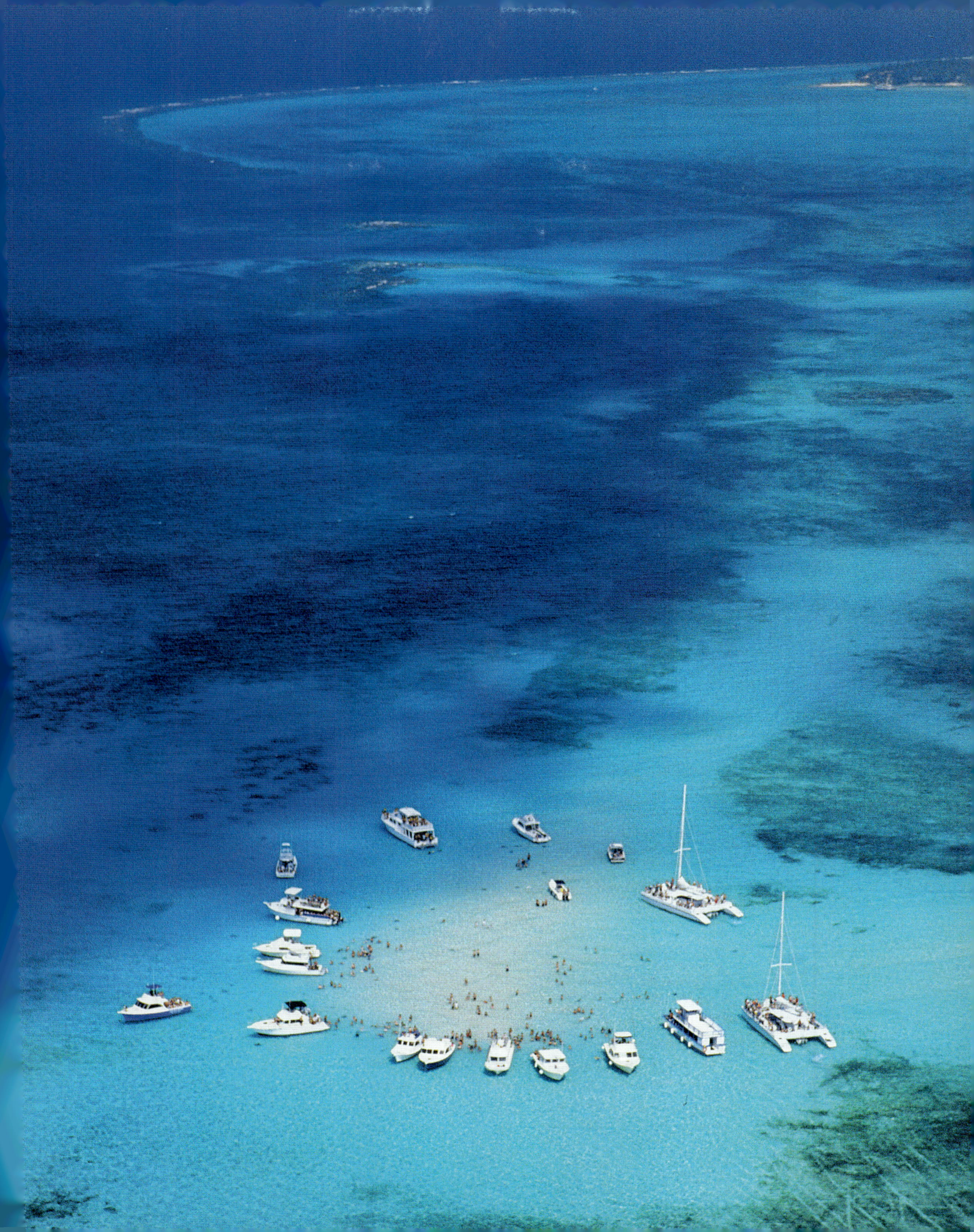

↑ Erste Tauch-Übungen in Stingray-City (Grand Cayman): Allem Anfang wohnt ein Zauber inne

Meeresreservate sind wichtig für den Umweltschutz in Küstengebieten und Aufzuchtzonen der lokalen Fischerei. „Wir sollten unsere Regierungen davon überzeugen, vor allem die Meeresreservate an unserer Küste ernsthaft zu unterstützen, statt Lippenbekenntnisse abzugeben", sagt Lizzie Bird, früher BSAC-National-Training-Officer. „Was mich wirklich sorgt: Alle Warnlampen leuchten, aber die Regierungen tun nichts. Bis da etwas passiert, wird es zu spät sein." Es ist kaum zu glauben, aber auf den ganzen Britischen Inseln gibt es nur zwei Meeresreservate.

Helmut Debelius, Verleger von Meeresbüchern, will von den Regierungen mehr Taten: „Die Entscheidung für eine nachhaltige Zukunft wird auf einer viel höheren Ebene getroffen als unter Tauchern. Was ich sehen möchte, ist eine ernst gemeinte Aktion. Vor Wahlterminen sollten Taucher von den Politkern ihrer Parteien verlangen, die nächsten Regierungen endlich zum Handeln zu zwingen."

Mitgliedschaft, regelmäßige Spenden für den Meeresschutz in höchstmöglichem Ausmaß und offensiver Druck auf die Politik, damit sie sich für ozeanfreundliche Gesetze und einsetzt."

Mark Caney von PADI International glaubt, dass mehr Politiker selbst zu Tauchern werden sollten: „Nach meiner Erfahrung halte ich es für das Beste, so viele Leute auszubilden wie nur irgend möglich, weil du unausweichlich auch einige Entscheidungsträger trainieren wirst." Ein tauchender Politiker wird ein weit größeres Verständnis für die Probleme haben und ein viel stärkeres Interesse, sie zu lösen. Sonst neigen Regierungen dazu, den Ozean als einen Teppich zu sehen, unter den sie manche ihrer Probleme kehren können. Die PADI-Datei, erzählt er, enthält „viele britische und amerikanische Namen, die du kennst".

Taucher sind Umweltschützer

Die Verbindung zwischen dem, was in unseren Hinterhöfen an Land passiert und in unseren Meeren, kam in vielen Meinungen zum Ausdruck. „Als begeisterter Taucher weiß ich, dass ich nur einen kleinen Teil des Lebens unter Wasser verbringen kann", so Jade Berman, Expertin von Our World Underwater. „Die vier R – Reduce, Reuse, Recycle, Reclaim – im Alltag anzuwenden, würde zu deutlich weniger Umweltverschmutzung unter und über Wasser führen." Der Digitalfilmer John Boyle möchte, dass wir uns selbst grundlegend fragen: „Muss ich diese Autofahrt wirklich machen? Brauche ich wirklich jedes Mal all die Plastikbeutel im Supermarkt? Brauche ich überhaupt so viel Verpackung?" Er weist darauf hin: Was wir hier im Herzen der Stadt tun, kann sich so sehr auf die empfindlichen Meere auswirken – wie die Umsicht, die wir beim Schwimmen am Riff an den Tag legen.

Fabien Cousteau glaubt, dass Tauchen ein Band zwischen uns und dem Schicksal der Meere knüpft: „Bei der Entdeckung dieses fantastischen Reiches können wir nicht anders, als von der Schönheit und Verletzlichkeit seines vielfältigen Lebens erfasst zu werden." Er meint, dieses Bewusstsein muss unser tägliches Handeln so prägen, dass auch die kommenden Generationen die Schätze genießen können, die wir für selbstverständlich hallten: „Jede Entscheidung jedes Einzelnen, Verpackungen in die Mülltonne zu werfen, den nachhaltig gezüchteten Fisch im Restaurant zu bestellen, wird das sicher helfen, was die Meere uns bieten."

Die Filmemacher Guy and Anita Chaumette glauben, dass alle gemeinsam wohl etwas bewegen können: „Der Druck der Öffentlichkeit auf die Entscheidungsträger der Politik ist für Gesetze und Zwangsmaßnahmen unverzichtbar."

Die Fotografin Cathy Church hält Interessengruppen für den besten Weg. Sie empfiehlt allen Tauchern, Umweltorganisationen beizutreten und sie erheblich zu unterstützen. „Mit unterstützen", erklärt sie, „meine ich

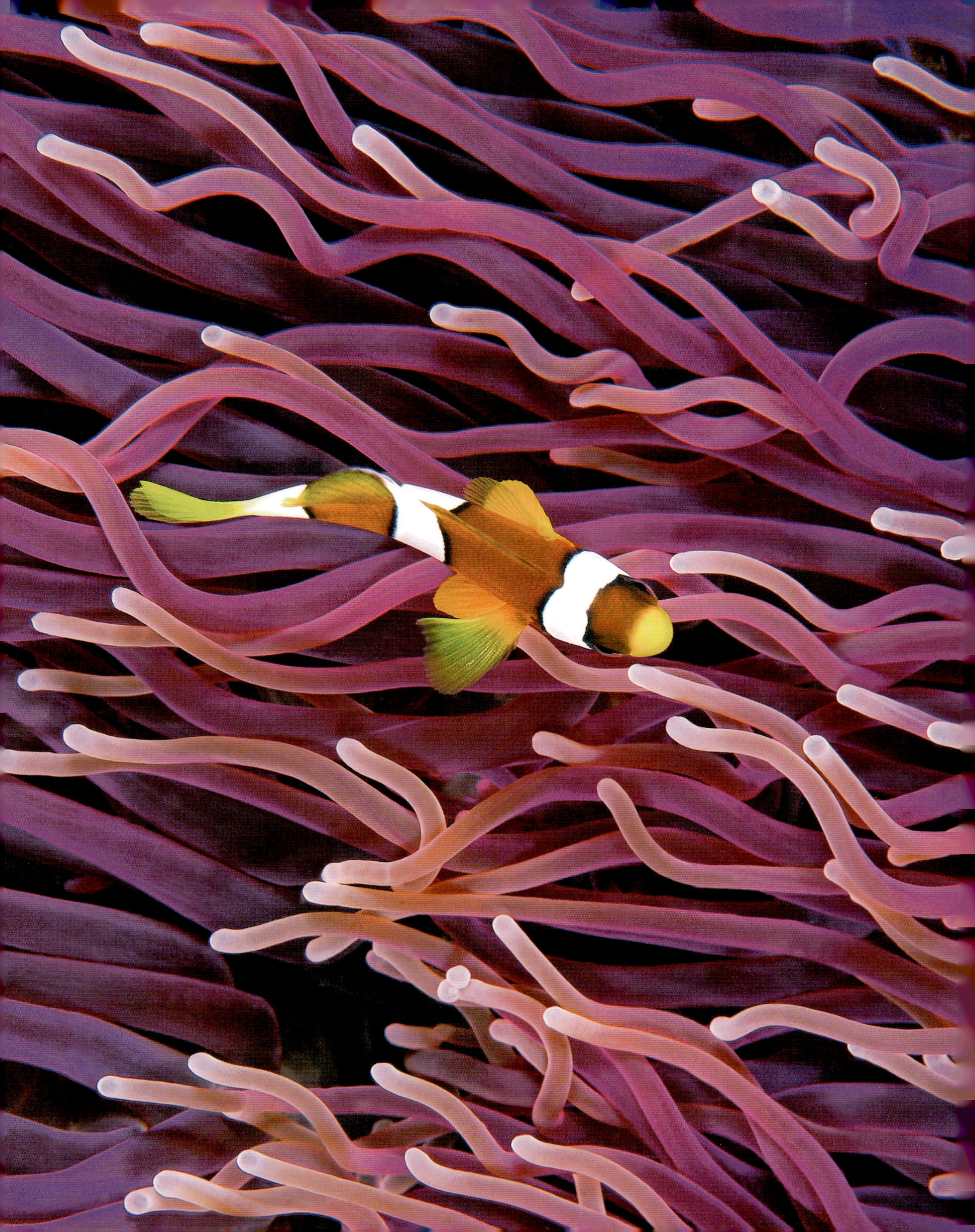

Steve Schultz, Gründer von Mind, Body, Spirit Scuba, formuliert diesen Zusammenhang eindringlich:

Wir müssen Tauchfreunde und alle anderen davon überzeugen, dass Alltagsentscheidungen – was wir essen, welche Produkte wir kaufen und welche Ressourcen wir generell nutzen – entscheidende Folgewirkungen für den Planeten und die Menschen haben. Wenn wir bewusst umweltfreundliche Produkte kaufen, zurückhaltend konsumieren, jeden Abfall als Gelegenheit zum Recyceln sehen und jeden Kauf als Chance, die Welt positiv zu beeinflussen, dann werden wir unsere Umwelt wahrlich zum Besseren beeinflussen. Folgewirkungen erinnern uns, dass alles zusammenhängt – nicht nur, wie wir in der Stadt, an Land und im Ozean handeln, sondern auch, wie wir Meer, Land und Luft beeinträchtigen. Wenn die Menschen begreifen, dass alles, was wir tun, zählt und alles andere beeinflusst, werden Taucher unter und über Wasser in beiden Sphären konstruktiv handeln.

Unserer informellen Umfrage verdanken wir viele andere Hinweise für Taucher. Guy und Anita Chaumette drängten sehr darauf, dass wir nach unseren Ausflügen nie etwas zurücklassen, sondern im Gegenteil Batterien, Sonnenlotion und Müll mitnehmen, bevor sie das Meereswasser verschmutzen oder Korallenriffe und Meereslebewesen schädigen. Tim Ecott verlangt von uns aktive Kampagnen, adressiert an Tourismuszentralen: gegen Küstenansiedlungen in der Nähe von empfindlichen Plätzen wie Mangroven, Brutplätzen und Riffen. Und individuelle Schreiben an Fremdenverkehrseinrichtungen, die unsere Bestürzung über das Gesehene ausdrücken.

Yoga-Tauchlehrerin Monica Farrell hält gerade im Interesse des Umweltschutzes Änderungen in der Taucherausbildung für dringend notwendig. „Wie ich sehe, werden Taucher im Tarieren nicht gut genug trainiert, um Riffschäden vorzubeugen", sagt sie. „Das rührt zum Teil auch daher, dass Tauchlehrer zu große Anfängergruppen betreuen – zu Lasten ihrer eigenen Sicherheit und der der Umwelt." Bessere und intensivere Tauchausbildung fordert Monica, um Anfängern zu helfen, den Riffen nicht zu nahe zu kommen. „Du musst den Tauchern das nötige Können und Verständnis beibringen – den Tauchprofis auch."

Tauchlehrer Patrick Weir verlangt von uns sorgfältiges Tarieren – auch wenn wir zu wissen glauben, was wir tun: „Als Tauchführer beobachte ich Taucher jeden Tag, und selbst gute Taucher stoßen immer mal irgendwo an. Meistens merken sie es gar nicht – vor allem die mit den Kameras." Patrick rät allen Tauchern, Berührungen zu vermeiden und ihre Bewegungen besser unter Kontrolle zu halten: „Unsere Einwirkung auf das Riff ist leicht zu erkennen. Wir müssen viel vorsichtiger sein!"

Das größere Bild

Verantwortungsvolles Tauchen ist gut. Wir dürfen dabei aber nicht aus dem Blick lassen, welche Probleme das Meeresleben in einem größeren Zusammenhang bedrohen. Alex weist auf den Widerspruch im Taucher selbst hin, der unter Wasser ultravorsichtig ist und dann Zackenbarsch zum Abendessen ordert. „Es ist wichtig, zu verstehen, dass Überfischen und Kohlenstoff-Emissionen viel problematischer sind als kosmetische Tauchschäden", sagt er. „Natürlich befreit uns das nicht von kleinen, persönlichen Korrekturen."

Filmemacher Howard Hall fordert Taucher auf, sich um Relevantes zu kümmern: „Ich wünsche mir Sporttaucher, die sich gegen kommerzielles Fischen organisieren. Es raubt die Ursprünglichkeit unserer Ozeane. Nicht nur gezielte Jagd dezimiert Fischbestände drastisch, die Auswirkung des zufälligen Tötens bleibt weitgehend unbemerkt." Bestände vieler Meeresarten – vor allem Haie – kollabieren, weil sie als Beifang abgetan werden. „Leider ist die Sporttaucher-Szene so beschäftigt, ihre Mitglieder für Korallenberührung und Mantarochen-Streicheln zu bestrafen", sagt Hall, „dass sie keine Zeit hat, die wirklich wichtigen Umweltprobleme anzusprechen." Während Taucher vermeiden sollten, Korallen zu beschädigen und Meerestiere zu belästigen, fordert er, unsere Energien auch gegen das Abschlachten von Meerestieren zu richten, gegen kommerzielle und Sportfischerboote, die oft noch in der gleichen Gegend operieren. Überfischung ist für die Weltmeere zweifelsohne eines der größten Probleme: Wir fressen sozusagen die Meere leer. „Die Weltfischerei steht vor einer unvorhergesehenen Krise", stellt der WWF fest. „Die Fischbestände sind stark zurückgegangen, wichtige Standorte verloren oder hochgradig geschädigt. Die wachsende Zahl von Küstenbewohnern und die steigende Nachfrage nach Fisch bedrohen die Artenvielfalt aller Meere."[4]

Ein Anemonenfisch schwimmmt über einer Purpur-Anemone.

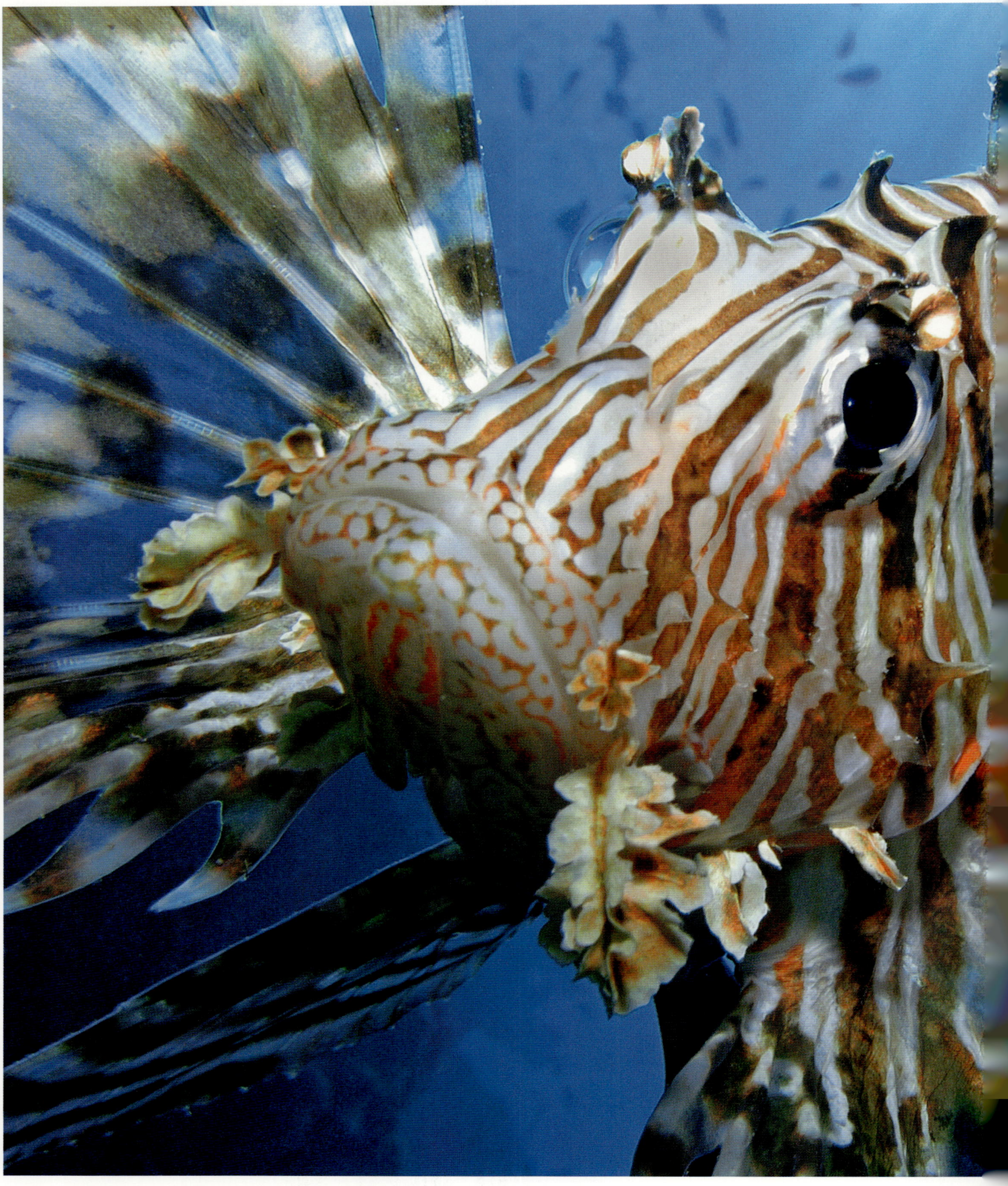

Das Schicksal der Meere | 259

◉ Aus Giften vieler Rifftiere wird Medizin. Der jagende Rotfeuerfisch entfaltet seine giftigen Flossen.

← Ausbeutung dezimiert viele Fischarten.

Viele in der Tauchergemeinde plädieren für direkte Aktionen, um das Problem des Überfischens öffentlich zu machen. „Wir müssen uns überall auf der Welt um die Fischereipolitik kümmern", sagt Lizzie Bird, „und Länder mit nachhaltigen Strategien unterstützen." Andere richten ihre Aufmerksamkeit auf unsere Rolle als einzelne Verbraucher und wollen, dass wir Märkte und Restaurants boykottieren, die bedrohte Arten verkaufen. Wir sollten lieber nachhaltig gezüchteten Fisch wählen. „Boykottiere jede Fischerei, außer der Ein-Mann-ein-Angelhaken-Technik." Douglas David Seifert geht einen Schritt weiter: Allen sollte bewusst sein, wie Konsumentenentscheidungen das gesamte Umweltbild prägen. Es lohnt sich, Verbraucherratgeber zu studieren, die Organisationen wie die Marine Conservation Society und das Monterery Bay Aquarium herausgeben (siehe Anhang).

Aber jede Beschäftigung mit dem Thema Überfischung muss den Unterschied zwischen kommerziellem Fischen und kleiner Fischerexistenz beachten. Die Beziehungen zwischen Tauchern und örtlichen Fischergemeinden sind oft feindselig. Taucher kommen meist aus privilegierten, entwickelten Ländern. Sie müssen verstehen, dass Fischen für viele Menschen in Entwicklungsländern oft die einzige Existenzgrundlage ist. Taucher können von diesen Menschen nicht erwarten, dass sie dem Riff einfach fernbleiben, weil sie dort tauchen wollen. Es ist ganz schön scheinheilig, sich über jene aufzuregen, die versuchen, ihr Essen am Strand zu fangen, und dann selbst im Restaurant kommerziell gefangenes Seafood bestellen.

Charles Clovers starkes Buch „The End of the Line – How Overfishing Is Changing The World And What We Eat"[5] klagt die heutigen Fischereimethoden scharf an: „Fischen mit moderner Technik ist das Destruktivste auf Erden." Hier wird schmerzvoll dokumentiert, wie rücksichtslos wir die Weltmeere ausplündern. Die Nahrungs- und Landwirtschaftsorganisation der UNO warnt, dass 75 Prozent der Weltfischbestände überfischt, ausgebeutet oder deutlich dezimiert sind. „Nicht weniger deutlich sind Organisationen, wenn sie sagen, dass die Weltfischbestände für immer ‚den Bach runtergehen', solange wir nichts dagegen tun", so Clover. Das gegenwärtige, nicht nachhaltige Verhalten rührt zum Teil von dem her, was als „Tragödie der öffentlichen Güter" bekannt ist: Weil die See niemandem gehört, ist niemand an ihrer Erhaltung für die Zukunft interessiert. Und Fischer werden ungestraft fangen, was ihnen in die Netze geht, weil es ja sonst jemand anderes tut.

Die Argumente zu Fischerei und Eigentumsrechten sind komplex. Aber sie laufen darauf hinaus, dass Bürger ihren Anteil an der Zukunft der Meere einfordern müssen. Wenn Politiker der Macht der Fischereilobby Vorschub leisten, ist Nachhaltigkeit das Hauptopfer. „Früher oder später werden die Menschen merken, dass ihr natürliches Recht auf ein gesundes Ökosystem nicht existiert und sie es durchsetzen wollen", sagt Clover. Wir müssen die See zurückfordern, bevor es zu spät ist, glaubt er. Dazu ist es auch notwendig, den Menschen mehr Einfluss zu geben, die keine Fischer sind – auch den Tauchern. „In Zukunft müssen sich die Taucher selbst auf die Hinterbeine stellen", sagt Charles, „und ihre ihnen zustehenden Rechte reklamieren."

Zurückschlagen

Eine von drei Tauchfreunden ins Leben gerufene kleine Organisation zeigt, was Taucher bewegen können wenn sie sich zusammentun. Bite-back ist eine kleine Internet-Kampagnen-Gruppe, die innerhalb nur eines Jahres mehrere große Erfolge bei der Veränderung von Einkaufsgewohnheiten von britischen Supermarkt- und einiger Restaurant-Ketten bewirkt hat. Durch E-Mail-Kampagnen überzeugten sie Tesco, Asda und Sainsbury's, Hochseefische wie Schwertfisch und Marlin aus ihrem Angebot zu nehmen. Asda hörte auf, Großaugenfuchshai und Makohai zu verkaufen. Die Nudelkette Wagamama wurde überredet, Hai aus ihren Menüs zu streichen. Die Website von Bite-back wird nun monatlich von Tauchern und vielen anderen 10.000-mal angeklickt, die sie als wirksames Medium erkannt haben, ihre Meeresschutz-Sorgen direkt an Supermärkte zu richten.

„Ich wollte die Unterstützung und das Engagement der Tauchindustrie einspannen und ihr eine Stimme geben", sagt Bite-back-Gründer Graham Buckingham. Er glaubt, wenn Taucher sich hinter eine Botschaft stellen, können sie die ganze Macht der Fischindustrie auf den Kopf stellen. „Die Gemeinde der Scuba-Taucher weiß, dass sie die besten Botschafter der Meere hat", sagt Graham. „Da ist so viel Enthusiasmus. Wir geben den Leuten eine Stimme und sie sehen sofort die Ergebnisse." Taucher, davon ist er überzeugt, können wirklich etwas erreichen:

Geschähe an Land, was in den Meeren passiert, gäbe es einen öffentlichen Aufschrei. Doch das Bewusstsein der Menschen wandelt sich. Ich glaube, Taucher gehören zu den glücklichsten Menschen auf Gottes Erde:

Was wir unter Wasser sehen, wirft mich einfach um. Jemand muss aufstehen und Nein zur Zerstörung sagen. Nicht nur, weil es unser Spielplatz ist, sondern weil uns wirklich sorgt, was da unten passiert.

Es ist nicht zu spät

Es ist gerade erst hundert Jahre her, dass die Menschheit die Notwendigkeit erkannte, Naturlandschaft und Wildnis zu schützen und anfing, Nationalparks zu errichten. Heute sind rund zwölf Prozent der Erdoberfläche geschützt. Manche Umweltschützer halten das für zu wenig. Im Vergleich mit nur einem Prozent in den Meeren erscheint das sehr viel.

65 Prozent der Weltmeere liegen außerhalb der Exklusiven Wirtschaftszonen (EEZ) von Küstenanrainerstaaten. Diese endlose Fläche muss vor kommerziellem Fischfang, Abbau, der Erdöl- und Erdgas-Ausbeutung sowie Verschmutzung geschützt werden. „Die internationale Gemeinschaft muss handeln", sagt der WWF, der Kampagnen für eine Reihe von Hochseeparks ins Leben gerufen hat, um diese Flächen für kommende Generationen zu bewahren.

Als erstes muss mehr Arbeit investiert werden, um die bestehenden Meeresparks effektiver zu machen. Eine Studie fand heraus, dass bei 285 geschützten Meeresflächen in der Karibik nur sechs Prozent professionell gemanagt sind. Zweitens müssen viele vergrößert, in sorgsam konzipierte Netzwerke eingefügt und als verknüpfte Ökosysteme gesichert werden. Größere Verbundnetze würden wandernden Arten den ungehinderten Wechsel zwischen geschützten Gebieten ermöglichen – wie Landkorridore für grenzübergreifende Wildreservate. „Hotspots" für Schlüsselarten wie Marlin, Thunfisch und Schwertfisch auf hoher See haben Meeresforscher identifiziert. In solchen Parks könnten sich ihre Bestände erholen.

Das öffentliche Umweltbewusstsein verstärkt sich auch für die Meere, glaubt Charles Clover. Wir sehen es an Land in der wachsenden Abneigung zu industriell gefertigter Nahrung und zu modernen Landwirtschaftsverfahren. Jetzt beginnt eine ähnliche Bewusstseinsänderung bei der Fischerei den Meeren gegenüber. „Was wir brauchen, sind Meeresreservate, welche die frühere biologische Artenvielfalt repräsentieren", sagt er. „Wir wollen sie groß genug, um diese Arten wirklich bewahren zu können." Es gibt Erfolg versprechende Signale. „Meeresparks und No-take-Areale funktionieren tatsächlich", sagt Dr. Elizabeth Wood vom Coral Reef Conservation Office with the Marine Conservation Society. „Lokale Gemeinden kümmern sich ernsthaft um sie und managen sie." Sie erklärt, dass nun viel mehr Anstrengungen zur Errichtung von Schutzzonen und grenz- und nationenübergreifenden Verbünden gemacht werden. Der Great Barrier Reef Marine Park ist ein gutes Beispiel für ein großes, verbundenes Netzwerk, in dem kommerzielle Aktivitäten an bestimmten Plätzen erlaubt sind, an anderen nicht. Ein weiteres ist das Mesoamerican Barrier Reef Project, eines der größten Riff-Schutzprojekte der Welt. Das mittelamerikanische Riff erstreckt sich von der Yukatan Halbinsel in Mexiko über Belize und Guatemala bis zu den Inseln der Bucht von Honduras. Als Heimat von 66 Korallenarten und über 400 Arten von Riff-Fischen ist es eine wichtige wirtschaftliche Grundlage der Küstenbevölkerungen.

Sylvia Earle ist eine der führenden Ozeanografen und Meeresschützer unserer Zeit. Als Forscherin vor Ort des „National Geographic" diskutierte sie kürzlich über die Zukunft der Ozeane anlässlich des Meeres-Festivals 2005 in Singapur. „Wir haben noch eine Chance", sagte sie. „Wir können das, was wir für das Land in den geschützten Gebieten der Nationalparks erreicht haben, auch für die Meere erreichen. Und das begeistert mich." Es ist nicht zu spät für die Wende, behauptet Earle: „Wir müssen in diesem Stadium die Möglichkeiten nutzen, die wir jetzt noch, aber nicht viel später, haben."[6]

In diesem Buch haben wir so viele der mannigfaltigen Unterwasserwelten behandelt, die Taucher so lieben: steile Riffwände, sandige Seegrasböden, versteckte Höhlen, große Unterwasser-Berge, wogende Tangwälder, spukende Schiffswracks, prächtige Flachriffe und viele mehr. Wir haben alles bewundert: vom winzigsten Schleimfisch bis zum mächtigsten Walhai. Wie die meisten Taucher möchte ich, dass meine Kinder und Kindeskinder die Freude an diesen Entdeckungen und Erfahrungen nacherleben können. Es gibt keinen Grund, warum das nicht gelingen sollte. Es liegt an uns selbst, der heutigen Tauchergeneration, den Wandel zu bewirken. Wir müssen die Spitzenpolitiker auf der ganzen Welt aufrütteln. „Die nächsten zehn Jahre", sagt Sylvia Earle, „sind vielleicht die wichtigsten für die kommenden tausend Jahre." Denkt an diese Worte bei eurem nächsten Tauchgang!

➔ EINE BLASENKORALLEN-GARNELE.

➔➔ EIN MÄNNLICHER DREIFARBENKAISERFISCH HÄTSCHELT BEIM LAICHEN EIN WEIBCHEN.

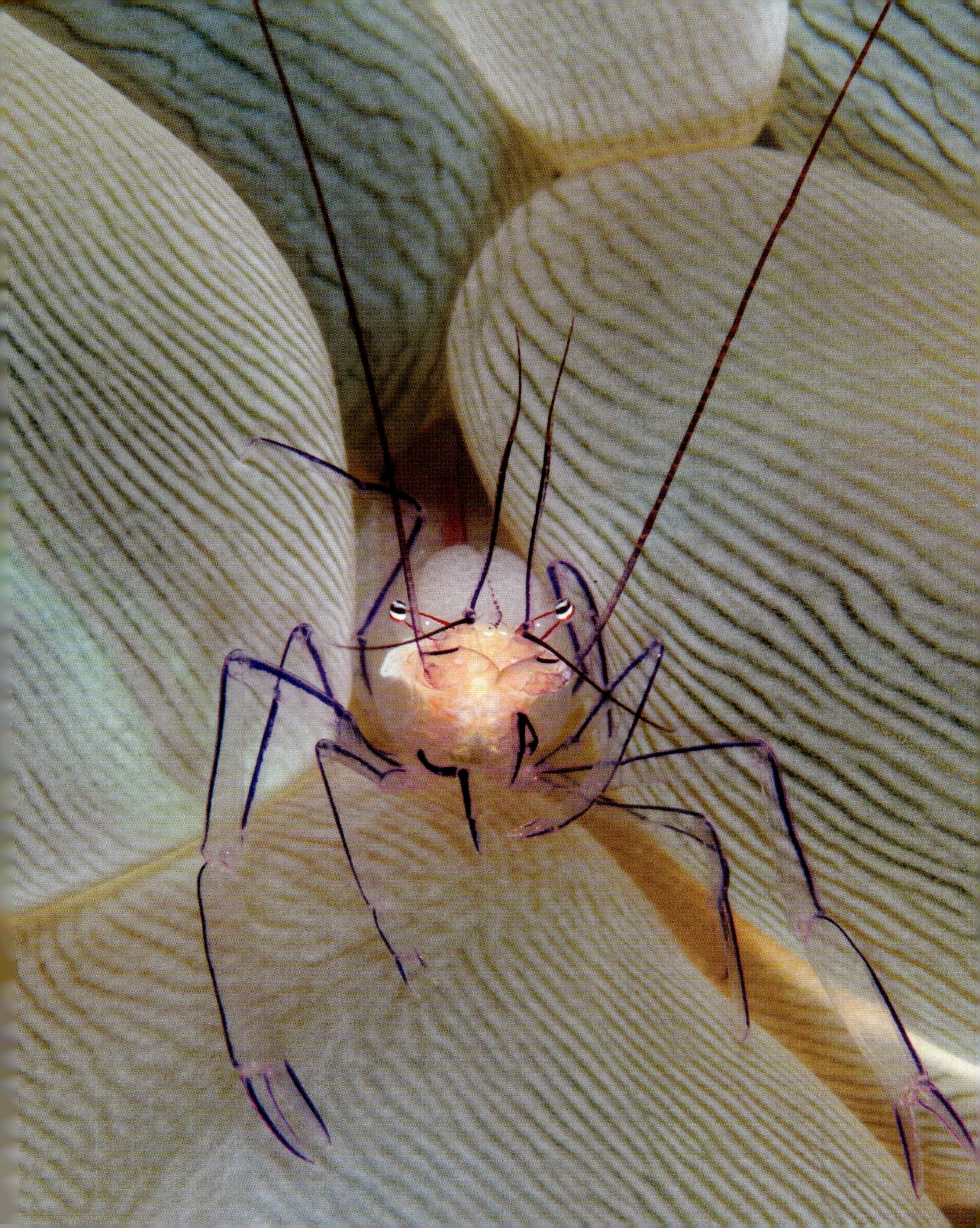

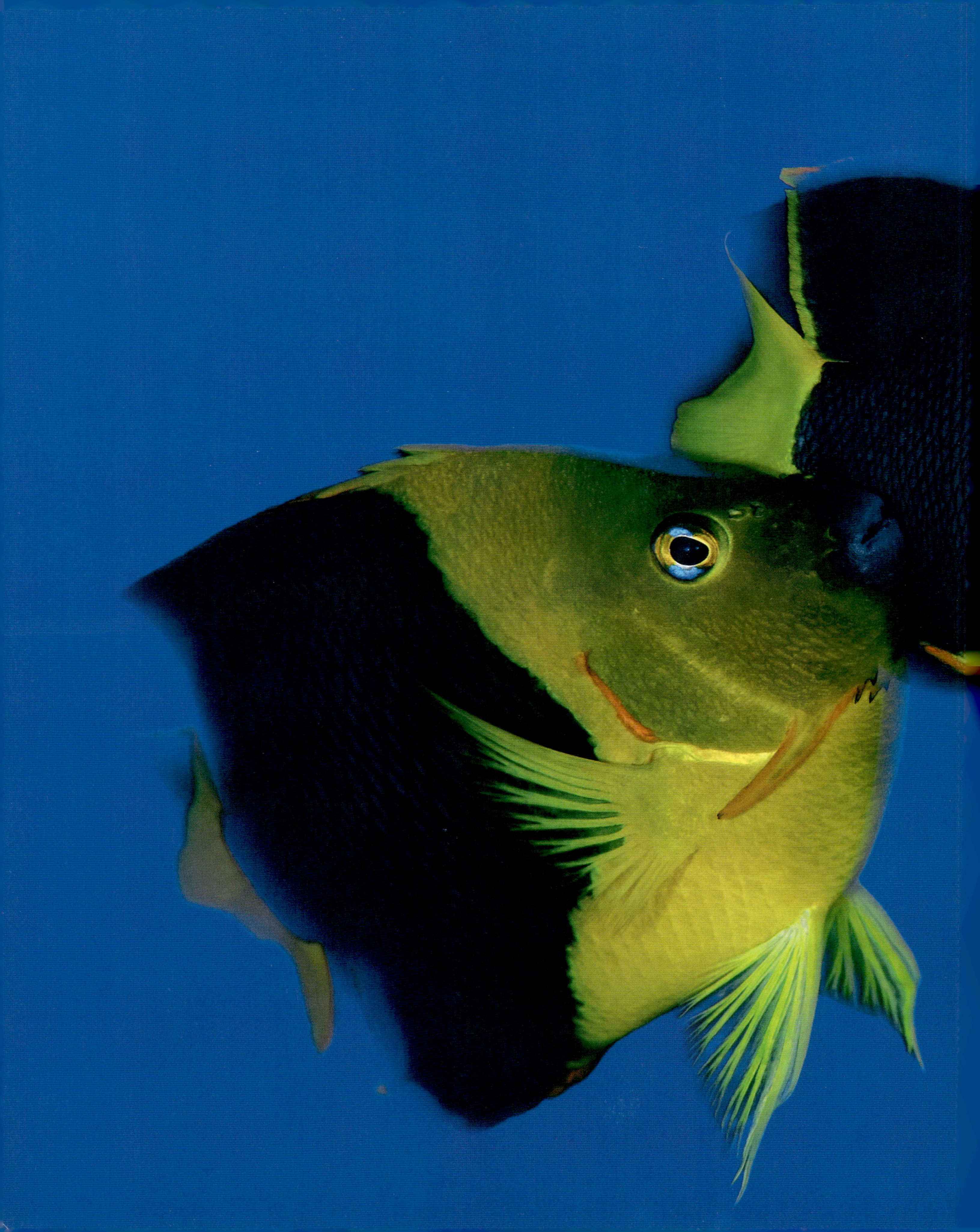

„Für den Ozean zu erreichen,
was an Land durch Naturschutz in vielen
Nationalparks getan wurde,
halte ich für die wichtigste Aufgabe."

Sylvia Earle

Meeresorganisationen

Ozeane

www.savethehighseas.org
Zur **Deep Sea Conservation Coalition** gehören weltweit rund 30 Meeresschutzgruppen. Sie wollen das Schleppnetzfischen und die Schädigung von Unterwassergebirgen, Kaltwasser-Korallen und anderen Tiefsee-Ökosystemen stoppen.

www.fish4ever.org
Fish 4 Ever kämpft als globale E-Mail-Kampagne für die dringende Errichtung nachhaltiger Fischerei und eines Netzes von Meeresparks zur Erhaltung der Natur der Weltmeere.

www.greenpeace.de
Greenpeace führt internationale Kampagnen zu vielen Meeresfragen durch – unter anderem gegen das Schleppnetzfischen und die Verschmutzung und für die Arterhaltung von Walen und Delphinen.

www.oceana.org
Oceana kämpft in Nord- und Südamerika und Europa gegen die Ölverschmutzung, zerstörerisches Fischen und Seafood-Kontamination.

www.oceanconservancy.org
Ocean Conservancy koordiniert internationale Küsten-Säuberungs-Aktionen (in 90 Ländern) und führt Kampagnen zu einer Reihe von Meeresthemen durch.

www.oceanfutures.org
Jean-Michel Cousteaus **Ocean Futures Society** kümmert sich hauptsächlich um vier Dinge: sauberes Wasser, Küsten-Ökosysteme, Meeressäuger und nachhaltiges Fischen.

www.wwf.de
Der **WWF** (früher World Wildlife Fund) organisiert ein Globales Meeres-Programm, das Forschung und Publikationen sponsert, aber auch eigene Kampagnen zu Meeresschutz-Fragen ins Leben ruft.

Korallenriffe

www.coralreefalliance.org
Coral Reef Alliance kooperiert mit Tauchern, Schnorchlern, lokalen Gemeinden und Regierungen beim Schutz und Management von Korallenriffen und fördert Meeresparks. Sie erstellt professionelle Richtlinien zum umweltgerechten Verhalten beim Tauchen, Schnorcheln und organisiert Unterwasser-Riffputz.

www.reefcheck.org
ReefCheck, gegründet 1996, widmet sich global dem Riffschutz und der Schonung der kalifornischen Riffe. In mehr als 80 Ländern arbeitet sie mit Freiwilligen, lokalen Gemeinden, Regierungen und Unternehmen an der Beobachtung, Wiederherstellung und Erhaltung von Korallenriffen.

www.reef.org
Die **Reef Environmental Education Foundation** hat ein Fisch-Beobachtungs-Programm für Taucher, das Informationen in öffentlich zugängliche Datenbanken einspeist.

www.reefkeeper.org
ReefGuardian International kümmert sich um Riffe und allgemein um das Meeresleben.

Haie und Wale

www.csiwhalesalive.org
Cetacean Society International organisiert Walschutz-Kampagnen.

www.ecocean.org
Ecocean organisiert Kampagnen zum verstärkten Schutz von Walhaien im westaustralischen Meerespark Ningaloo.

www.cethus.org
Fundación Cethus, eine argentinische Organisation, forscht und organisiert öffentliche Fortbildungen über die Wale und Delphine des südwestlichen Atlantiks.

www.sharktrust.org
Der **Shark Trust** fördert die Beobachtung und den Schutz von Haien und Rochen in Großbritannien und international.

www.wdcs.org
Die **Whale and Dolphin Conservation Society** ist eine führende Organisation zum Schutz von Walen, Delphinen und ihrer Umwelt.

www.whalesharkproject.org
Das **Whale Shark Project** ist eine gemeinsamen Kampagne des Hai-Trusts und DES PADI-Projekts AWARE zur Erstellung einer Datenbank zur Identifizierung von Walhaien.

Regionale Organisationen

www.asoc.org
Die **Antarctic and Southern Ocean Coalition** vereint Nichtregierungs-Organisationen aus mehr als 430 Ländern und steht für nachhaltiges Fischen und gegen Gefahren für die Antarktis und angrenzende Meere.

www.amcs.org.au
Die **Australian Marine Conservation Society** hat eine Reihe von regionalen Meeresthemen wie Meeresparks, Fischerei, bedrohte Arten und vom Land ausgehende Verschmutzung im Programm.

www.deepwave.org
Deep Wave: Die deutsche Ökologie-Gruppe arbeitet an einer Reihe von Meeresthemen.

www.vdst.de
Im **Verband Deutscher Sporttaucher e.V.** (VDST) haben sich über 78.000 Sporttaucher zusammengeschlossen. Verteilt über ganz Deutschland finden sie in knapp 1.000 Tauchsportvereinen die besten Möglichkeiten, das Tauchen zu erlernen und mit Gleichgesinnten zu betreiben.

www.livingoceans.org
Living Oceans kämpft für nachhaltiges Fischen, Aquakulturen und Meeresschutzzonen in British Columbia, Canada.

www.mcsuk.org
Die britische **Marine Conservation Society** hat sich der Meeresumwelt verschrieben. MCS organisiert jährliche Küsten-Säuberungen und gibt den „Good Beach Guide" und „Good Fish Guide" heraus.

www.marviva.org
Die spanische **MarViva** kooperiert mit lokalen Gemeinden und Regierungen zum Schutz der Meeres- und Küstenressourcen überall in den östlichen Tropen von Pazifik und Karibik.

www.reef-doctor.org
Reef Doctor aus Großbritannien hilft, Korallenriffe in Madagaskar wiederherzustellen.

www.sanctuaries.noaa.gov
Die **US National Oceanic and Atmospheric Administration** (NOAA) verwaltet ein nationales Schutzgebiete-Programm.

www.gbrmpa.gov.au
Australiens **Great Barrier Reef Marine Park Authority** verfügt über ein großes Wissen im weltgrößten Meeresschutzgebiet.

Konsumentenfragen

www.bite-back.com
Bite-back hat mit seinen erfolgreichen Kampagnen Supermärkte und Restaurants in Großbritannien vom Verkauf von Haiprodukten abgebracht. Nun gilt der Kampf dem nachhaltigen Fischfang wie Marlin, Schwertfisch und Mönchfisch.

www.fishonline.org
Die britische **Marine Conservation Society** hat einen Internet-Führer für Konsumenten zur Wahl von nachhaltig gefangenem Fisch herausgebracht – die Online-Version ihres „Good Fish Guide".

www.msc.org
Marine Stewardship Council, eine unabhängige Non-profit-Organisation, fördert verantwortliche Fischpraktiken durch ihre Kennzeichnungen „Nachhaltig gefischt".

www.mbayaq.org/cr/seafoodwatch.asp
Monterey Bay Aquarium gibt Seafood-Führer heraus.

www.seafoodchoices.com
Die **Seafood Choices Alliance, USA,** hilft Fischern, Restaurantbetreibern und -gästen bei der richtigen Seafood-Wahl.

Schutzexpeditionen

www.amca-international.org
Access to Marine Conservation for All macht Schutzexpeditionen für Behinderte zugänglich.

www.coralcay.org
Coral Cay Conservation managt Riff- und Regenwald-Schutzprojekte auf Fidschi, in Honduras und auf den Philippinen.

www.earthwatch.org
Earthwatch, gegründet 1973, führt viele Freiwilligen-Expeditionen durch. Dazu gehören auch Meeresbeobachtung durch Taucher und Schnorchler auf den Bahamas, in Jamaika und Belize.

www.greenforce.org
Greenforce bietet Meeresexpeditionen auf Fidschi, auf den Bahamas und in Borneo an.

www.opwall.com
Operation Wallacea begann mit der Meeresbeobachtung in Indonesien und macht nun auch Expeditionen nach Südafrika, Honduras, Kuba und ins Rote Meer.

www.raleighinternational.org
Raleigh International, eine Einrichtung der Jugendförderung, arbeitet weltweit an Umwelt- und Gemeinschaftsprojekten, so auch bei der Errichtung von künstlichen Riffen in Costa Rica.

www.i-to-i.com
i-to-i bietet ein breit gefächertes Reise- und Arbeitsprogramm. Es schließt den Schutz von Fischen in Thailand und von Meeresschildkröten auf Sri Lanka, in Guatemala und Kenia ebenso ein wie die Haiforschung in Südafrika.

Emissionsausgleich

www.carbonneutral.com
Die **CarbonNeutral Company** – früher Future Forests genannt – ermöglicht die Berechnung der Emissionen von Flugreisen, untersucht kritisch Reisen in die Umgebung und zu Hause – und ihre Alternativen.

www.climatecare.org
Auf der **Climate-Care**-Website lassen sich die Kohlenstoff-Kosten von Flügen und die alltäglichen Kosten von Auto und Wohnung berechnen. Das kann man dann durch Spenden für Wiederaufforstung oder verwandte Projekte ausgleichen.

Literaturverzeichnis

Kapitel 1

1 Trevor Norton, *Stars Beneath the Sea* (Arrow Books, London, 2000).
2–3 William Beebe, *Beneath Tropic Seas* (Putnam's, New York, 1928).
4–5 Norton, s. o.
6–7 Eugenie Clark, *Lady with a Spear* (Heinemann, Oxford, 1954).
8 Norton, s. o.
9–10 Jacques-Yves Cousteau, *The Silent World* (Hamish Hamilton, London, 1953).
11 Hans Hass, *To Unplumbed Depths* (Harrap, Edinburgh, 1972).
12–16 Cousteau, s. o.
17 Captain Philippe Tailliez, *To Hidden Depths* (William Kimber, London, 1954).
18 Hans Hass, *Conquest of the Underwater World* (David & Charles, Newton Abbot, 1975).
19 Axel Madsen, *Cousteau – An Unauthorized Biography* (Robson Books, London, 1989).
20–21 Cousteau, s. o.
22–24 Sylvia Earle, *Sea Change – A Message of the Oceans* (Fawcett Books, New York, 1995).
25 Beebe, s. o.
26 Trevor Norton, *Under Water To Get Out Of The Rain* (Century, London, 2005).

Kapitel 2

1 M.D. Spalding, C. Ravilious and E.P. Green, *World Atlas of Coral Reefs* (University of California Press, 2001).
2 Annemarie and Danja Köhler, *The Diver's Universe – A Guide to Interacting with Marine Life* (New Holland, London 2003).
3 Osha Gray Davidson, *The Enchanted Braid: Coming to terms with Nature on the Coral Reef* (John Wiley, Chichester, 1998).
4 Darwin, Charles, *The Voyage of the Beagle*, (erstmals erschienen 1845; wieder aufgelegt, Heron Books, London, 1968).
5 Davidson, s. o.
6 Jacques-Yves Cousteau with Philippe Diolé, *Life and Death in a Coral Sea* (Cassell, London 1971).
7 Hans Hass, *Conquest of the Underwater World* (David & Charles, Newton Abbot, 1975).
8 Bericht über *Deep Sea 3D* auf www.howardhall.com.
9 Tim Ecott, *Neutral Buoyancy* (Michael Joseph, London, 2001).
10 Eugenie Clark, *Lady with a Spear* (Heinemann, Oxford, 1954).
11 Rob Palmer, *Deep Into Blue Holes* (Media Publishing, Nassau, 1989).
12 Trevor Norton, *Under Water To Get Out Of The Rain* (Century, London, 2005).
13 Cousteau and Diolé s. o.
14 Norton, s. o.
15 Earle, s. o.
16 Arthur C. Clarke, *The Treasure of the Great Reef* (The Scientific Book Club, London, 1964).
17 Kendall McDonald (ed), *The World Underwater Book* (Pelham Books, London, 1973).

Kapitel 3

1 Lou Fead, *Easy Diver* (Waterlou Enterprises, Fort Lauderdale, 1983).
2 Robert N. Rossier, *Dive Like a Pro* (Best Publishing Company, Flagstaff, 1999).
3 Hans Hass, *Conquest of the Underwater World* (David & Charles, Newton Abbot, 1975).
4 Jacques-Yves Cousteau, *The Silent World* (Hamish Hamilton, London, 1953).
5–6 Tim Ecott, *Neutral Buoyancy* (Michael Joseph, London, 2001).
7 Sylvia Earle, *Sea Change – A Message of the Oceans* (Fawcett Books, New York, 1995).

Kapitel 4

1 Ned DeLoach and Paul Humann, *Reef Fish Behavior* (New World Publications, Jacksonville, 1999).
2 Helen Buttfield, *The Secret Life of Fishes* (Harry N. Abrams, New York, 2000).
3–6 DeLoach und Humann, s. o.
7 *Guardian*, September 2003.
8 Keven N. Laland, Culum Brown and Jens Krause, *Learning in fishes: from three-second memory to culture* (Fish and Fisheries, 3. April 2003.

9 Kendall McDonald (ed), *The World Underwater Book* (Pelham Books, London, 1973).
10–11 Jacques-Yves Cousteau und Philippe Diolé, *Life and Death in a Coral Sea* (Cassell, London, 1971).
12 *Cyber Diver News Network* (www.cdnn.info), 23. November 2003.
13 DeLoach, s. o.
14 Sylvia Earle, *Sea Change – A Message of the Oceans* (Fawcett Books, New York, 1995).
15 Trevor Norton, *Under Water To Get Out Of The Rain* (Century, London, 2005).
16–17 DeLoach, s. o.

Kapitel 5

1 Thor Heyerdahl, *The Kon Tiki Expedition* (George Allen & Unwin, London, 1950).
2 Jacques-Yves Cousteau, *The Silent World* (Hamish Hamilton, London, 1953).
3 Hans Hass, *Conquest of the Underwater World* (David & Charles, Newton Abbot, 1975).
4 Ichthyology at the Florida Museum of Natural History (ein Online-Angebot auf www.flmnh.ufl.edu/fish).
5 Cousteau, s. o.
6 Annemarie and Danja Köhler, *The Diver's Universe – A Guide to Interacting with Marine Life* (New Holland, London 2003).
7 Victor Hugo, *Toilers of the Sea* (Thomas Nelson & Sons, Edinburgh, 1866).
8 Dan Blyth in *Your Strangest Dives* (*Diver Magazine*, July 2003).
9 Arthur C. Clarke, *The Coast of Coral* (Ibooks, 2002).
10 Cousteau, s. o.

Kapitel 6

1 Rachel Carson, *The Sea Around Us* (Staples Press, London, 1951).
2–3 Professor Sir Alister Hardy, *Was Man More Aquatic in the Past?* (*New Scientist*, 17. März 1960).
4 Trevor Norton, *Under Water To Get Out Of The Rain* (Century, London, 2005).
5 Osha Gray Davidson, *The Enchanted Braid: Coming to terms with Nature on the Coral Reef* (John Wiley, Chichester, 1998).
6–8 Hans Hass, *Conquest of the Underwater World* (David & Charles, Newton Abbot, 1975).
9 Carson, s. o.

Kapitel 8

1 Arthur C. Clarke, *The Treasure of the Great Reef* (The Scientific Book Club, London, 1964).
2 Sylvia Earle, *Sea Change – A Message of the Oceans* (Fawcett Books, New York, 1995).
3 Sue Wells, *Breaking Waves: shoreline protection and other ecosystem services from mangroves and coral reefs*, UNEP-World Conservation Monitoring Centre, Cambridge, December 2005.
4 WWF Global Marine Programme (www.panda.org/downloads).
5 Charles Clover, *The End of the Line: How Overfishing Is Changing The World and What We Eat* (Ebury Press, London, 2005).
6 Sylvia Earle, *X-Ray Magazine* (August–September 2005).

Fotonotizen

↑ Nick Hanna pinselt Sand vom Spiegel.

Taucher und Fotografen machten lange vor dem Beginn von Scuba Fotos im Meer und produzierten viele erstaunliche Bilder. Mein Hauptziel für die Auswahl der Bilder für dieses Buch war, viele der vertrauten Anblicke beim Tauchen in einer neuen Interpretation abzubilden und klassischen Szenen eine neue Wendung zu geben. Wie Nick mit seinem Text, ging es mir darum zu zeigen, dass Tauchen viel mehr bedeutet, als nur zu lernen, wie ein Atemregler arbeitet.

Mit meinen Bildern vom Meeresleben versuche ich, Persönlichkeit und natürliches Verhalten der Kreaturen zu zeigen. Mit meinen Bildern von Personen hoffe ich, Taucher als Menschen rüberzubringen, die sich eine vergnügte Zeit machen, spielen und sich unter Wasser einfach so selbstverständlich bewegen wie auf der Erde. Konsequent versuchte ich, Bilder einzufangen, die sich ein wenig von der Norm abheben. Was die Sammlung visuell zu einem stimmigen Ganzen macht, jenseits der einzelnen Anlässe und Anliegen – das ist mein Gefühl.

Nick erwähnt es in der Einleitung: Während dieses Projektes tauchten wir regelmäßig gemeinsam. Immer wieder überraschten mich bei unseren Tauchgängen die unterschiedlichen Erfahrungen, die ein Autor und ein Fotograf unter Wasser machen. Für Nick konnte es ein schneller, entspannter Tauchgang sein, ich hingegen wollte jede Minute harter Arbeit ausschöpfen, um meine Bilder einzufangen. Im Gegensatz zu mir war es für ihn Spaßtauchen! Was besagt, dass das Buch Produkt eines wahren Dreamteams ist. Ich beriet Nick bei Details seines Textes, er lieferte mir – wie man sieht – viele Anregungen für meine Bilder.

Ich gehöre nicht zu den Fotografen, die mit riesiger Ausrüstung reisen. Ich tauche nur mit einer Kamera. Aber ich bin ein Kontrollfreak, der will, dass die Kamera das tut, was er ihr sagt. Daher sind fast alle Bilder manuell beleuchtet (oft mithilfe des Entfernungsmessers der Kamera) – bei manuellen Blitzeinstellungen (ohne TTL). Allerdings benutze ich immer nur den Autofokus, einen manuellen besitze ich gar nicht. Die zwei hauptsächlich eingesetzten Kameras für dieses Buch sind digitale: im Jahre 2005 eine Nikon D2X, in 2003 und 2004 eine Nikon D100 – beide in Unterwassergehäusen von Subal.

Alexander Mustard

↓ Sicherungstaucher positionieren einen Spiegel.

Index

Fette Seitenzahlen verweisen auf Bilder.

Ährenfisch 69, **70-71**, **72**, **93**
Algen 56, 60, 125, 134, 135
Allen, Marcus 96, 100
Anemonenfisch **256**
  Clarks 129, **130-31**
Anglerfisch, Gelbhaariger **24**
Aqualunge, Taucherlunge 30-32, 36
Association for the International Development of Apnea (AIDA) 222, 228
Atlantis project, Cayman Islands 84-5
Ausrüstung 25-6, 30, 31, 46, 89, 92-3, **94-5**, 100, 101, 115, 154-5, 210, 228
  anlegen 93, 96, 98, 103
Australien *siehe* Great Barrier Reef
Australian Institute of Marine Science 246

Bader, Michael 221
Bahamas 72, 138, 170
Bantin, John 42, 57, 109, 252
Barrakuda 69, **70-71**, 174
  Großer **174**
Beebe, William 21, 24
Beeker, Charles 84
Benchley, Peter 168
Berman, Jade 74, 255
Bird, Lizzie 82, 92, 103-4, 254
Blasenkorallen-Garnele **263**
Blyth, Dan 179, 182
Bond, George 39
Bridges, Lloyd 39
Brill, Mark 107
British Sub-Aqua Club (BSAC) 39, 41, 42, 82, 92, 100, 254
Brown, Culum 128, 142
Bryning, Rob 159
Buckingham, Graham 261
Buckeldrachenkopf **137**
Buckelwal 236
Buddy, Buddysystem 107, **108**, 109, 120, 126
Bull, Richard 104, 110
Bunter Fangschreckenkrebs **136**
Buoyancy Compensator Device (BCD) 42, 89, 93, 96
Butcher, Matt 177
Butterfield, Helen 137

Campbell, Christine 82
Caney, Mark 92, 95, 106, 107, 255
Cardona, Chris 222
Carson, Rachel 24, 189, 190, 214
Cayman Islands 66, **72**, 83, **84-5**, 148, **149**, 151, 154, 160, 200, **206-7**, **252**, **254-5**
Chapuis, Claude 228
Chaumette, Guy and Anita 112, 115, 116, 120, 145, 154, 181, 255, 257
Church, Cathy 89, 151, 255
Clark, Eugenie 24, 68, 89
Clarke, Arthur C. 51, 82, 182, 243, 244
Clover, Charles 261, 262
Clownfisch **129**, 131
Confédération Mondiale des Activités Sousmarines (CMAS) 42
Coste, Carlos 238
Cousteau, Fabien 166, 170, 249, 255
Cousteau, Jacques 10, 19, 23, 26, 27, 30-33, 36, 39, 40, 42, 63, 69, 77, 79, 89, 107, 123, 145, 148, 156, 162, 174, 182, 238, 243
Cousteau, Jean-Michel 40, 83, 89, 251
Croft, Bob 221
Cronin, John 41
Cruikshank, Mandy-Rae **220**, 232, 233, 235

Darwin, Charles
Davidson, Osha Gray 56, 57, 60, 120, 193-4
de Corlieu, Louis 25
Debelius, Helmut 42, 89, 254
Defensive Techniken von Meerestieren 60, **61**, 62, **62**, **137**
DeLoach, Ned 41, 89, 127, 128, 133, 136, 137, 138, 142, 151
Denayrouze, Auguste 21
Dick, Peter 145
Diolé, Philippe
Delphin
  Großer Tümmler **184-5**
  Flecken 185
Delphine 151, 182, 185, 221, 243
Do-It-Right-Tauchen (DIR) 205
Doktorfisch
  Blauer 128
  Blauer Segelflossen **129**
  Brauner 129
  Mönchs 138
  Sohal **134-5**, 135
Dowle, Jo 185
Drückerfisch 42, **44-5**
  Riesen 132
Dumas, Frédéric 26, 30, 36, 107

Earle, Sylvia 36, 39, 79, 89, 112, 114, 151, 243, 262, 265
Ecott, Tim 66, 109, 112, 117, 199, 217, 222, 252, 257
Eistauchen 69, 72, 214
Ericson, Ralph 41

Fahnenbarsch **88**, 129, **134**, 139
Fanshawe, Samantha 74
Farrell, Monica 194, 196, **201**, 208, 257
Fead, Lou 87, 91, 93, 96
Feenbarsch 41
Feilenfisch
  Schwarzsattel **62**
  schlanker, kleiner 62, **248-9**
Fernez, Maurice 25, 26
Ferreras, Francisco „Pipin" 221
Feuerfisch, Rotfeuerfisch 128, **258-9**
Fingerkorallen 56
Fische füttern 148, 151, 174, 176, 177
Fischverhalten 114, 115, 116, 122-55, 232-3
  Fischkommunikation 151, 154
  Mensch-Fisch-Kommunikation 145, 148, 151
  Laichverhalten **124**, 125-9, **126-9**, **132-4**, **152-3**,
Flughahn **102**
Flunder **126**
  Pfauenaugen **126**
Foots (Cayman-Künstler) 84-5
Forsyth, Frederick 162, 165, 199-200
Fotografie/Fotografen/Fotografin 32, 33, 36, 46, **68**, 92, **93**, 109, 112, 114-15
France 25-6, 30-31, 32, 39, 40, 74, 227, 243
Freitauchen 167-8, **218**, 219-389, **220-38**
Freitaucher-Rekorde **220**, 221, 222, **223**, 228, 232, 236, 238
Füsilierfisch **25**, **64-5**

Gagnan, Emile 21, 31
Ganzheitliches Tauchen, holistisches 194-214, **190-215**, 218, 222, 257
Gee, Phil 142
Geisterpfeifenfisch 60
Gifte 60, **61**, **62**, 148, **259**

Gilpatric, Guy 25-6
Goasse, Philippe 221
Gorgonien 56
Great Barrier Reef, Australien 68, 82, 182, 246, 251, 262
Greatwood, Marcus 228, 232
Gruhl, Hermann 214
Grundel **8**, 62

Hai(e) 166-8, 170, 174, 243, 257, 261
  Bullen 170
  Großer Weißer 167-8, **168-9**, 170, 174
Hall, Howard 56, 66, 101, 114, 119, 162, 257
Halfterfisch 125
Hamletbarsch **122**, **124**, **152-3**
Hampton, Trevor 36, 39
Hardy, Sir Alister 190, 193
Hass, Hans and Lotte 26, 32, 33, 36, 66, 89, 107, 168, 194, 198, 214
Heyerdahl, Thor 160
Höhlentauchen **72**, 74
Holloway, Zena 92
Hood, Charles 42, 92
Horowitz, Anthony 200, 203
Hubbs, Carl 24
Hugo, Victor 177
Humann, Paul 127

Indischer Ozean 56, 68, 138, 179, 243, 246
International Shark Attack File (ISAF) 166
International Union for the Conservation of Nature and Natural Resources (IUCN) 160

Jackson, Jack 101, 109
Jackson, Jeremy 243
Jordan, Randy 148

Kaiserfisch, Dreifarben **129**, 262, 264-65, **264-5**
Kaisergarnele **62**
Kalifornien 24, 243
Kalmar **180-81**
Karettschildkröte, Echte **29**
Karibik 32, 41-2, **41**, **52**, 56, **63**, 82, 84, 128, 129, 133, 138, 243, 262
Kieferfisch, Goldstirn 133
Köhler, Annemarie and Danja 176-7
Korallen 53, 56, 57, **63**, **117**, 251, 252
Korallenkatzenhai 167
Korallenpolypen 53, 56, 60, 154, 246
Korallenriffe **14**, 21, **37**, 53, 56-7, **58-9**, 60-63, **64-5**, 66, **67**, 68, 69, **72-3**, 112, 114, 134-5, **248-9**, 266
  künstliche 82, 83-4,
  Konstruktion der 53, 56-7
Krabbe
  Boxer **137**
  Einsiedlerkrebs 60
  Orang Utan **36**
Krack, Kirk **220**, 221, 227
Krake(n) 62, 177, **177-9**, **182**
  Blauring 60, **177**
  Mimic Octopus 179
Krause, Jens 128, 142
Krötenfisch, Anglerfisch **12**, 60, 62, **136**
Kunstriffe, künstliche Riffe 83-5

Laland, Keven N. 128, 142
Laurie, Andy 219, 221, 231
Leopardkopfschild Nacktschnecke 134
Le Prieur, Yves 25, 31
Leferme, Loic 221, 227-8
Limbaugh, Conrad 138
Link, Ed 39
Lippfisch
  Putzer 138, **139**, **140-41**, 142
  Napoleon 151
  Schafskopf 74
  Gelbkopf **126**, 127

Lombino, Frank 208
Losey, George 142
Luftverbrauch 101-3

Madsen, Axel 33
Maiorca, Enzo 221
Malediven 40, **63**, 69, 128, 145, 158-9, 236, 252
Mangroven 69, 125, 251
Manta Rochen 145, 162, **162**, **163-5**, 236
Marine Conservation Society (UK) 74, 148, 252, 261, 262
Mayol, Jacques 221, 238
Meerbarbe, Gelbe **144**
Meeresarchäologie 84-5
Meeresparks, Reservate 84, **250**, 251, 254, 262
Meeressäugetiere 182,**184-5**, 185, 190
Meeresschildkröten, Schildkröten 60, 148, 151, 190, 233
   Grüne 243
Meeres-(Umwelt-)Schutz 14, 160, 166, 168, 174, **242**, 243-62, **250**, **260**, 266-7
   gefährdete 243, 246, 251
   Wert des 246, 251, **258-9**
Mestre, Audrey 221
Mind, Body and Spirit (MBS) diving 200-201, 204-5, 257
Miner, Roy 21
Molchanova, Natalia 232
Mondspaziergang 210-11, **211-13**, 215
Muränen 174, **176**
Morgan, Bev 36
Morgan, Elaine 193
Muräne
   Ketten **121**
   Grüne 145
   Große Netz **175**
   Flecken 145
Musimu, Patrick 221-2, 238
Mustard, Alex 53, 55, 57, 114, 129, 133-4, 148, 158, 200, 236, 246, 257

Nachttauchen 62-3, **65**, 66
Nacktschnecke 60, **61**, **105**, 134
Nahrung(skette) 56, 69, 125, 128, 129, 134-8, 158, 179
National Association of Underwater Instructors (NAUI) 39, 93
National Marine Aquarium, Plymouth 83
Neuro-Linguistic Programming (NLP) 204-5
Nitrox 46
Norton, Trevor 39, 40, 46, 74, 79, 148, 151, 193

O'Brien, Brendan 204-5
Ocean Futures Society 251
Ökotourismus 160, 166-7, 251, 252, 255, 257, 261-2

Pazifik 56-7, 68, 138, 142
Palmer, Rob 72
Parasiten 138, 142, **143**
Papageifisch 125, 134, 135, 233,
Pellazzari, Umberto 221
Pferdeaugenmakrele **116**
Picard, Jacques 39
Pistolenkrebs 151
Pitkin, Linda 102
Pollard, Samantha 252
Professional Association of Dive Instructors (PADI) 41, 92, 109, 200, 255
Putzerstationen 120, 138, 142, 145, 162, 167

Räuber 125, 136-8, 162, 166-8, **166-9**, 170, **171-3**, **174-5**, 176-7, **176-8**, 179, **182-3**
Rebreather, Kreislaufgerät, Rückatemgerät 46, 101, 115
Riesenanglerfisch 137
Riesentriton 60

Riffbarsch 135, 154
   Zweifarben 154
   Weißbauch **132-3**
Riff Fische 69, 125, 134-6, 246
Riffhai
   Karibischer 166, **172-3**
   Weißspitzen **64-5**
Ritter, Eric 170, 174
Robben 182, 185, 190, 233, 243
Rotes Meer 5, 13, **14**, 18, **33**, 39, **47**, 56, **58-9**, 63, 66, **67**, 68, **88**, 96, 128, 129, 132, **139**, 151, **176**, 185, 194
   Starfish House, Shaab Rumi 39, 40
   Wracktauchen im **75**, **76-7**, **78**, **79**, **82**, 83
Rossier, Robert 96
Rotman, Jeff 103, 148, 246
Rouquayrol, Benoît 21
Rudomino-Duscaska, Phoebe 69, 72
Rutzen, Mike 167-8, 169

Schatztruhe 82-3
Schiffshalter 158, 159, **163**, 170
Schnapper 47, 48-49
   Doppelfleck **128**
   Cubera 128
   Buckel **30-31**, **192**
Schnorcheln 158-9, 162, 185, 228, **233**, 238
   siehe auch Scuba-Tauchen
Schultz, Steve 200-201, 204, 205, **206-7**, 207, 257
Scripps Institute of Oceanography, California 24, 243
Scuba-Tauchen 13, 14, 18, 43, 44-5, 106-7, 110-11, 112, 113, 114, 115-17, 116, 118, 121, 121, 130-31, 191, 226, 238, 247
   Höhlentauchen 72, 74
   Entwicklung von 25-6, 30-33, 36, 39-42, 46g
   Eistauchen 69, 72, 214
   Wracktauchen siehe Wracktauchen
   siehe auch Schnorcheln
Schleimfisch
   Säbelzahn 142
   Sekretär **5**, **24**
Schwämme 40, 56, 60, **73**, 74
Schwamm
   Roter Seil **52**
   Vasen 148
Seekuh, Stellers 243
Seekuh, Westindische 243
Seefächer 33-35, **34-5**, 62, **75**
Seegraswiesen 69, 125
Seeotter 243
Seepferdchen
   Pygmäen, Zwerg **24** 33, **34-5**, 62, **92**
Seestern
   Indischer **36**
   Dornenkronen 60, 246
Sepia **62**
Seifert, Douglas David 155, 261
Sergeant Fisch, Gestreifter 136, 145, **146-7**, 151
Shark Trust 166, 174, 252
Sicherheitsfragen 21, 42, 46, 89, 92, 100, 103-4, 106-7, 109, **110-11**, 148, 219, 222, 228
Skorpionfisch, Drachenkopf **20**, 232
Soldatenfisch, Schwarzstreifen **143**
Speerfischen 25, 26, 30, 32, 42
Spielen Unterwasser 185, 208, 210-11, **210-13**, 214
Spitzkopfkugelfisch 60, **62**
Spitzkopfschleimfisch **40**
Stafford-Deitsch, Jeremy 166, 167, 170, 252
Starfish Enterprise diving team 82
Starfish House experiment 39, 40
Steilwandtauchen 66
Stepanek, Martin **223**
Stachelrochen, Südlicher **10**, **22-3**, **186-7**
Steinfisch **114-15**
Stingray City, Cayman Islands 84-5, 148, **149**, **254-5**

Streeter, Tanya 221, 232, 233, 236
Sullivan, Renden 222
Szmant, Alina 39, 246

Tailliez, Phillippe 26, 32
Tangwälder, 56, 74
Tarierungskontrolle 89, 96, **97**, 100-101, 257
Tarnung 60
Tauchen
   Freitauchen siehe Freitauchen
   Geschichte des 21, 24, 25-6
   Scuba siehe Scuba-Tauchen
   Schnorcheln 158-9, 185, 228, **233**, 238
Taucherin 82, 89, 92, **220**, 221
   siehe auch individuelle Namen
Tauchführer 112, 114, 117, 120, 160, 251, 257
Tauchhelme 21, 24, 31,
Tauchtechniken 89, 92-3, 96, 100-104, 106-7, 109, 112, 120, 251
Tauchzertifikate (-scheine) 36, 39, 41, 89, 200-201, 204-5, 208
Tektite II underwater habitat 39-40
Tillman, Al 36, 39
Trewavas, Louise 92, 107, 199
Trompetenfisch 62

Unterwasser-Habitate 39-40, 112
Uruguay 83

Vallintine, Reg 39
Van den Bergh, Henrietta 196
Verne, Jules 28
Virgin Islands 39

Wale 151, 190, 236, 243
Walhaie 128, 148, 158-60, **158-61**, 236
Wallingford, Pete 100
Walsh, Don 39
Warren, Steve 100
Weir, Patrick 160, 257
Wheeler, Tony 66, 252
Wimpelfisch **234-5**
Wood, Elizabeth 262
Wood, Lawson 92, 117, 148, 151, 154
Wracktauchen, -tauchplätze 33, **75**, **76-7**, **78**, **79**, **80-81**, **82**, **83**, 100
WWF 257, 262

YMCA 39
Yogatauchen 194, **195-6**, 196, **201**

Zackenbarsch(e) 145, 182, **183**
   Nassau 145
   Korallen 138, **140-41**
   Tiger 138
   Gelbmaul 138